세계를 품다
2023

GLOBAL LEADERS

세계를 품다
2023

글로벌 리더 선정자 22인 지음

매일경제신문사

매경미디어그룹 회장 **장대환**

먼저 '2023 대한민국 글로벌 리더' 수상자로 선정되신 기업과 기업 대표 여러분들께 진심으로 축하의 말씀 드립니다. 매경미디어그룹은 자유시장경제의 주춧돌로서 대한민국이 21세기 초일류국가로 도약할 수 있는 국가적 비전을 제시하는 언론의 막중한 책임을 다하고 있습니다.

저희는 창의력과 혁신을 바탕으로 지식경제를 이끌어 가는 훌륭한 기업들을 발굴하고 키워서 대한민국이 더욱 부강해 지도록 하는 것을 사명으로 하고 있습니다. 이러한 노력의 일환으로 매년 '대한민국 글로벌 리더'를 선정하고, 이를 통해 대한민국 경제 발전을 위해 기여하시는 우리나라 최고의 리더들을 세상에 알리고 그 분들의 살아 있는 경영 스토리를 널리 전파하려고 합니다.

올해 2023년은 3년 여 동안 전 세계를 괴롭혔던 코로나19 팬데믹을 극복하고 새로운 도약의 기회가 되고 있습니다. 올해 매경의 슬로

건을 '가자! G5 경제강국'입니다. 대한민국 경제의 새 역사를 쓸 대한민국의 핵심 주역은 기업입니다. 기업들은 올해도 위협에 짓눌려 위축되기보다는 위기를 기회로 활용하겠다는 의지가 충만합니다. 매경미디어그룹은 올 한 해 다시 한 번 거친 파도를 헤치고 세계로 나아가는 대한민국 기업을 응원하겠습니다.

'2023 대한민국 글로벌 리더'로 선정된 여러분은 대한민국 경제를 뛰어넘어 세계 경제를 책임질 기업과 단체의 경영자들입니다. 여러분의 업적을 널리 알릴 수 있다는 것에 큰 자부심을 느낍니다.

여러분들은 코로나19 팬데믹으로 인한 글로벌 위기를 혁신적이고 창조적인 방법으로 꿋꿋이 이겨냈습니다. 또 조직을 계속 성장·발전시켜 글로벌 리더의 자격을 갖추셨습니다. 여러분들은 남들보다 한 발 앞서 미래를 내다보는 혜안과 냉철한 판단력으로 새로운 시장을 만들고 끊임없이 일자리를 창출하고 있습니다. 이 같은 리더들이 늘어나야 현재 대한민국이 처한 위기를 헤쳐 나아갈 수 있을 것입니다.

글로벌 리더 여러분들께서는 앞으로도 창의성과 혁신을 무기로 우리 기업을 세계 속에 우뚝 세워주시길 당부 드립니다. 대한민국을 지금보다 더 나은 국가, 국민이 행복한 국가로 만드는 데 앞장서주시길 바랍니다. 다시 한 번 '2023 글로벌 리더'로 선정되신 여러분들께 축하의 말씀을 드립니다.

2023 대한민국 글로벌 리더 선정위원장 **홍석우**

　대한민국을 글로벌 경제대국으로 이끄는 리더들을 발굴하자는 취지에서 2013년 처음 시작한 글로벌 리더가 올해로 11회째를 맞이했습니다. 매년 선정된 글로벌 리더 여러분들을 보면 급변하는 경영환경과 무한경쟁 속에서 뛰어난 리더십으로 흔들림 없이 조직과 국가의 발전을 이끌어오셨구나 하는 깊은 감회를 갖게 되며, 매번 어려운 상황에서도 위기를 극복하기 위하여 더 많은 노력과 희생으로 잘 이겨내셨음에 특히 더 큰 응원과 박수를 보내드립니다.

　코로나19가 아직도 진행 중인 상황에서 세계 경제와 우리나라 경제는 믿었던 수출이 침체에 빠졌고 일자리 창출능력도 급감하고 있습니다. 내수도 살아나지 않고 있으니 참으로 어렵다고 하겠습니다. 정부가 경기부양에 나서고 있지만 어느 정도 한계가 있습니다.

　또한 인구 감소와 초고령 사회 진입은 경제의 전반적인 활력을 떨어뜨릴 수 있는 심각한 사태입니다. 인구 감소는 국가의 성장잠재력을 갉아먹으며 늘어난 고령인구는 막대한 재정 지출이 요구됩니다. 그 후폭풍은 상상할 수도 없을 정도입니다. 올 하반기에는 소비자물가 상승률이 전반적으로 안정될 것으로 보이지만 전기·가스요금 인상 시기나 국제유가 등 국제 원자재 가격과 환율 등의 불확실성이 높은 상황입니다.

이 같은 어려움 속에서 유일한 해법은 창조적인 기업과 기관들이 나서서 경제 활력을 제고하는 것일 뿐입니다. 특히 여기 계신 글로벌 리더들이 손수 길을 개척해 새로운 희망을 보여주셔야 합니다.

1990년대 외환위기나 2008년 글로벌 금융위기 등 경제가 휘청일 때 마다 리더들은 솔선수범의 자세로 우리 경제를 정상으로 돌리는 데 일조했습니다. 지금 대한민국 경제는 다시 한 번 리더의 역할을 요구하고 있습니다. '2023 대한민국 글로벌 리더'는 서비스, 환경, 사회공헌, 기술혁신, 브랜드, 인재양성, 경영혁신, 품질 및 R&D 등 8개 분야로 나눠 각 분야에서 혁혁한 성과를 일궈낸 기업과 기관 대표자분들을 선정했습니다.

글로벌 리더에 부합하는 분을 찾고자 해외에서 성공하신 한상 경영인들과 수출성과, 경영성과나 재무구조는 물론, 기업의 사회적 공헌도, 고객만족도, 고용창출, 노사관계 등 지표를 고루 반영해 평가했습니다. 특히 지금보다 내일이 더 기대되는 우수한 기업 및 기관을 발굴하기 위해 노력하였습니다.

선정된 글로벌 리더 여러분들이 많은 기업과 청년들에게 희망이 되어주시기를 부탁드립니다. 다시 한 번 선정된 대표자분들에게 축하와 감사의 말씀을 전합니다.

차례

회장

고상구

K&K글로벌트레이딩

고상구 회장

학력

1977	대구 성광고등학교 졸업
1995	고려대학교 경영대학원 1년 수료 (65기)

경력

1996	(사)서울강동청년회의소 (JC) 회장
1998	(사)한국청년회의소 (JC) 중앙감사
2012	베트남 하노이한국국제학교 이사
2014	아태 한국식품 수입상연합회장
2014	제10대 재베트남 하노이 한인회장
2016	제2대 베트남 한인회 총연합회장
2019	제18차 여수 세계 한상대회 대회장
2020	중소기업중앙회 베트남 해외민간 대사
현재	K&K TRADING CO., LTD. 회장

상훈

1995	정무장관 표창
2007	경기도지사 감사패
2010	농수산식품유통공사장 감사패
2012	한국일보 자랑스런 한국인상 대상
2013	경기도의회 의장 표창
2013	산업통상자원부장관 표창
2014	제15회 농축식품부장관상
2014	금산군수 감사패
2015	세계한인회장대회 자랑스런 한인회 최우수상(재외동포재단)
2017	국회의장 표창
2017	올해의 인물
2017	한상총연합회·아프리카중동한인회 감사패
2018	국민훈장 동백장
2019	대한민국 가치경영 대상

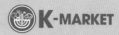

베트남에 홀딱 빠져든 고상구 회장

2002년에 처음 베트남에 온 고상구 회장은 지금 유통업에서 활동하고 있다 보니 사람들은 쉽게 상상하지 못하지만 그 당시 액세서리 사업을 하고 있었다. 여성들의 헤어핀이나 미용재료 등을 제조판매하는 기업이었는데 비즈니스 제안이 베트남쪽에 들어와서 아무것도 모르고 베트남땅을 밟게 되었다.

2002년 월드컵 개최되었던 그해 6월 베트남에 입국하게 되었는데 그때는 베트남의 하노이와 호치민도 구분하지 못하던 시기였다. 지인이 베트남 하노이에 백화점을 짓는데 같이 가보자고 하여 백화점 현장을 방문하였는데 그 지역이 현재의 장보(GiangVo)거리였다. 그 당시 그곳에 찌엔람장보(Trien Lam GiangVo)라는 명소가 있었는데 당시 유명 전시회는 다 그곳에서 할 만큼 하노이에서 유일한 큰 전시장이었다. 아무튼 장보거리 코너에 있는 백화점 공사현장을 갔는데 지인이 고 회장에게 덜컥 백화점 운영을 제안하는 게 아닌가. 백화점을 거의 짓기는 했으나 입점도 받아야 하고 운영할 사람이 없었던 것이었다.

아무것도 모르는 베트남 땅에 와서 장보대로 앞을 보는데 그때 문득 눈앞에 오토바이 물결이 파도처럼 밀려왔다. 그런데 그 모습이 정말 장관 중에 장관으로 느껴졌다. 그 모습은 바로 1990년 즈음의 중국의 모습과 같았다. 천안문사태가 끝난 이듬해인 1990년에 고 회장은 중국 북경에 갈 일이 있었다. 그 당시 북경에 우리 한국기업이 단 1개밖에 없을 때니까 참 옛날 일이다. 그 공장은 럭키금성(현 LG)이 운영하던 완구공장(중국봉제공장과 합작)으로 기억한다. 어마어마했던

중국붐은 그 이후 개방이 본격화되면서 시작된 것이다. 그 당시 중국에서는 대형광장을 가든 자금로를 가든 어마어마한 자전거 행렬이 물밀듯이 밀려오는 모습을 볼 수 있었다.

단지 자전거에서 오토바이로 수단만 달라졌지 1990년의 중국과 2002년의 베트남은 똑같았다. 무한한 에너지와 열정이 솟구치는 것 같았다. 1990년 이후 중국은 단 12년이라는 시간 동안 상상도 하지 못할 정도로 발전을 거듭했었다는 것이 떠오르며 "아! 이제는 베트남이구나!"라는 생각이 들었다. 그 순간 베트남에 홀딱 빠져들고 말았다. 사람들마다 인생의 전환점이 있다고들 하는데 그 순간이 인생의 전환점이었다.

한국 백화점, 코리아타운 개점

현실적으로 고 회장은 백화점 운영에는 아는 것이 전혀 없었다. 그래서 한국 신세계백화점에서 구매과장으로 일하던 지인을 설득해 베트남으로 같이 가자고 졸랐다. 안정된 직장을 그만두고 베트남으로 가자고 하니 그 지인의 부인은 절대반대에 나섰다. 하지만 그 지인도 베트남에 홀려서였을까? 결국은 제안을 승낙하고 베트남행 비행기에 탑승했다.

베트남 운영을 맡기로 한 것이 6월인데 개장일은 10월로 이미 정해져 있었다. 4개월 만에 모든 준비를 마쳐야 하는 상황이었다. 신세계백화점 출신 지인이 베트남 현지에서 개장준비를 하고 고 회장은 한국에서 필요한 물건을 소싱하는 업무를 하였는데 고 회장도 곧 베트남으로 들어오게 되었다.

백화점 건물은 아주 넓은 2층짜리 매장이었고 이름은 '코리아타운'으로 정했다. 말 그대로 한국제품 전용쇼핑몰인 한국촌을 만들고 싶었다. 4개월 동안 모든 직원들은 정말 바쁘게 준비했다.

나름대로의 판매 계획도 세웠다. 주변의 제안을 고려해 먼저 한국의 이월상품을 가지고 와서 팔기로 했다. 베트남의 구매력을 감안한 선택이었다. 상품의 종류는 아주 다양했다. 신사복, 숙녀복, 캐쥬얼복, 란제리, 아동복, 유아복, 생활용품, 침구류, 소형가전, 신발, 인삼 등으로 구성되어 있었다. 인삼이 포함된 이유는 한국식품을 모두 다루기는 어렵고 한국의 대표적인 건강식품인 인삼을 소개해야겠다는 생각이었다.

그 넓은 백화점 매장을 채우기 위해 전국을 많이도 돌아다녔다.

그 당시 한국은 홈쇼핑 비즈니스가 무르익지 않았을 때라 지금과는 다르게 판매 재고가 많을 때였다. 이런 홈쇼핑 재고나 이월상품을 찾기 위해 곤지암, 대구(침구류), 하남(양복) 등을 바쁘게 돌아다니며 창고에 있는 남은 재고들을 구해서 베트남으로 가져왔다.

그렇게 6월에 백화점 운영 제안을 받고, 번갯불에 콩 구워먹듯 준비를 한 끝에 10월 17일에 드디어 개장을 하게 되었다. 그래서 어떻게 되었을까? 고 회장은 이 사업을 시작한 후 딱 6개월 만에 사업을 정리하게 되었다. 쉽게 생각하면 파산이라고 생각할 수도 있겠지만 파산은 절대 아니다. 고 회장의 결정으로 정리한 것이다. 요즘 말로 하면 '손절'이다. 그 당시 투자액이 23억 원 가량이었는데 고 회장은 이 결정으로 이 중에 3억 원가량은 건지게 되었다.

"성공한 실패"

파격세일을 통한 정리로 약 30만 불의 현금을 남길 수 있었다. 총 23억 원을 투자해서 3억 원 남짓 남았으니 20억 원을 손해 본 것이다. 참담한 실패라고도 볼 수 있을 것이다. 하지만 이를 "성공한 실패"라고 말한다.

손해 본 금액도 크지만 그래도 30만 불이 남았지 않는가? 20여 년 전이니 그 금액은 절대 적은 금액이 아니었고 고 회장이 다시 심기일전하여 재기할 수 있다 해도 충분히 큰 자금이었다. 날린 건 날린 것이고 다시 한 번 재도전할 수 있는 기회를 얻은 것만으로도 실패한 것이 아니었다.

또한 백화점 사업을 통해 고 회장이 얻게 된 아주 귀중한 자산이 있었다. 바로 새로운 사업아이템을 찾은 것이었다. 사실 정보가 부족한 베트남의 특성을 감안하면 현지의 시장동향이나 특성, 인력관리 방법, 운영노하우 등 당해보지 않고서는 알 수 없는 것들이 많다. 치열하게 실패했기 때문에 더 얻은 경험이 컸다. 이를 종합해 베트남에서 뭐가 잘 되는지를 파악했다.

인삼, 양복, 이불, 문구·팬시류가 바로 돈 되는 아이템

경험으로 파악한 대박 아이템은 바로 인삼, 양복, 이불, 문구·팬시류였다. 문구·팬시류의 경우 그 당시 아주 기본적인 제품들만이 시장에 나와 있었다. 반면 한국에서 가져온 문구류는 캐릭터가 그려진 예쁘고 귀여운 물건이 대다수였다. 펜이며 노트며 어른인 고 회장 눈에도 아이들에게 사주고 싶은 예쁜 제품들이 참 많았다. 그러니 당연히 베트남 소비자들에게 큰 인기를 끌 수밖에 없었다.

주요 고객층은 매장 근처에 거주하는 부잣집 아이들이었다. 침구류의 경우, 부피가 큰 상품 특성 때문에 베개피, 이불피 등은 한국에서 조달해왔고 이불솜, 베개솜 등은 현지에 이미 진출해 있던 한국기업의 유명제품을 사용해서 상품을 완성했다.

당시 이런 대박제품들이 어느 정도로 수익성이 좋았다. 양복은 한 벌에 2~3만 원대(이월상품)에 구입해서 200만~300만 동(약15만 원) 정도에 판매했었던 것으로 기억한다. 또 이불의 경우 1만 5,000원 정도에 구입하여 200만 동(약10만 원)에 판매했고 문구·팬시류도 꽤 수익성이 좋았다.

인삼을 선택하다

이 같은 돈 되는 아이템 중에 고 회장이 최종적으로 선택한 것은 바로 '인삼'이었다. 백화점 정리 이후 나와 나를 믿고 베트남으로 들어온 후배는 각자 원하는 아이템을 가지고 각자 새로 시작하기로 하였다. 후배는 문구·팬시점을 택했고, 나는 이불과 인삼을 택하여 재기에 나섰다. 후에 나는 수익성이 더 좋은 인삼에만 올인하게 된다. 브랜드명은 'STAR KOREA'라고 지었다. 의미는 "한국의 인삼은 STAR다"라는 단순한 의미였다.

결론부터 얘기하면 인삼 사업은 큰 성공을 거두었다. 특히 베트남사람들에게 인삼주가 굉장히 인기가 많았다. 인삼주 한 병의 가격이 얼마였을까? 무려 3,000달러였다. 그 당시는 고가의 경우 달러결제가 가능하던 시기였다. 3,000달러의 현금을 받고 인삼주를 팔았던 것이다. 그런데 가격이 왜 이렇게 비쌌는지 궁금하지 않은가? 그것은 바로 인삼주는 원래 팔려고 내 놓은 물건이 아니었기 때문이다. 인삼주를 구비한 이유는 다른데 있었다. STAR KOREA 매장에서 다양한 인삼 제품을 구비해서 판매를 하였는데 베트남 소비자 입장에서는 홍삼정이나 분말제품 혹은 가공제품 안에 과연 정말 인삼이 들어있기는 한 것인지 의구심을 가질 수밖에 없었다. 인삼 자체도 어떻게 생겼는지 생소한 데다 당시 베트남 유통에 있어 판매자와 소비자 간의 신뢰가 높지 않은 시절이었다.

어떻게 하면 인삼 실물을 보여줄 수 있을까 고민하다가 인삼주를 착안하게 되었다. 인삼주를 통해 한국인삼의 실물을 보여주기로 한 것이다. 각 매장에 인삼이 가득 들어간 인삼주를 전면에 배치했다.

STAR KOREA 매장의 모습

홍보효과를 위해 인삼병 아래 받침대에는 용문양 등으로 아주 화려하게 목곽장식을 하고 한국에서 가져온 예쁜 인삼주병에 담았다.

그리고 그 인삼주 가격을 아예 높은 가격으로 붙여놓았다. 그런 이유는 물론 애초에 인삼주를 판매할 생각도 없었고 인삼이 어떻게 생긴 것인지 보여주기 위해 만들어 놓은 것이니 가격을 낮게 정해 놓으면 인삼을 가볍게 생각할 것 같아 엄청난 가격을 붙여 놓은 것이다.

그런데 신기한 일이 생겼다. 제품 구경을 하던 손님들이 인삼주를 가리키며 "저건 얼마냐"고 묻기 시작한 것이다. 인삼주가 비싸야 인삼제품이 귀한 식품이라는 것을 알릴 수 있을 것 같아서 인삼주 하나에 2,000불 또는 3,000불이라고 써 붙인 것이다.

그런데 이게 대박이 났다. 그 비싼 인삼주를 그것도 달러를 현찰로 가져와서 베트남 사람들이 신나게 사갔던 것이다. 그 용도는 거의 대부분 선물용이었다. 본인이 마시기보다는 귀한 분에게 중요한 시기에 주는 그런 고급 선물용품으로 자리매김한 것이었다.

큰 병의 인삼주의 경우 한국에서 가져온 인삼 2채를 베트남의 40 도짜리 전통주에 담가 만든다. 인삼은 한국 술에 담으면 더운 베트남의 기후 때문에 상하기 쉽다. 요즘에는 교민들에게도 잘 알려져 있듯이 '루머이(LuaMoi)' 같은 좋은 술이 베트남에도 많다.

인삼으로 재기, '인삼왕'으로 불리다

그렇게 2003년부터 5년간 베트남 내에서 인삼주 사업을 거의 독점하다시피 했으니 고 회장은 완전히 재기할 수 있었다. 백화점 사업 실패로 날린 돈은 STAR KOREA를 시작한 후 단 2년 만에 모두 회수했다.

말로 풀어놓으니 간단해 보이지만 고 회장과 직원들은 끊임없이 개선점을 고민했고 SRAR KOREA만의 방식을 계속 고집했다. 프리미엄화와 고객편의성 제고가 그 핵심이었다. 매장의 인테리어는 직접 한국에서 인테리어가 잘 되어 있는 매장을 사진으로 찍어 와서 베트남 인테리어 업체에 보여주며 매장을 최고급 수준으로 꾸몄다. 지금은 인삼 비즈니스를 접은 지 오래됐지만 그래도 그동안 신세진 베트남 지인분들에게 가끔 인삼주를 직접 만들어 선물하곤 한다. 선물 받으시는 분들은 아직도 고 회장의 실력이 녹슬지 않았다고 말씀해 주신다.

인삼주 사업은 계속 번창하여 전국 유명 대형마트, 주요 쇼핑센터 등 베트남 전역(호치민, 하노이, 하이즈엉, 남딩, 롱비엔 등)에 STAR KOREA 매장이 들어섰고 매장수가 총 40여 개나 넘었다. 새로운 쇼

펑몰이 생길 때마다 고급 콘셉트를 그대로 유지하여 입점하곤 했다. 베트남에서 한국의 인삼을 팔려고 하면 최소한 그 정도의 인테리어와 매장을 갖추어야 가치를 높일 수 있다는 것이 그의 생각이었다. 이러한 노력의 결과로 베트남 내 한국 인삼의 붐이 일어날 수 있었고, 고 회장은 베트남 인삼붐을 일으킨 장본인이라는 자부심을 가지고 있다.

하지만 인삼사업은 점점 저물고 있었다. 2007년 무렵 인삼사업의 수익성을 노린 많은 사람들이 인삼사업에 뛰어들었다. STAR KOREA는 한국에서 컨테이너를 띄워 정식으로 통관을 하고 순도가 높은 질 좋은 인삼을 사용하고 있었는데 후발주자들은 편법으로 비용을 줄이고 가격공세에 집중하기 시작했다. 당시 인삼류에 대한 관세가 20~50%나 되었는데 베트남 사업자들은 한국을 다녀오는 보따리상 등을 통해 관세 없이 물건을 조달하곤 했다. 심지어 한국발 비행기에 탑승하는 스튜어디스도 인삼을 사온다는 말이 돌 정도였다. 업체 수가 많아지고 다들 살아남기 위해 저가전략을 쓰면서 순도가 낮은 제품도 유통이 되기 시작하고 여러모로 시장이 혼탁해졌다.

'이제 이 시장은 베트남 현지기업 위주의 시장이 되었구나'라는 생각이 들었다. 당연한 순리일 수 있다. 하지만 아쉬운 점도 있다. 인삼사업을 접어서 아쉬운 것이 아니라 STAR KOREA가 그동안 고급화에 집중해서 간신히 조성했던 인삼의 프리미엄 이미지가 이후 저가경쟁으로 훼손된 것이 아쉽다. 저가경쟁이 품질경쟁력 저하로 또 크게는 한국 인삼에 대한 신뢰 하락까지 이어진 것 같아 안타깝게 생각한다.

여담이지만 한국 인삼의 효과나 효능 홍보에 대해서 더 알릴 필요가 있다. 한국의 전문가보다는 베트남 전문가가 이를 보증하는 게 더 효과적이다. 예를 들어, 호치민이나 하노이의 유명대학 연구자 등과 컨퍼런스 등을 열어 인삼의 효능을 소비자들에게 알리는 것이다. STAR KOREA는 이러한 오피니언 리더들을 하노이 대우호텔 등에 초대하여 한국 인삼 알리기 행사를 개최해왔는데 이는 한국 인삼의 우수성을 알리는 데 어느 정도 역할을 했다고 생각한다. 앞으로도 이러한 노력이 계속 필요하다.

우리 상품을 이왕 팔려면 최고의 제품을 팔아야…

최근 여러 기관에서 다양한 한국기업제품을 소개하는 행사를 꾸준히 하고 있다. 매우 바람직한 활동이다. 그런데 몇몇 기관에서 개최하는 시장개척단, 판촉전 등의 행사를 가보면 순도 낮고 제대로 검증되지 않은 상품들이 꽤나 보인다. 해외에 나가 시장을 개척하는 행위는 일종의 국위선양 활동인데 좋지 않은 제품을 소개하면 오히려 국가 이미지에 부정적인 영향을 끼칠 것 같아 두렵다. 외국에 수출하는 제품, 특히 건강식품류는 철저히 선별된 제품으로만 해야 한다는 생각이다.

2019년 여수에서 개최된 제18차 세계한상대회 때 이야기다. 고회장이 세계한상대회 대회장직을 맡고 있을 때였다. 그는 당시 관련 지자체장에게 "수출 품목은 최대한 선별해야 한다. 관계로 인해서 수출지원 업체로 선정하지 말아 달라. 세계 여러 바이어들이 참석하는 행사에는 당당하고 떳떳하고 자신 있는 물건들이 나가야 하는 것 아니냐. 특히나 자격도 미달되고 품질도 미달되는 상품들은 절대 수출하면 안 된다. 이건 시장개척이 아니라 시장을 망가뜨리는 것이다"라고 강변한 적이 있다. 아마도 많은 분들이 공감하실 것이다.

문제는 몇몇의 미선정업체가 관련 정부나 기관에 민원을 넣는다는 것이다. 민원에 민감한 기관으로서는 곤혹스러울 수밖에 없다. 그럼 어떻게 해야 할까? 엄격한 기준, 즉 룰을 만들어야 한다. 예를 들어, 홍삼의 경우 성분분석표, 증명서(Certificate), 식품의약품안전처의 건강식품 인증허가증 등의 자료를 갖춘 업체만 참여토록 하는 것이다.

한국농수산식품유통공사(aT)와의 인연

많은 사람들이 고 회장이 처음부터 베트남 식품유통 부문에 진출한 것으로 생각하지만 사실 그는 당초 식품유통업에 대해서는 관심이 없었다. K-MARKET의 설립은 참 우연찮게 시작되었는데, 사실 한국농수산식품유통공사(이하 aT)의 덕을 보았다. 사람이 매사에 최선을 다하고 열심히 하다 보면 주변으로부터 인정받고 그렇게 노력을 하다 보면 도움받는 기회가 생기기도 하는 그런 경우였다. aT의 인연은 베트남 인삼 판촉전에서부터 시작되었다. 전술했다시피 2002년에 백화점 사업이 실패하고, 2003년 고 회장은 인삼 사업을 시작하였다. 다음해인 2004년 즈음에는 aT가 베트남에서 한국산 인삼에 대한 시장개척을 적극적으로 하고 있었다. 인삼 판촉전이라는 행사를 통해 베트남 내 인삼의 저변을 넓히는 방식이었다.

당시 하노이에서는 한국 기업 P사도 한국산 인삼을 취급하고 있었고 aT는 그 업체와 인삼 판촉전행사를 개최하였다. 전해 듣기로 당시 행사 운영비는 30,000불 가량으로 제법 큰 액수였는데 실제 행사 결과는 좋지 않았다고 한다. 아마도 정해진 운영비를 행사에 모두 사용하지 않고 소홀한 점이 있었던 것 같다. 한국인삼판촉전 행사에 다소 실망한 aT담당 직원은 어느 날 당시 장보 백화점 1층에 위치한 고 회장의 인삼매장을 찾아와 본인의 명함을 두고 갔다. STAR KOREA와 새롭게 인삼판촉전을 개최하고 싶었던 것이다. 고 회장이 운영하고 있는 STAR KOREA 인삼매장이 보다 고급스럽고 인삼의 가치가 잘 돋보이도록 진열되어 있었던 것이다.

그러나 직원을 통해 명함을 건네받은 고 회장은 연락을 취하지 않았다. 솔직히 말해 큰 관심이 없었다. 당시 aT는 농수산물유통공사로 불릴 때였고 고 회장은 그 기관이 무슨 일을 하는지도 정확히 몰랐다. 나중에 들은 이야기지만 고 회장의 매장에 방문했던 그 직원분은 행사 점검 차 출장 중이었고 남은 베트남 출장 기간 내내 고 회장의 연락을 기다렸다고 한다. 그 후 그분이 aT싱가폴 지사에 고 회장의 정보를 전달하고 싱가폴에 있는 aT지사와 연결이 되어 이듬해 인삼 판촉행사를 시작하게 되었다.

aT판촉행사 지원예산으로 할 수 있는 것은 시음 · 시식, 인쇄물(브로슈어) 및 쇼핑백 제작, 홍보도우미 지원 등으로 한정적이긴 하였으나 오히려 고 회장은 이를 하늘의 도우심으로 생각했다. 한국의 인삼을 알릴 수 있는 절호의 기회가 아닌가? 어찌 보면 고 회장이 해야 할 일인데 기관의 지원을 받은 것 같아서 행사 개최를 수락한 이후 이를 성공시키기 위해 정말 열심히 준비했다. 지원받은 운영비는 물

론 그 외의 것들도 투입해서 준비했고 행사는 대성공으로 끝났다. aT
는 이런 고 회장의 모습을 보며 신뢰를 하게 된 것 같았다.

2006년경 느닷없이 aT에서 나에게 한국식품유통을 해보라는 권
유를 하는 게 아닌가? 당시 베트남에는 호치민에만 작은 슈퍼마켓
수준의 한국식품점이 몇 개 있었고 하노이에는 아예 한국식품점이
없었다. 특히 베트남 현지시장에는 아예 한국식품이 판매되고 있지
않을 때였다. 갑작스러운 제안에 고 회장은 자신이 없었다. 한 번도
접해보지 않은 또 다른 분야였기 때문이다. 하지만 aT 담당자는 고
회장이 하면 무조건 잘 될 것이라고 계속 용기를 불어넣어 주었고 결
국 또 새로운 분야에 도전하게 되었다.

한국 라면의 실패와 또 다른 교훈

식품 유통을 시작하려니 막막했다. 일단 대기업의 문부터 두드렸
다. CJ, 미원베트남(현 대상그룹)과 같이 당시 협력관계에 있었던 기업
으로부터 식품을 받아서 판매해보았다. 실패였다.

그러다 한국라면을 베트남시장에 소개하면 어떨까 하는 생각이
들었다. 무작정 농심 본사에 찾아갔다 하지만 당시 담당자는 소량구
매를 요청하는 고 회장에게 영등포 시장에 가서 구매를 하라며 내 제
안을 거절했다. 고 회장은 한국식품의 불모지나 다름없는 베트남에
시장개척을 해보겠다고 간 것인데 그럼에도 환영받지 못했다. 당시
고 회장은 베트남에서 인삼왕 고상구로 제법 이름을 알리던 때였다.
포기하지 않고 계속 설득을 했다. 인삼 신화의 효과일까? 끈질긴 설
득에 결국 농심의 동의를 얻어 소량의 라면과 스낵류를 베트남으로

가져왔다.

결과는 어땠을까? 안타깝게도 실패였다. 대표제품인 신라면 조차 판매부진으로 유통기한이 지나 50박스 중 반도 못 팔고 폐기해야 했다. 여러 가지 문제가 있었지만 제일 큰 문제는 라면 섭취에 대한 문화차이였다. 기존 베트남 라면은 한국의 컵라면처럼 뜨거운 물을 부어서 바로 먹을 수 있는 라면이었고, 한국 라면은 냄비에 넣고 끓는 물에 조리해서 먹는 방식의 라면이었다. 이렇게 다른 섭취 방식 때문에 베트남 시장에 거부감이 생긴 것 같았다. 가격과 중량의 차이 또한 컸다. 한국산 라면의 경우 베트남산 라면 대비 5배나 비쌌고 중량은 베트남 라면의 약 2배에 달했다. 하지만 이러한 실패조차도 고 회장이 식품유통업을 하는 데 필요한 소중한 자양분이 되었다.

K-Mart(현 K-MARKET)의 시작

호치민에 있던 작은 한인마트가 교민들을 상대로 하던 소매점이었던 반면 고 회장은 처음에는 B2B시장을 겨냥했다. Citimart(현재는 이온몰에서 인수), BIG C, Fivimart(현재는 빈마트에서 인수), 사이공 쿱마트 등에 한국식품을 공급하는데 주력한 것이다.

사업은 순조로운 편이었고 한국식품을 베트남 대형 유통망에 공급한다는 보람도 있었다. 하지만 문제가 있었다. 수입해온 식품은 많은데 유통기한 내 소진하지 못하여 재고가 쌓이고 처치곤란의 물건들이 생기기 시작한 것이다.

그래서 자구책으로 시작한 것이 바로 소매식품 유통마트인K-Mart(현 K-MARKET)이다. K-Mart 1호점은 2007년에 쭝옌에 공

K-MARKET 사옥 전경

식적으로 개장하였다. 당시 하노이에는 두 군데(C마트, S마트)의 한인 마트가 운영 중이었고 고 회장은 그 마트의 상권을 벗어난 지역을 찾아야 했는데 마침 눈에 띈 곳이 쭝옌이었다.

1호점이 위치한 쭝옌의 점포는 외진 곳에 위치해 그다지 좋은 자리는 아니었다. 하지만 고 회장은 다른 마트와 차별화하기 위해서 한국스타일로 인테리어를 하였다. 실내 분수대를 설치하고 파라솔을 쳐서 야외 좌석을 만들고 한국에서 가져온 장비들로 고급 스타일의 한인마트를 만들었다.

K-Mart는 성공이었다. 성공에는 여러 요인이 있었겠지만 가장 중요한 요소라고 고 회장이 생각하는 점은 바로 '새로움'이었다. K-Mart는 매번 새로운 제품을 도입하는 데 주저하지 않았다. 한국에서 컨테이너박스를 들여올 때마다 한국의 핫한 상품을 가져왔다. 처음 스타벅스 병커피를 들여왔을 때 한국 사모님들이 엄청나게 좋아했던 모

습이 아직도 생생하게 기억난다. 그러한 점들이 한국 사람들 사이에 입소문이 나기 시작한 것이다.

하노이에 오래 계신 분들은 아직도 고 회장에게 인삼은 이제 취급하지 않는지 물어본다. 사업 환경이 계속 악화되던 2009년경 K-Mart가 어느 정도 자리를 잡았고 그 후년인 2010년도에 인삼 장사를 사실상 접기로 마음먹었다. 식품유통사업에만 집중해도 모자랄 만큼 사업이 커진 것이다.

글로벌 브랜드 편의점에도 밀리지 않는 K-MARKET

K-MARKET 사업을 본격적으로 시작한 2007년 이후 지금까지 기껏해야 13년 정도 남짓인데 K-MARKET 매장 개수는 벌써 100개를 넘어섰다. 그것도 코로나 이전 110개 이상이던 것에서 코로나로 타격을 입은 매장을 정리하고 남은 매장개수만 따진 것이다. K-MARKET의 매장은 모두 직영점이며 총 고용인원은 1,500명가량이다. 지금은 130개가 넘는 점포를 운영하고 있다.

K-MARKET이 만들어진 이후 우리는 항상 공격적으로 매장을 확장했다. 물론 코로나 기간만은 예외이다. 이렇게 공격적으로 매장을 확장한 이유는 단 한 가지다. 바로 베트남의 급속한 도시화에 발맞추기 위해서이다. 지금 이 순간에도 인구가 도시로 몰리고 신축 건물과 아파트들이 들어서고 있다. 이처럼 도시화가 급속히 진행되면서 신규상권들이 계속 생겨나고 있는데 이러한 지역에 K-MARKET이 거점을 선점하기 위해서다. 새로운 타운십이 들어서고 아파트단지가 들어서면 반드시 K-MARKET 매장이 들어서고 있다.

하지만 거점만 많이 확보한다고 해서 성공할 수 있는 것은 아니다. 고객의 수요에 맞게 차별화를 해야 한다. 예를 들어, K-MARKET처럼 곳곳에 거점을 확보하는 방식의 영업을 하는 유통매장이 '편의점'이고 수많은 글로벌기업들이 이미 베트남에 진출해서 운영 중이지만 이들 편의점들은 K-MARKET의 상대가 되지 못한다. 베트남에서 가장 많은 편의점 브랜드들이 활동하고 있는 호치민의 경우 세븐일레븐, GS25, 미니스탑, 써클K, 훼밀리마트 등 많은 글로벌브랜드 기업들이 있지만 K-MARKET은 차별화 전략으로 우위를 점하고 있다.

왜 편의점은 K-MARKET의 상대가 안 될까? 우선 판매되는 상품 구성이 다르다. 편의점의 경우 간편식, 과자, 스낵, 음료수 정도의 상품이 구비되어 있다. 하지만 K-MARKET은 일반편의점에서 취급하지 않는 과일, 야채, 정육, 반찬류, 건강식품, 가정용품 등 다양한 제품군들을 판매한다.

이렇게 다양한 제품군 중 특히 신선제품이나 정육, 야채 식품류를 베트남에서 유통하는 것이 쉬운 일은 아니다. 날씨가 무척이나 더운 베트남이다. 오늘 시장에서 사온 야채도 내일 되면 상한다. 이 같은 신선식품을 다루려면 콜드체인을 갖춰야하고 대량의 상품소싱 능력이 있어야 한다. 많은 종류의 신선야채를 골라서 신속하게 배송하여 매장에서 판매해야 한다.

매장의 냉장고 · 냉동고로 들어가기 전까지의 시간을 최소화해야 신선도를 유지할 수 있다는 말이다. 그만큼 시스템을 잘 구축해야 하는데 고 회장의 K-MARKET도 지금수준까지 올라오는 데 10년이라는 긴 시간이 걸렸다. 특히나 편의점은 관리 위주의 사업이기 때문에 정육, 청과, 야채 등은 다루기 어렵다. K-MARKET이 규모는 크지 않아도 유통 관리 시스템은 베트남 최고라 자부할 수 있으며, 상황실에서 전 매장, 물류센터를 철저히 모니터링하며 관리하고 있다.

K-MARKET의 지점 확대 속도는 도시화와 비례한다

우리의 전략은 대형마트의 길목을 차단하고 편의점과의 경쟁에서 우위를 점하는 것이다. 말 그대로 고객이 힘들게 대형마트를 가지 않고 K-MARKET에서 쇼핑을 해결할 수 있도록 만드는 것이다. 독자들께서는 하노이나 호치민 등의 베트남 대도시가 충분히 도시화 되었다고 생각하는가? 나는 그렇게 생각하지 않는다. 하노이와 호치민 등 대도시의 도시화도 아직 시작 단계일 뿐이다.

대형 빌딩들이 즐비한 대로변은 도시화가 되어 있는 것 같지만 이면의 뒷골목을 들어가보라. 거미줄처럼 복잡한 골목길 주변에는 어김없이 재래시장이 자리 잡고 있다. 지금도 베트남 사람들은 새벽부터 아침 시간대까지 잠시 열었다가 무더운 낮 시간에는 닫는 형태의 골목길 장터를 많이 이용하고 있는데 이러한 모습들을 봤을 때 아직 도시화가 덜 된 거라 말할 수 있다. 그래서 나는 K-MARKET 신규 입점 지역을 선정할 때 근방에 재래시장 상권이 형성되어 있는지, 있다면 몇 미터 내에 위치하고 있는지를 꼭 확인한다. 그런 자리에 신축 건물들이 들어서고 골목장터 문화가 없어지고 편의점과 같은 상점이 들어와야 비로소 도시화가 되었다고 말할 수 있는 것이다.

지금 하노이는 여러 제재, 규제로 인해 도시화의 속도가 더디기는 하지만 10년 뒤의 현대적 소매유통시장은 엄청나게 성장할 것이다. 도시화가 진행되면서 사람들은 뒷골목 시장보다는 슈퍼마켓을 이용할 것이고 소비자의 수준 또한 높아져 청결, 위생을 중요하게 생각하게 될 것이다. 그럴 때 그 탄력으로 인해 시장이 커지는 것이다. 그래서 미래를 위한 거점 확보가 지금 필요하다. 어찌 보면 우리 K-MARKET도 아직 시작 단계에 서 있는 것이다.

K-MARKET의 미래는 온오프라인통합에 있다

우리가 공격적으로 신규매장 오픈을 했던 또 다른 이유는 추후 이 매장들을 온오프라인통합의 플랫폼으로 만들기 위해서였다. K-MARKET의 장점은 많은 매장을 갖고 있다는데 있는데 이를 온라인의 장점과 결합시켜 온오프라인매장의 장단점을 서로 해소하자는 것이다.

온라인의 주요 장점은 편리성과 상품의 다양성 즉, 오프라인 매장에서 볼 수 없는 다양한 물건을 클릭 몇 번으로 구매할 수 있다는 점이다. 오프라인 매장의 경우 매장의 규모에 따라 구비할 수 있는 제품군이 제한적이기 마련인데 온라인은 그렇지 않다. 현재 K-MARKET 온라인 스토어에서는 옷, 휴대폰, 소형 가전, 중고 자동차 등 오프라인 매장에서 판매하지 않는 상품들도 다수 판매하고 있다.

반면 온라인 비즈니스의 문제점은 물류배송에 대한 손실이 상당히 많다는 점이다. 다른 개발도상국도 마찬가지이지만 베트남의 경우도 대부분의 주문은 COD(Cash on Delivery)로 진행되고 있다. 다시말해 결제 전 주문을 하고 물건이 도착하면 대금을 지불하는 방식이

코로나 19 극복을 위한 베트남 호치민 한인회 지원

다. 당연히 단순 변심 등의 이유로 지불을 거부하는 경우가 상당하
고 이를 반품받기 위해 두 배의 물류비가 든다. 베트남 내 홈쇼핑 사
업이 철수를 준비하거나 제자리걸음인 이유도 이처럼 물류비 손실이
크기 때문으로 알고 있다.

또한 배송시간에 대한 과도한 경쟁도 문제이다. 한국의 경우 저녁
에 주문하면 다음날 아침에 배송을 해주는 방식이 많은데 이를 위해
작업자들이 야간 선별작업을 해야 하고 급하게 일을 처리하는 과정
에서 배송기사들의 과로나 건강악화로 이어질 수 있다. 라이더들과
관련된 안타까운 뉴스가 전해질 때마다 나 역시 왠지 마음이 편지 못
하다.

그래서 우리 K-MARKET은 이러한 문제점을 극복하고자 오프라
인 매장을 거점으로 활용하려는 구상을 가지고 있다. 보통 물류센터
에서 각 매장으로 하루 2∼3회씩 출고하는데 이를 활용하여 고객들

이 직접 가까운 매장에 방문하여 온라인으로 주문한 제품을 수령할 수 있게 하는 것이다. 물론 희망할 경우 자택에서 배송을 받아도 된다. 하지만 베트남 택배사가 저녁 6시~7시까지만 배송이 가능한 반면 K-MARKET은 밤 12시까지 영업을 한다. 고객이 다음날 급히 필요한 물건일 경우 밤 12시 전까지 언제든지 매장에서 물건을 찾아갈 수가 있다는 말이다. 이렇게 되면 물류비용 부담이 줄어 경쟁력을 강화된다. 또한 소비자 입장에서는 물건을 전달받기가 편해진다는 효용가치가 있다.

또한 반품에 있어서도 K-MARKET매장에서 물건을 열어 확인해 보고 마음에 들지 않으면 다시 매장에서 바로 반품처리를 하면 되는 것이다. 별도의 배송직원이 움직일 필요가 없다. 베트남 코로나 사태가 진정되는 대로 K-MARKET은 매장 확장에 다시 박차를 가할 것이며 매장을 플랫폼으로 활용하는 온오프라인통합도 본격적으로 추진해나갈 예정이다.

코로나라는 복병

2020년 코로나라는 복병을 만났다. 일반 소비자들이 보았을 때 K-MARKET은 필수업종으로 분류되어 여전히 영업을 할 수 있고 오히려 소비자가 늘어서 코로나 덕을 봤다고 느꼈을 것이다. 하지만 현실은 그 반대였다. 먼저 많은 교민들이 코로나로 베트남을 떠났고, 2019년 430만 명이 방문하던 한국 방문객들의 발길이 끊겼고 식당들의 영업중단으로 B2B 식자재 매출이 중단되었다. K-MARKET은 B2B사업이 당사 전체 매출의 60%를 차지한다. 베트남 대형마트에서 판매되는 한국식품은 상당부분 K-MARKET에서 납품하는데 코로나 확산으로 인해 봉쇄가 이어지면서 B2B사업의 상당 부분이 중단되어 버렸다.

뿐만 아니라 Redsun, Golden Gate와 같은 베트남 현지 대형 F&B 그룹에도 우리의 큰 거래처이지만 코로나로 납품이 중단되었다. B2B 사업 손실로 많은 적자가 발생했다. 결단이 필요했다. K-MARKET 은 모든 매장이 직영점으로 운영되고 있다. 나는 영업에 어려움을 겪는 직영매장의 철수를 결정했다. 철수하기로 결정된 매장 대부분은 규모가 큰 매장들이라 투자비용이 많이 들었고, 인테리어도 고급스럽게 꾸며진 매장들이라 철수를 하게 되면 투자한 비용 모두를 버려야 하는 큰 손실이 따를 수밖에 없다.

하지만 우리 회사는 100여 개 이상의 매장을 운영하고 있는 회사라 몇몇 매장 정리에 속 쓰려할 여유가 없었다. 이러한 조치를 취하고 나니 K-MARKET의 운영은 단숨에 정상화되었고 손익 실적은 오히려 그전보다 좋아지는 수치로 나타났다. K-MARKET은 매장이 많지만 무차입 경영 원칙을 고수하고 있다. 하지만 하노이 물류센터 건립 당시 베트남에 보내야 할 투자자금 외환송금의 법적처리가 원활하지 않아 불가피하게 일시적으로 차입했던 일부 차입금도 코로나 위기에도 올해 9월 말 모두 상환하였다.

"내가 지금부터 매직을 보여줄게"

앞에서 말한 매장 철수 결정은 사실 쉽게 나온 결정은 아니다. 당초 직원들이 코로나로 인한 피해에 대해 보고하러 왔을 때 고 회장은 당당하게 말했다. "내가 지금부터 매직을 보여줄게. 이 문제를 내가 어떻게 해결하는지 잘 봐라. 방법은 아주 간단하다. 하루 빨리 적자 매장을 정리하는 게 살아남는 방법이다. 되는 것만 가져가면 된다"

건물 임대료를 선납하여 임대기간이 남아 있든 투자비용이 많이 들었든 이전이 쓴 돈은 절대 아까워해선 안 된다. 투자함으로서 이미 내 손을 떠난 돈이다. 사람들은 안 되는 걸 아까워서 붙잡아두고 또 투자금액에 연연해하며 미련을 갖는다. 이 비유가 맞는지 모르겠지만 그건 마치 죽은 자식을 붙잡고 있는 것과 같다. 영업이 힘든 매장이라도 업종의 특성상 매장에 상품은 채워야 한다. 어려운 시기에는 잘 되는 곳에만 집중을 해야 하는데 힘든 매장을 살려보고자 상품배치, 인력배치 등을 하게 되면 정작 다른 곳에 써야 할 에너지가 낭비되고 만다. 선납한 임대료는 문제가 아니니 연연하지 마라.

우리는 대책회의를 열었다. 적자매장을 골라내고 캐시플로우와 BEP(손익분기점)를 과거, 현재 그리고 미래 3단계로 나누어 전후 6개월의 자료를 만들었다. 오직 캐쉬플로우와 손익분기점으로 가망이 있는지를 판단했다. 답이 나왔다. 이대로 철수 매장을 정리하고 나니 영업이익이 높아지며 수익구조가 눈에 보이게 변하기 시작했다.

베트남 남부 복합 물류센터 건립

올해 우리는 그동안 추진해왔던 베트남 전역 물류 유통망 구축을 위한 두 번째 단계인 호치민 물류센터 건설에 박차를 가할 전망이다. 지난 1월 27일 우리는 동나이(Dong Nai) 년짝(Nhơn Trạch)에 위치한 힙프억(Hiệp Phước) 공단에 건립할 베트남 남부 복합 물류센터 부

K-MARKET의 준공식 모습.

지 계약을 마무리했다. 올해 상반기 통합심의를 거쳐 승인되면, 2024
년 3월 준공을 목표로 사업이 추진될 예정이다. 공단의 위치는 물
류 유통의 중심지로 호치민 2군까지 약 30분대 소요되며, 냐베 고속
도로 완성 시 7군까지 30분 정도밖에 소요되지 않는다.이번에 건립
할 남부 복합 물류센터는 약 3ha(약 9,000평) 면적에 해당하는 부지로
K-MARKET 하노이 복합 물류센터보다 1.5배 더 큰 규모이다. 상
온·냉동·냉장 물품 포장과 배송 및 보관·재고관리 등 모든 과정
을 담당하는 '풀필먼트 물류센터'를 비롯해 남부 지역의 풍부한 자원
을 활용한 지역 상생형 공유창고, 스마트 연계 물류 시스템 등이 조
성되어 미래도시형 첨단 물류 인프라 구축을 통해 고부가가치의 물
류산업이 육성될 것이며 특히, 온라인 사업의 기반인 베트남 북부·
중부·남부를 어우르는 통합 물류망을 구축함으로서 기존 판매 상품

외에도 수십만 종의 해외 직구 물류망이 확보될 것으로 기대된다. 베트남 남부 복합 물류센터 준공으로 한국 농·식품의 남부지역의 유통망 확대는 물론이고 남부지역의 풍부한 농·수산물 유통 전진기지로서 역할을 할 것이며 남부 복합 물류센터에서는 3PL(삼자물류), 농수산물 PB 제품 개발 등 다양한 사업이 펼쳐질 것이며, 베트남 내수 시장 외 한국 및 제3국 수출 판로까지 확보할 수 있는 토대가 될 것이다. 금번 남부 복합 물류센터 준공 사업은 기존에 확보된 북부 물류 유통망에 베트남 경제 중심으로 볼 수 있는 베트남 남부지역의 물류 유통망까지 구축하겠다는 우리 K-MARKET의 비전이 담겼다.

K-MARKET의 CSR

CSR은 베트남 진출 한국기업들이 당연히 해야 하는 의무라고 고 회장은 생각한다. 해외진출 한국기업들은 외국에서 사업을 하는 것이지 않은가. 고 회장이 해외에 거주하는 교민들을 상대로 이익을 내든 베트남 국민들을 상대로 이익을 내든 그는 베트남에서 사업을 하는 것이다. 베트남에서 개별기업의 이미지가 아니라 한국기업이 베트남에 얼마나 기여를 하는지에 대한 이미지를 보여줘야 한다고 생각한다.

K-MARKET은 예전부터 CSR활동에 적극적이었다. 하지만 코로나 이후에는 더욱 적극적으로 했다. 도와야 할 사람들이 너무 많았다. CSR활동에는 베트남을 위해 해야 하는 CSR이 있고 교민들을 위해 해야 하는 CSR이 있다.

베트남을 위한 CSR활동으로는 2013년부터 베트남의 불우이웃을

K-MARKET 호치민 물류센터 준공 예정

돕기 위해 전 임직원이 고아원과 복지원에 매년 정기적으로 방문하고 있으며 베트남 농가가 코로나로 인한 수출길이 막히자 베트남 농가의 농작물을 구입해 원가로 판매하는 'K-MARKET & 베트남 농가 상생 프로젝트'를 진행하였다. 또한 지난 2020년 4월 베트남 조국전선중앙위원회를 방문하여 힘든 시기를 조속히 극복해나갈 수 있도록 현금10만US$ 와 구호물품을 7만US$ 를 기부하였다. 이외에 베트남 중부지방 홍수 피해 이재민을 위한 기금 모금, 굿네이버스와 농가 지원 협업 프로젝트 및 전체 매장에 모금함을 비치하는 등 그 외 베트남 지역 사회에 대한 공헌 및 한국과 베트남 관계를 위한 여러 활동을 해오고 있다.

교민들을 위해서는 2021년 8월 어려운 상황에 처한 호치민 교민들의 백신 조달과 확진자 구호 기금으로 활용할 수 있도록 10만US를

조국전선 중앙위원회에 17만 불 기부.

호치민 한인회에 기부하였다. 또한 베트남 교민 사회의 상생협력을 위해 여행업 종사자 코로나 극복 후원금, 베트남 축구국가대표 한국 코치진 주거환경 개선 주택지원, 격리 교민 구호물품 지원 등의 수많은 기부 활동에 참여하였다.

앞서 말했지만 해외에서 사업을 하는 입장에서 CSR활동은 수익이 발생하는 기업이라면 당연히 해야 하는 의무이다. 베트남에서 1위가 되는 것도 중요하지만 베트남에서 제일 사랑받는 기업이 되는 것이 결국 K-MARKET의 최종 목표이다.

회장

김점배

القوس لماوراء البحار للتجارة ش.م.م
AL KAUS OVERSEAS TRADING L.L.C

알카우스트레이딩

김점배 회장

학력

1978	여수수산대학 어업과 졸업

경력

1991	오만수역 원양어선 승선(선장)
1996	한국해외수산 주재원(오만국)
2000	알카우스 무역 설립(대표)
2009~현재	민주 평화통일 자문위원
2000~2021	오만 한인회 회장
2016	아프리카 중동한상 연합회장
2019~현재	민주 평통 중동협의회 회장
2000~현재	(사)아프리카.중동 한인회 총연합회 총회장
2021	민주평통 유럽.중동.아프리카 부의장
2021	(사)세계 한인회 총 연합회 이사
2022	제20차 울산 세계한상대회 대회장
	아프리카. 중동 한상회 고문
현재	한상드림 장학재단 이사
현재	AL KAUS OVERSEAS TRA-DING LLC 대표이사(오만법인)
현재	(주)천관 대표이사

상훈

1999	해양수산부장관 표창장 수상
2008	표창장(지식 경제부 장관)
2010	한국노총 부산지역본부 감사패
2011	표창장 (지식 경제부 장관)
2012	국민포장 수상
2017	월드 코리안 대상 수상 (국제교류 부문)
2017	장흥 군민의상(사회봉사부분)
2017	국토교통부 장관 표창장(해외진출 과 시장개척)
2019	2019 장보고 한상 어워드 해수부 장관상
2020	국민훈장 석류장 수상

성실함으로 시작된 선물

김점배 회장은 한국적 원양 트롤선 조업을 주업으로 2000년에 아라수산을 설립하여 운영 중 ㈜천관으로 사업체 변경하고, 한국적선 선박을 외국적선으로 변경 후 수산물 수출입, 선박 관리업을 주업종으로 운영하며, 오만법인 AlKausOverseas Trading L.L.C(KOTC)는 선박 4척 운항, 수산물 수출입업으로 연간 매출 250억 ~300억 원을 육박하며 23년째 사업 중이다.

소말리아 해역에서 빈번히 일어나는 해적이 준동하는 열악한 환경 속에서 조업하면서도 단 한 건의 사건, 사고 없이 이태리, 일본 등지에 중소선단으로는 쉽지 않게 연간 2,000만 달러 이상을 상회하는 수출 효자기업으로 지난 2006년에는 이미 1,000만 달러 수출 탑을 달성한 바 있다. 동사는 현지에서 약 300여 명의 직원을 고용, 한-오만 양국의 우호증진, 경제발전과 함께 고용창출에도 크게 기여하고 있다.

전남 장흥에서 태어난 김점배 사장은 여수수산전문대학을 졸업하고 북태평양 캄차카 반도에서 조업을 하는 동원산업과 인도양에서 참치잡이를 하는 천양수산 등에서 3년 동안 배를 탔다. 산업체 특례로 병역 근무를 겸한 일이었다. 그런데 1978년 유류 파동으로 그가 승선했던 참치잡이 선박 회사가 도산했다. 그는 당시 5년간 산업체 병역 특례에 걸려 있었다. 선택의 여지가 없었다. 배를 탈 자리만 있으면 어디든 가야 했다. 마침 오만 트롤선에 자리가 났다.

1981년 말 오만 무스카트에 기지를 둔 한국해외수산의 배를 탔다. 처음 무스카드에 왔는데, 한나라의 수도라는 곳이 도로포장도 안 되어 있었다. 오래전에 서부 영화에서 본 모래먼지 확 날리는 그런 곳이었다. 참 열악한 환경이었다. 당시 1회 계약 기간은 무조건 30개월이었다. 배 위에서 30개월 정도 생활하다 보면 몸도 마음도 많이 지치기에 연이어 그 이상 배를 타는 사람은 거의 없었다.

그런데 그는 60개월을 내리 계약했다. 한국에 안 들어가고 60개월 내내 성실하게 일하니까 회사와 주변의 인정을 받기 시작했다. 성실은 정기적금 같은 것이다. 때로는 지루하고 더딘 것 같지만 가장 정확하게 그 결실을 되돌려주는 게 바로 성실이다 여러 해 동안 성실하게 일한 김점배 사장에게 세상은 두 가지 선물을 한꺼번에 안겨주었다. 1986년 10월 결혼을 했을 뿐 아니라 비슷한 시기에 선장 진급까지 하게 되었던 것이다. 그는 선장으로서 금봉 202호를 지휘하게 되었다.

우리 회사의 다른 선장들은 배 부분 4년제인 부산 수산대학 출신이고 김점배 사장만 전문대 출신이었다. 항해사 때도 마찬가지였지만. 선장이 된 뒤부터는 4년제 대학 출신들에게 뒤져서는 안 된다는 생각 이 더 강하게 들었다. "가방끈 짧으니까 고기를 못 잡네" 하는 소리는 듣고 싶지 않았다. 전문대 출신들 도매급으로 욕 안 먹이기 위해 참 열심히 일을 했다.

어느 업계든 불문율 같은 게 있다. 원양어업 업계에서는 자신이 데리고 있던 항해사를 선장으로 이끌지 못하면 무능하다고 낙인이 찍힌다. 어디 가서 얼굴 내밀고 떳떳하려면 후배 항해사에게 선장 자리를 내줘야 한다. 이것은 오래된 전통이다. 후배에게 자리를 안 내주고 계속 선장 자리를 차지하고 있으면 자기 욕심만 부리는 사람으로 손가락질을 받는다. 원양어업 업계는 이러한 불문율을 통해 질서가 유지되고 선후배 관계도 돈독해진다.

1989년 가을 2년 선장 계약이 끝난 뒤 금봉 202호의 선장 자리를 후배 항해사에게 물려주고는 한국으로 들어갔다. 3개월 정도 쉬었더니 회사에서 금봉 801호의 선장으로 그를 불렀다. 그 배가 지금의 백양 37호이다 그는 다시 2년 동안 인도양의 파도 위에 몸을 실었다.

기회와 위기 그리고 다시 시작

흔히 세상일이 성사되기 위해서는 천시(天時) 지시(地時), 인시(人時) 가 맞아떨어져야 한다고 한다. 하늘이 내리는 때와 그에 걸맞은 장소 그 일을 행하는 적절한 사람 등 삼박자가 맞아야 일이 풀린다는 말이다. 하늘이 무스카트에서 그에게 새로운 기회를 준비하고 있었다. 하지만 그 기회는 때로 위기의 모습으로 내려온다.

금봉 801호 어기(漁期)를 마치고 나니. 한국 해외수산에서 무스카트 기지 과장 자리를 제안해 왔다. 월급은 적었지만 안정적이고 가족과 함께 생활할 수 있다는 장점이 있어 흔쾌히 수락했다. 1991년 말부터 무스카트 기지의 과장으로 근무를 시작했다. 이듬해엔 가족들을 무스카트로 불러들였다.

그런데 지상 근무를 시작한지 얼마 지나지 않아서 갑자기 회사 경영이 악화되었다. 1993년부터는 조업조차 중단하고 회사 매각 절차에 들어갔다. 그런데 어느 순간 그의 어깨에 모든 짐이 걸려 버렸다. 상관 기지장은 회사 매각 문제를 처리해야 한다며 한국으로 들어가고 무스카트 현장에 남아 있던 그에게 아우성이 빗발쳤다. 하루아침

선박 수리하는 직원들과 함께

에 일자리를 잃은 선원들에게 귀국 경비는커녕 부식비조차 끊어졌기 때문이다. 유류 회사며 선식 납품 업체 등 거래처에서 빚 독촉이 날아들었다. 그는 혼자 이리 뛰고 저리 뛰고 동분서주했다.

선박은 조업을 하지 않거나 항구에 접안해 있으면 유류, 선원급료, 부식 등 매일 일정의 경비가 발생한다. 선박 9척, 선원 300여 명이 근무하던 회사가 도산하다 보니 선원들이 집에 보내달라고 아우성이었지만 본사에서는 경비 한 푼 보내주지 않았다.

다른 건 몰라도 당장 먹는 문제라도 해결을 해야 했다. 급한 마음에 한국에 있는 형님에게 3,000만 원을 빌려서 그걸로 선원들의 부식비와 귀국 경비 등 급한 불을 껐다. 김점배 사장이 이곳저곳 불을

끄느라 동분서주한 지 6개월쯤 지났을 때 하늘은 솟아날 구멍을 보여주었다. 항구에 꽁꽁 묶여 있는 한국해외수산의 배를 사겠다는 회사들이 나타난 것이다. 4개 회사에 1~2척씩을 팔았다. 그런데 배를 산 회사들이 인도양 해역에서 조업을 하고 싶어 했다. 그에게 기지장 역할을 부탁해 왔다. 어느새 그는 여러 회사의 기지장 대행 업무를 하고 있었다. 선주들이 공동으로 그의 급료와 사무실 운영비를 부담하는 형식이었다.

모든 게 다시 돌아가기 시작했다. 멈춰 서 있던 배는 뱃고동을 울리며 바다로 조업을 나갔고 선원들은 일을 시작했으며, 그러다 보니 납품업체들에 걸려 있는 빚도 하나씩 정리가 되었고, 새로운 선주들은 힘들이지 않고 인도양 해역으로 진출하는 문을 열게 되었다. 이른바 상생의 비즈니스가 시작되었다. 하늘은 스스로 돕는 자를 돕는다고 했던가.

그와 동시에 풍어가 계속되었다. 1994년부터 1997년까지 세 해 동안 참돔과 갑오징어가 엄청 잡혔다. 포클랜드 어장의 배들까지 오만으로 들어왔고 그 배들을 모두 그가 관리했다. 1척 2척 받아보니 어느새 10척이 넘어설 정도로 규모가 커졌다.

그 와중에 그에게 배 2척을 맡겼던 회사 한곳이 부도를 냈다. 그는 그가 가진 재산을 모두 털어 선가를 일부 지불하고 나머지 부채는 떠안고 그 2척의 배를 인수했다. 그리고 그 배들을 가지고 '라사교역'이라는 회사를 설립했다. 경영자로 변신한 김점배 사장은 한국해외수산이 도산한 이유 분석에 들어갔다.

그 결과 한국해외수산은 구조적으로 망할 수밖에 없었다는 결론

청해부대를 방문한 김점배 회장의 모습

에 이르렀다. 한국해외 수산의 배들은 소말리아 해역에서 조업하고
그 어획물들은 아랍에미리트연합 아즈만항에서 하역했다. 문제는 소
말리아 해역과 아즈만까지 항해 기간이 편도 일주일이나 걸린다는
점이다. 적자가 날 수밖에 없었던 것이다.

무스카트 기지 관리인에서 한 회사의 최고 경영자로 변신한 그가
이런 분석을 토대로 내놓은 경영전략은 바로 운송 거리를 단축시킬
수 있는 새로운 하역 항구의 개발과 보다 넓은 판로의 개척이었다.
그의 눈에 들어온 것은 오만 남부의 살라라항과 유럽시장을 연계시
키는 전략이었다.

원래 살라라 항구는 1~3톤까지 작은 배들만 들어오던 조그만 항
구였다. 원양어선들의 모항이 되려면 반드시 냉동 컨테이너 기반 시
설들이 갖추어져 있어야 하는데 그가 선장으로 일할 때만 해도 살라

라에는 그런 시설이 전혀 없었다.

그런데 그가 배를 구매했을 즈음 살라라에도 냉동 컨테이너 구동 시설들이 갖추어지기 시작했다. 모항을 살라라에 두면 여러 문제가 풀릴 수 있었다. 우리 배들이 조업을 하는 소말리아 해역에서 아즈만 까지는 일주일이나 걸리지만 살라라항까지는 이틀밖에 걸리지 않았 다. 운송 시간이 왕복 10일 정도 단축되는 효과가 있었다. 아랍에미 리트연방의 아즈만항 대신 살라라항을 이용하면 대략 한번 출어에 10만 달러 정도는 기본으로 절약된다는 계산이 나왔다. 주저 없이 라 사교역의 모항을 살라라항으로 정했다.

그 다음은 판로 개척이었다. 궁리 끝에 생각한 것이 그리스 원양 어선 업체인 탈라스였다. 탈라스도 오만에서 조업을 하던 업체였다.

글로벌 시장 개척

김점배 사장은 탈라스의 만달리우스 사장을 만나 소말리아 어장 과 살라라항을 연계한 그의 구상을 털어놓았다. "당신이 유럽판로 뚫 어봐라, 나는 한국과 중국, 일본 등 동아시아 시장을 열겠다"라고 만 달리우스 사장은 흔쾌히 동의를 했고 배 한 척을 소말리아 어장으로 보냈다. 김점배 사장도 소말리아 어장으로 배를 한 척 보냈다. 일종 의 포트폴리오 차원에서 연계 조업을 한 것이다.

오만은 검증된 어장이었고, 소말리아는 새로운 모험이었다. 그런 데 소말리아 조업이 쏠쏠했다. 김점배 사장은 오만에 투입했던 다른 한 척의 배와 그가 관리하던 다른 배들까지 소말리아 어장으로 돌렸 다. 게다가 만달리우스 사장이 이탈리아, 스페인, 그리스 시장의 활로를 잘 뚫어주었다. 고기만 잡으면 전량 판매할 수 있는 판로가 확보된 것이다.

2011년부터 시작된 전 세계 유류 파동으로 당사 또한 존폐의 어려운 상황이 몇 년간 지속되었다. 2010년 이후 아프리카 시장으로 계속적으로 어획물을 수출하던 중 2014년 2월 아프리카 시장, 즉 틈새시장을 공략할 수 있는 동업자를 만나게 되었다. 당시 회사 재정이 어려운 시기에 국내에서는 금융권 대출을 한번 받으려면 여러 가지 이유로 대출의 어려움을 겪고 있는 시기에 아프리카 유통업자를 찾아가서 현재의 회사 재정 실정을 허심탄회하게 이야기하고 도움을 청하니 유통업자는 차용증 하나 받지 않고 신용과 믿음으로 아무런 조건 없이 100만 유로(한화 13억 원가량)를 선뜻 사업에 도움이 되었으면 한다고 차용을 해주었다. 이는 우리 조업선이 주 어종 외 자투리 어획물을 아프리카로 왕성하게 수출하는 계기가 된다.

여기서 틈새시장이라 함은 우리 선박이 어획하는 수산물 중 고가의 어종, 즉 갑오징어, 한치, 갈치, 돔류는 유럽, 중국, 일본, 한국으로 수출하는 데 비해 자투리 어획물은 판매처가 녹녹치 않은 상황에서 동업자를 만난 2014년부터는 아프리카로 연간 400만 달러 이상의 수출시장 확보하여 유류파동으로 지친 회사에 조금이나마 힘이 되기 시작하였다. 이후 지속적으로 아프리카 시장을 개척하여 지금은 세네갈, 코트디아브르, 나이지리아 등 아프리카시장에 활발히 수출하게 되었다.

피부색은 우리와 달라도 지금은 가족처럼 누님, 동생 하면서 대소사를 함께하는 동업자가 되었고 인간의 정을 나누는 영원한 파트너

가 되었으며, 매년 두바이, 오만으로 지인 및 손자녀 등과 함께 방문하고 있다. 이후 아프리카를 사랑하는 계기가 되어 아프리카 평화의 샘물사업과 김동해 성모안과 병원장의 비전케어 사업에 적극적으로 참여하고 있다.

이렇게 우여곡절 끝에 ㈜라사교역은 2000년 설립 이후 소말리아 해역에서 빈번히 일어나는 해적이 준동하는 열악한 환경 속에서 조업하면서도 단 한 건의 사건, 사고 없이 이태리, 일본 등지에 중소선단으로는 쉽지 않게 연간 2,000만 달러 이상을 상회하는 수출효자 기업으로 2006년에는 1,000만 달러 수출탑을 달성하였고 연간매출 3,000만 달러를 향해 전진하던 중 또 다시 시련이 닥쳐왔다.

소말리아 정부로부터 합법적으로 허가를 받아 조업을 하고 있었으나 2014년에 불법어획이 아니냐는 의혹에 휘말리게 되었다. 유럽연합의 NGO 단체가 우리 정부에 항의한 것이 문제가 되었다. 소말리아 정부에서 발행한 어업 라이센스를 믿지 못하겠다는 것이었다.

　이 때문에 유럽으로 수출한 컨테이너 20개의 수산물도 통관되지 못하고 리턴이 되었다. 유럽 NGO의 항의를 인식한 우리 정부가 갑작스레 어획증명서와 위생증명 등 통관을 위한 서류를 발급해주지 않아 연간 2,500만 달러 이상의 매출을 달성하고 3,000만 달러를 달려가던 매출이 2014년 한해에 1,400만 달러로 급락하고 2014년 한해 50억 원의 손실이 발생하는 등 존폐의 위기에 처했다.

　소말리아 정부도 정식으로 인정을 하고 그렇기 때문에 소말리아 해역에서 어획한 수산물이 오만항에 하역을 하는 것이지만 유럽 NGO는 한국을 불법어업국으로 지정하겠다고 한국 정부에 엄포를

2021년 아프리카 중동 한인회 총연합회 총회 모습

놓고 항의를 했기 때문에 한국 정부는 어획증명을 발급해주지 않았다. 너무나도 억울해서 5개월간 한국 정부에 항의하고 하소연을 해보았지만 결국 물러설 수밖에 없었다. 우리 때문에 다른 업체들까지 유럽수출에 지장을 초래할 수 없는 노릇이었다.

결국 소말리아에서 조업하던 어선들을 2015년 소말리아 측에 양도하고 그 어선들의 대리점 위탁 계약 체결하여 이듬해인 2016년 연간 2,800만 달러의 매출을 달성하며 거듭된 성장을 이어가고 있다.

새로운 도전

앞으로 사업 다각화에도 신경 쓸 예정이다. 트롤망 어업은 사양산업이다. 바닥을 끌고 조업하는 방식에 대해 환경보호 단체들의 압력이 거세다. 앞으로는 트롤망 어선 비중을 줄이고 참치잡이 쪽으로 새롭게 사업을 키워 가려고 한다. 소말리아가 사회적으로 정치적으로 안정되어 투자 여건이 조성되면 그곳에 통조림 공장을 세우는 방안도 생각하고 있다. 소말리아 어민들에게 연안어업 기술을 전수해주고, 그들이 잡아들이는 물고기들을 사들여서 통조림을 만들 계획이다.

소말리아는 아프리카에서 가장 긴 3,333킬로미터의 해안선을 가지고 있는 해당 국가인데도 태국에서 참치 통조림을 수입하고 있다. 소말리아에 짓는 통조림 공장은 소말리아 어장에서 소말리아 어민들이 잡은 물고기를 값싸게 공급할 수 있게 해줄 것이다. 소말리아뿐 아니라 바다를 접하지 않고 있는 아프리카 내국국가의 소비자 5억 명이 혜택을 누릴 수 있다.

모국과 거주국에서의 봉사활동에서도 김점배 회장은 남다르다. 아너 소사이어티 회원(사회복지공동모금회 1억 원 이상 기부자 모임)으로 꾸준히 기부를 하고 있고 이 기부금은 인재육성 장학금, 어르신 성인 기저귀 지원사업, 조손·한부모가정 주거환경 개선사업, 중증장애인 생활편의 지원사업, 취약 어르신 방한복 지원사업 등에 쓰이도록 기부활동을 하고 있다.

전남 장흥군 대덕읍 출신으로 35여 년을 오만에 거주하면서도 한국인의 긍지와 자부심을 가지고 있으며, 고향인 장흥군의 향토문화와 체육발전에 많은 기여를 하고 있다. 2011년부터 꾸준히 매년 5,000만 원 이상을 고향에 기부하고 있으며, 장흥국제통합의학박람회 개최 시 아·중동 지역의 한인회와 MOU를 체결하는 데 결정적인 역할을 했고, 각국 대표를 박람회에 초청하여 홍보와 성공개최에도 큰 힘이 되었다. 이러한 공을 인정받아 1982년에 제정된 명예와 권위가 있는 장흥군민의 상을 수상했다. 또한 식민사관을 버리고 우리나라의 진정한 역사찾기운동 단체인 사단법인 '대한사랑' 해외 자문위원으로 활동 중이다.

거주국인 오만에서는 한인회장을 20여 년간 맡았으며, 오만 한인회장에 취임 이래 가장 활발한 활동을 펼치고 있는 한인회장으로 평가받았으며 그동안 침체일로를 겪고 있던 아·중동 한인총연합회를 더욱 연합하는 계기를 마련한 것으로 알려지고 있다. 교민사회 발전은 물론 양국의 우호증진, 수출증대와 오만 정부 고위관계자들과의 그동안 쌓아온 조용한 민간외교 성과는 '삼호주얼리 호 사건' 발생시부터 마무리까지 조용하고 깔끔하게 수완을 발휘할 수 있었던 것과도 무관치 않다.

그는 오만 지역은 물론 아·중동국가 등에서는 친한파를 비롯한 경제, 사회, 문화계 등에 지인들이 많아 본인의 의사와는 상관없이 자천타천으로 '차기 재목감'으로 거론되고 있다. 전문수산인으로서는 보기 힘든 씽크-탱크(Think-Tank)로 해양행정에 일가견이 있다.

2021년에는 사단법인 아프리카·중동 한인회 총연합회를 설립하고 총회장을 맡으면서 아프리카 중동지역 한인의 권익향상을 위한 문화사절단 초청 및 상호방문 교류, 아프리카 중동 지역 현지 주민들을 위한 '개안수술', '평화의 샘물' 및 어려운 환경에 처한 지역 돕기 등을 추진했다. 또한 성금을 모아 전남 곡성 수재민 돕기, 대한적십자사에 2,000만 원 코로나 성금기부. 아프리카. 중동 한인들 마스크와 진단키트 보내기 운동도 하였다. 본 단체는 50여 개국 한인회가

세계한상대회

참여해 운영되고 있으며 앞으로도 더불어 함께 하는 세상이란 구호 아래 인류애적 사랑을 나누는 데 앞장서고 있다.

성공하게 된 정신과 철학

» 불광불급(不狂不及)! 성공하려면 미쳐야 한다.

» 그들을 이해하는 것에 그치지 않고 그들의 삶 속으로 완전히 들어가 신뢰와 사랑을 얻고자 노력했다.

» 누군가 우울하다면 그건 돈이 없어서가 아니라 꿈이 없기 때문이다. 아무리 가난하더라도 꿈이 있는 사람은 행복하다. 반대로 아무리 돈이 많더라도 꿈이 없으면 불행할 수밖에 없다. 자신이 버는 돈으로 아프리카 어린이들에게 꿈을 선물하는 일을 하겠다.

» 더 나은 세상은 언제나 가능하다. 함께 나누고 함께 꾸려나가는 열정과 믿음이
  있으면 더 나은 세상은 항상 우리 곁에 있을 것이다.

» 역풍범장(逆風帆檣)! 내가 받은 것보다는 조금 더 세상을 위해 베풀어야 한다.

회장

오세영

โถลาว ກຣຸບ
KOLAO GROUP

코라오그룹

오세영 회장

학력

1986	성균관대학교 공과대학 졸업

경력

1987	코오롱상사 근무
1990	Turbo트레이딩 설립(베트남)
1997	Kolao Developing Company 설립 (라오스), 자동차&오토바이 조립생산공장 건설
2002	코라오 컴퓨터(라오스)/I-테크 건설회사 (라오스)
2003	독자 브랜드 'KOLAO'로 오토바이 사업 개시
2004	코라오팜 설립(라오스)
2005	코라오차이나 설립(충칭)
2006	코라오 캄보디아 설립(캄보디아)
2007	글로비아 물류운송회사 설립(태국)
2008	인도차이나은행 설립(라오스), K-플라자 (전자매장) 설립(라오스)
2009	지주회사 '코라오홀딩스'(Kolao Holdings) 설립
2010	자동차 전문매장 오토시티 개장(라오스), 코라오 홀딩스 한국 KOSPI 상장 (한상기업 최초의 KOSPI 상장)
2011	라오 컨트리 클럽 개장(라오스)
2012	코라오홀딩스 싱가포르 법인 설립
2013	미얀마 자동차 판매 개시(미얀마), 신차 CKD 브랜드 'DAEHAN' 출시 (라오스)
2014	KR모터스(구 S&T모터스) 인수합병(한국)
2015	대한모터스 설립(베트남)
2016	충칭코라오위안 R&D센터 설립(중국), 대한자동차 설립(파키스탄), DGB Lao Leasing 합작법인 설립 (라오스)
2017	Jinan Qingqi KR Motorcycle 설립(중국), Shwe Daehan Motors 설립(미얀마), KB코라오 리싱 합작법인 설립(라오스)
2018	LVMC Holdings로 사명변경 (구 Kolao Holdings)
2020	재라오스한국경제인연합회(KOCHAM) 초대 회장
2022	콕콕챗, 콕콕마트, LVMC 스마트 모빌리티 설립

상훈

2000	대한민국 산업자원부 장관 '경제발전 공헌상' 수상
2003	라오스 국무총리 수여 '최고 기업인 상' 수상
2003	한국 경제인협회 World Wide CEO 45인 선정
2004	라오스 국무총리 수여 '최고 기업상' 수상
2004	대한민국 국무총리상 '국가산업발전 기여 표창' 수상
2006	서울신문 대한민국 경영혁신 대상
2008	라오스 대통령 수여 '경제 발전 훈장' 수상
2008	라오스 대통령 수여 '노동 훈장' 수상
2009	라오스 국방부 장관 수여 '용맹 훈장' 수상
2010	대한민국 지식경제부 '한국인을 빛낸 창조 경영대상(윤리경영 부문)'에 선정
2012	대한민국 창업기업인상 수상
2012	라오스 국무총리 수여 '2012년 최고 우수 기업상' 수상
2014	한아세안 정상회의 CEO Summit, 대한민국 대표 기업인 선정(대한민국 산업통상자원부)
2015	라오스 대통령 수여 '노동 훈장' 수상
2016	제15차 세계한상대회 대회장
2016	라오스 국무총리 수여 '십자훈장(사회기여)' 수상
2017	한국경영학회 경영학자 선정 대한민국 한상경영대상 수상
2018	라오스 상공부 장관 수여 '경제 발전 훈장' 수상
2020	라오스 상공부 장관 수여 '최우수 납세 모범기업' 수상

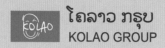

โดลาว ກຣຸບ
KOLAO GROUP

라오스 최고를 넘어 세계 최고로 향한다

라오스 내의 민간 기업 중 최대 규모의 회사인 코라오 그룹은 라오스의 국민 기업으로 불리며 라오스의 구직자들이 가장 취업하고 싶은 기업 1위를 지키고 있다. 회사의 위상에 걸맞게 무상 교육, 고아원 설립, 기부문화재단 설립 등의 사회공헌 활동을 통해 라오스 사람들의 마음을 얻는 데 각별한 노력을 기울이고 있음은 물론이며, 기업에 대한 이미지도 상당히 높다.이러한 사회공헌 활동 덕분에 대부분의 라오스인이 한국 사람인 오세영 회장이 있는 코라오를 국민 기업으로 받아들이고 있다. 코라오(KOLAO)는 한국인 오세영 회장이 설립한 회사로, 회사명은 '코리아(KOREA)와 라오스(LAOS)'를 합성해서 만든 회사다.코라오 그룹은 라오스 수도인 비엔티안에서 자동차 조립과 판매 사업을 시작해, 바이오 에너지 · 전자유통 · 금융 · 레저 등 7개 분야의 사업을 운영하고 있다. 코라오의 라오스 자동차 시장 점유율은 약 53%나 된다. 라오스 길거리를 걷다 보면 영어로 KOLAO란 상표를 단 차를 많이 볼 수 있다.라오스에서 돌아다니는 1톤 트럭의 경우는 거의가 KOLAO차인데 라오스의 화물차는 90%가 코라오에서 만든 것이라고 한다. 코라오는 현대, 기아차 공식 독점 대리점으로 완성차뿐 아니라 부품, 타이어를 판매하고 전국에 150개의 AS망까지 갖추고 있다. 코라오 회사가 설립된 1997년 당시 라오스에는 한국 자동차가 5대만 있었다고 한다. 라오스에 자동차 공장을 건설했던 국내기업이 외환위기에 몰려 철수하자, 이를 인수해 자동차와 오토바이를 직접 생산하기 시작했다. 처음에는 한국에서 중고 자동차와 부품을 가져와 현지 공장에서 조립해 판매하는 방식으로 인

코라오 라오스 본사 야경

해 승용차는 물론 중대형 버스와 트럭의 반제품 현지 조립생산이 가능해졌다고 한다. 중고차 수입관세는 100%인 반면, 부품수입관세는 40%여서 한국산 중고차를 부품 상태로 들여와 현지에서 조립생산해 판매해 큰돈을 벌 수 있었다. 동남아시아에선 일본차 기업의 영향력이 막대하지만 라오스에서는 차가 고장이 나면 태국으로 넘어가서 A/S 서비스를 받아야 했던 일본 자동차와는 비교할 수 없도록 차별화된 경쟁력을 확보했다. 자동차 판매에서 가장 중요한 A/S를 해결하고 나니 라오스 사람들 사이에서 '코라오는 믿을 수 있다'는 신뢰가 생겼다. 그 수익을 농수산, 유통, 전설, 금융, 리조트 등 다양한 분야에 재투자해 사업을 운영하며 회사 규모를 키워나가 지금은 라오스의 1등 그룹이 되었다. 코라오 그룹의 오세영 회장은 1988년 코오

코라오 미얀마 현대차 판매 쇼룸

롱 상사에 입사해 해외 무역 업무를 배우면서 경험을 쌓은 뒤, 1990년 말 퇴사를 하고 베트남 땅에서 자신의 사업을 시작했다. 해외 무역 업무를 하던 시절에 알게 된 베트남 현지 임가공업체와 협력해 봉제 수출업을 시작하지만, 동업자의 배신으로 첫 번째 실패를 겪었다고 한다. 실패 후 베트남에서 중고차 수입판매 사업을 해서 큰 성공을 거두나, 베트남 정부의 수입금지 조치 정책으로 인해 두 번째 실패를 겪었다. 하지만 당시 아무도 눈여겨보지 않던 최빈국 라오스에서 코라오를 창업해 재기에 성공했다 두 번의 실패를 통해 배운 신뢰 경영, 현지화 경영 전략을 지켜나감으로써 코라오를 라오스 1등 기업으로 키워내 라오스 정부로부터 최고기업인상, 최고등급 공로훈장도 수여받았다. 지금 라오스에서 오세영 회장은 '자동차의 신'으로 불리고 있다. 지금 라오스에 진출해 있는 한국 기업은 많지 않다. 광업자원개발분야에는 KHS드래곤마이닝이, 제조업분야에는 제일산업개발이, 금융보험업에는 BNK캐피탈과 부영그룹이 부동산임대업에는 홍화가, 서비스업에는 CJ대한통운과 부영그룹 그리고 삼성전자가, 운수업에는 티웨이항공과 진에어항공이, 광업자원개발에는 한국서부발전이 진출해 있다. 코라오는 1990년대 말과 2000년대 초반까지만 하더라도 차량이 눈에 잘 띄지도 않을 정도로 차량 등록대수가 미미한 라오스에서 자동차 사업을 시작했다. 코로나로 주춤하고 있지만 인도차이나 반도의 국가들의 경제성장률은 타 개발도상국들에 비해서도 상당히 높다. 진출 국가의 경제 성장세를 발판 삼아 사업을 크게 키울 수 있는 기회이다. 성장한계에 부딪힌 국내기업은 물론 해외경험을 쌓으려는 청년들이 미국이나 유럽 호주 등 선진국에만 갈 것이 아니라 빠르게 발전하고 있는 동남아시아 지역에도 관심을 기울였으면 한다. 급변하는 세계 시장의 흐름과 변화, 성장의 시기에 맞춰 미래 목표를 정한다면 이미 자리를 잡은 사람들의 자리를 뺏기 위해 피터지게 경쟁만 해온 인생이 조금은 다르게 진행될지도 모른다.

라오스 최고 기업 '자랑스러운 한상'

코라오 그룹은 1997년 라오스에서 설립된 한상(韓商) 기업으로 자동차 · 오토바이 생산 및 제조, 은행 등 금융업을 기반으로 빠르게 성장하고 있다. 지금은 언론, 건설, 물류, 리조트 및 가구 및 전자제품 판매 등 다양한 계열사를 거느리며 규모 면에서 라오스 내 민간기업 중 1위를 차지하고 있다. 뿐만 아니라 라오스에서의 성공을 기반으

인도차이나뱅크 CS교육

로 인근 국가 및 전 세계로 사업영역을 확대해 나가고 있다.

코라오의 주력사업인 자동차 판매는 2015년 기준 승용차 77%, 승합차 75%, 트럭 95% 등 라오스 내에서 압도적인 시장점유율을 기록하였고 2021년에도 전체 자동차 시장의 31%를 코라오 한 개 기업이 시장을 점유했다. 2003년 라오스인들의 체형에 맞도록 자체 개발한 'KOLAO' 오토바이는 합리적 가격과 검증된 품질로 일본 브랜드가 주를 이루던 라오스 오토바이 시장에서 약 40%에 이르는 시장점유율을 기록하고 있다.

2009년에는 계열사 인도차이나 은행을 설립하고 철저한 현지화 전략으로 설립 4년 만에 자산, 수신, 여신 부문에서 민간은행 1위로 올라섰다. 이후 지속적인 성장을 거듭하며 라오스 내 금융시장을 선도하고 있고 2023년 현재에도 어김없이 민간은행 1위의 자리를 지

키고 있다. 또한 인도차이나 은행은 설립 시부터 라오스 최초 할부
금융서비스를 도입함으로써 코라오의 자동차 판매 사업부와 시너지
효과를 내고 있으며 현재까지도 라오스의 할부금융시장을 선도하고
있다.

할부금융서비스의 도입은 소득 수준이 낮은 라오스 국민들에게
차량을 구입할 수 있는 길을 제공하였을 뿐만 아니라 은행 개점 당시
은행 예금에 대한 불안감으로 현금을 개인이 직접 보관하고 있던 라
오스 국민들의 정세를 감안하여 오세영 회장은 라오스 정부와 함께
라오스 국민들의 저축장려운동을 대대적으로 진행하였다. 그 결과
라오스 국민들의 저축률 증대와 함께 국민 개인에게는 안전한 자산
의 운영을, 기업에게는 사업을 위한 대출 진작의 기회를 제공함으로
써 라오스 국가 전반의 금융 인프라 개선에 기여하였다.

코라오는 2010년 한상기업 최초로 한국거래소 유가증권시장(코스
피)에 상장했으며 2013년에는 자체 브랜드인 '대한 모터스'로 트럭을
조립, 생산하기 시작해 3년 만에 라오스 전체 자동차 시장점유율 2위
를 달성했다.

이러한 코라오 그룹의 성공에는 라오스 시장 내에서 탄탄하게 구
축한 밸류체인이 있었다. 지난 25년간 코라오가 사업을 영위하며 확
보한 전국적 영업망은 현재 370개를 돌파했다. 이러한 전국적인 영
업망을 통해 라오스 내 모든 고객과 소통할 수 있었고 고객들이 차량
을 구매할 때 인도차이나 은행 및 자체 할부 금융을 이용하도록 유도
함으로써, 코라오 고객은 차량의 구입 및 할부금융 이용 그리고 보유
한 중고차 매각까지 한 번에 해결할 수 있는 원스탑(One Stop) 서비스

코라오그룹 사바나켓 오토바이 공장

를 제공받을 수 있었다. 따라서 편리한 구매가 이루어질 수 있는 시스템을 마련했다.

또한 코라오는 중고차와 신차 판매를 통한 수익의 대부분을 고객서비스의 가장 최접점인 애프터서비스(AS) 센터 확장에 투자하였다. 수도 비엔티안을 넘어 지방 전역으로 AS센터를 확장하는 고객 만족형 경영전략을 전개하며 라오스 국민의 안전과 신뢰를 얻기 위한 과감한 투자를 지속하였고 당시 라오스에서는 존재하지 않았던 24시간 긴급출동 서비스와 함께 모바일 정비트럭 운영(수리현장 직접 찾아가 정비)을 시행하였다. 이러한 경영활동들의 결과로써 차량의 안전성, 정부 정책에 대한 준수, AS에 대한 보장에 있어서 탄탄하게 형성된 고객의 신뢰를 바탕으로 라오스 시장점유율을 높여갈 수 있었다.

재구매와 대차서비스도 시행해 코라오가 판매한 차량에 대해서는 합리적인 가격으로 중고차 매매가 가능케 했고 신차로 교환시 다양한 혜택을 제공했다. 그 결과 고객 만족은 물론, 브랜드 가치를 상승시키는 효과까지 낳았다. 코라오의 이러한 재구매 및 대차서비스는 중고차 시장이 활성화되지 않았던 라오스에서 중고차 시장을 확대할 수 있는 계기가 되었고 신차 판매에 있어서까지 그 시너지 효과를 더하며 코라오의 신성장 동력이 되어주고 있다.

실패의 경험을 성공의 발판으로

코라오는 라오스 내 1위 기업에 머무르지 않고 인도차이나 반도로 사업영역을 확대해왔다. 그 핵심은 자체 브랜드인 대한 모터스다. 코라오는 인도차이나 반도 내 국가별 주요 소비층들의 소비문화, 구매능력, 매입패턴 등을 면밀히 파악하고 철저한 시장분석을 실시해 고객이 원하는 맞춤형 차량을 개발했고 2013년 '대한'이라는 브랜드로 시장에 첫 선을 보였다.

2013년 라오스 정부에서 중고차 금지정책을 발표하기에 앞서 이미 코라오는 자동차 제조공장 설립에 대한 계획을 갖고 있었다. 오세영 회장이 이를 미리 준비할 수 있었던 가장 큰 이유는 이미 베트남에서 겪었던 경험이 바탕이 되었다. 이는 곧 '정부 정책변화에 부응하지 못한 사업의 실패는 필연적이다'라는 실패의 경험을 잊지 않고 있었고 이에 선제적으로 대응하기 위해 오랜 기간 준비해왔기 때문이다.

가성비가 높은 자동차를 공급하기 위해 '대한(DAEHAN)'이라는 브랜드를 만들고 공장을 설립 후 한국, 중국, 태국 등 각지의 경쟁력 있

베트남의 대한모터스 공장 전경

는 부품을 수입하여 자동차를 조립, 판매했다. 2013년 대한트럭의 공장을 준공한 것을 계기로 라오스는 자동차생산국 반열에 올랐다. 비단 코라오의 사업의 확장뿐만 아니라 사업을 영위하고 있는 라오스라는 국가를 "세계 자동차 생산국 중 하나로 격상"시키는 사건이었다.

이렇듯 대한모터스는 차량의 엔진과 트랜스미션은 한국 등 글로벌 제품을 사용하여 우수한 품질을 확보하고 기타 주요 부품은 자체 개발함으로써 고객이 원하는 품질과 가격을 동시에 만족시켰다. 개발된 대한 모터스의 트럭은 출시 3년 만에 라오스 트럭시장에서 72%의 점유율을 기록했다. 뿐만 아니라 일본 브랜드가 독식하던 픽업트럭 시장에서도 10%가 넘는 시장점유율을 달성했다.

대한모터스 트럭은 라오스를 넘어 베트남 진출에 있어서도 성공적인 도약을 보여주고 있다. 2022년 현재 베트남 트럭 신차 시장에서 대한모터스 트럭은 모델별로 시장점유율 2~3위의 상위권 성적을 기록하고 있으며 최근 3개년 동안 매년 90% 이상에 달하는 매출 신장을 보여 주고 있다.

지속성장하는 기업 코라오그룹

코라오는 이제까지 인도차이나 반도 내 성공에 멈추지 않고 아세안 전체 시장으로의 확대 전략을 통해 또 다른 성장 국면을 맞이하고 있다. 하나의 비전, 하나의 정체성, 하나의 공동체를 모토로 출범한 아세안 경제 공동체는 인구 6억 3,000만 명(세계 3위), 국내총생산(GDP) 2조 7,000억 달러(세계 7위)의 거대 단일시장 및 단일 생산기지다. 이미 라오스를 비롯해 미얀마, 베트남, 캄보디아 등 아세안 주요 핵심국가들에서 사업을 20년 이상 영위해온 코라오는 축적된 시장 노하우 및 비즈니스 경험을 바탕으로 아세안 경제통합에 따른 기업 성장 가능성에 큰 기대를 걸고 있다.

특히 전체 부품 중 40% 이상이 아세안 역내 부품으로 만들어진 제품은 아세안 10개국에 무관세로 수출되는 점을 감안해 현재 생산 기반이 마련된 라오스, 베트남을 거점으로 아세안 시장을 공략할 수 있는 제품의 연구개발 및 생산에 박차를 가하고 있다. 더불어 아세안을 넘어 현재 전 세계 시장의 공급처의 중심이라고 할 수 있는 중국에서도 중 국내 자동차 R&D 센터와 더불어 KR모터스의 자회사인 제남칭치KR 합자법인 운영을 통하여 기존 내연기관을 넘어 전기차에 이르기까지 안정적인 연구개발과 함께 공급망 실현을 이루어낼 수 있는 기반을 확보하고 있다.

코라오는 안정적으로 지속성장하는 영속기업으로서의 발판을 마련하기 위해 수립된 전략들을 이행해 나가고 있다. 대륙별 주요 생산거점을 만들고 이를 기반으로 인근 국가로 사업 영역을 확장하는 전략을 추진하는 것이 그것이다. 아세안 통합에 따른 아세안 국가들의 관세철폐로 일본차 대비 경쟁력을 유지하기 위해 라오스, 베트남, 미얀마, 캄보디아 각 국가별로 자동차 조립공장을 신축하고 직접 생산 및 판매함으로써 국가별 고유의 경쟁력을 확보하였고 라오스, 베트남, 미얀마, 캄보디아 4개 국가 모두에 자동차 공장을 보유하고 있는 전 세계에서 유일무이한 회사가 되었다. 이에 코라오 그룹은 그룹 내 한국 코스피 상장사인 '코라오홀딩스'의 사명을 2018년에 이르러 LVMC홀딩스로 변경하게 된다(LVMC는 라오스, 베트남, 미얀마, 캄보디아 각 국가의 앞 글자를 조합하였다).

코라오 사업 성공의 핵심에는 1990년 베트남을 시작으로 지난 32년간 해외에서 시장을 발굴하고 사업을 확장해온 창업자 오세영 회장이 있다. 아세안 시장을 기반으로 글로벌화에 성공한 1세대 창업자로서 그의 성공방식은 비단 한국인뿐 아니라 전 세계에 진출해 있는 재외동포들에게 연구사례가 되고 있다.

오 회장은 재외동포재단, 매경미디어그룹 등이 2016년 9월 27부터 사흘간 제주에서 개최된 '제15차 세계한상대회'에서 역대 최연소 한상 대회장으로서 행사를 총괄했다. 그는 재외동포와 연계한 글로벌 네트워크가 대한민국의 선진국 진입에 큰 역할을 할 것이라고 확신하고 있다.

오 회장은 "우리나라의 지리적 여건과 제한된 국토 및 열악한 지하자원 등을 고려했을 때 독자적인 국가경쟁력을 확보하기 위해선 현재 750만 명에 달하는 재외동포의 수가 우리 인구의 25% 수준인 1,250만 명까지 늘어나야 한다"며 "재외동포들 간의 네트워크 형성뿐 아니라 대한민국 내 기업들과 전세계 재외동포들 간 네트워크를 형성함으로써 글로벌 시장에서 교류하고 경쟁한다면 대한민국의 성장동력으로서 큰 자산이 될 것"이라고 말했다. 그는 이어 "대한민국은 대학 진학률이 80%를 넘어설 정도로 우수한 고급인력이 많기 때문에 성공한 재외동포를 롤모델 삼아 세계로 나가는 기회를 제공한다면 미래의 국가 경쟁력은 한층 강화될 것"이라고 말했다.

더불어 2020년 11월에는 라오스 민간 최대기업인 코라오의 오세영 회장은 라오스한국경제인연합회(KOCHAM)를 설립 및 발족하여 초대회장의 자리에 올랐다. 라오스한국경제인연합회 설립을 통하여 그동안 라오스 한인회 외에는 라오스 정부와의 협력과 협상의 창구가 미약하였던 한국 경제인들의 입장과 활동을 지원할 수 있는 역량을 한층 강화시킬 수 있었으며 라오스의 무역과 투자증대뿐만 아니라 라오스와 대한민국 간의 사업영역을 더욱 확대시키고 양 국가 간의 협력을 강화할 수 있는 디딤돌이 되어 주고 있다.

한참을 앞서간 ESG경영

짧은 시간에 고속 성장한 코라오 그룹은 라오스 경쟁기업들의 시기와 질투의 대상이 될 수밖에 없었다. 한 예로 2002년에는 경쟁 기업의 투서로 인해 한해 세무조사를 비롯한 라오스 정부의 각종 조사를 2년여에 걸쳐 30여 차례 받은 적이 있다. 특히 당시에는 고강도 세무조사로 인해 정상적인 사업운영이 불가능할 뿐 아니라 사업이 정체되었고 신규 채용을 할 수 있는 형편이었다. 하지만 이러한 라오스 정부의 고강도 세무조사 결과, 코라오 그룹이 원칙을 바탕으로 투명경영을 했다는 사실이 밝혀진 이후 코라오는 라오스 정부로부터 모범 납세기업 또는 준법우수기업으로 표창을 받아 오고 있다. 이에 따라 코라오 그룹은 라오스 국민들로부터 모범적인 외국인 투자기업으로 인정을 받으면서 매출도 급신장할 수 있었다. 뿐만 아니라 "투명경영을 통한 깨끗한 회사에는 부조리가 있을 수 없으며 회사가 만들어낸 이익은 국민에게서 온 것이고 그 일부를 사회에 되돌려 주어야 한다는 기본 원칙을 준수하는 것이다"라는 오세영 회장의 경영철학으로 어린이 문맹퇴치를 위한 야학 운영, 학교 설립, 군인 성금 전달, 라오스 정부에 기증 등 다양한 방면의 사회 환원을 진행해오고 있다.

이와 같이 코라오 오세영 회장은 현대 기업인들의 경영 잣대가 되고 있는 ESG 경영을 25년 전부터 현실화하여 이어오고 있는 모범 사례가 되었다. 지금도 오세영 회장은 "기업의 궁극적인 목적지는 고객들에게 인정받는 기업이 아닌 사업을 영위하는 국가의 국민들에게 존경받는 기업이 되어야 한다"고 이야기하고 있다.

또한 그는 "한 국가에서의 성공이 다른 국가에서의 성공으로 반드시 이어지는 것은 아니다. 라오스, 베트남, 미얀마, 캄보디아 모두 국가마다 가지고 있는 시장의 성격이 다르고 국민의 정서와 성향이 다르다"고 강조한다. 결국 현지의 문화와 국민성을 이해하고 접목시키

2012년 코라오 체육대회

는 현지화는 경쟁력 확보와 회사 영속성의 기반이 된다. 어디까지가 현지화의 끝이냐는 얘기가 있지만 오세영 회장은 그 현지화를 제도화하여 그룹 내에 정착 시켰다는 점에서 차별성을 가지고 있다. 이러한 코라오 그룹의 성공의 요인을 간추려 보자면 코라오 창사 이래 흔들리지 않는 오세영 회장의 코라오 십계명에서 그 근간을 찾아볼 수 있다.

코라오 십계명

›› 다른 모든 사람이 하고 있는 것을 찾아내어 그것과 다르게 하라.

›› 시대흐름을 읽고 국가발전과 함께하라.

›› 준법 경영을 반드시 실천하고, 정부 관련 이권 사업에 개입하지 말라.

›› 장기적 관점에서 사업을 영위하고 브랜드 관리로 기업가치를 높여라.

›› 고객만족에 저해되는 일과는 절대 타협하지 말라.

›› 자신 없으면 하지 말고 시작하면 일등 하라.

›› 현지 중소상인에게 피해를 주는 사업을 삼가라.

›› 미래를 공유함으로써 평범한 사람들이 비범한 일을 하게 하라.

›› 이익의 사회환원을 무조건 실천하라.

›› 경쟁력과 영속성은 현지화에 달려 있다.

회장

이숙진

JMH **JAE MY** Holdings Group

제마이홀딩스그룹

이숙진회장

학력

찰스 스터트 대학(Charles Sturt University) 인문학사

찰스 스터트 대학(Charles Sturt University) 신학석사

경력

2010~현재	시드니 대학교 한국학과 '제마이 홀딩스'장학금 지급
2011	한국 신동아 특집화보
2011~현재	세계웅변인협회 이사장
2011~2013	호주 NSW주정부 다문화 기업인 자문 위원 역임
2012	KBS 성공시대 출연
2012~2013	UTS 대학 코스모폴리탄 연구지원
2012~현재	정부'화합의 날'(Harmony Day) 주후원사'제마이 홀딩스 상'제정 및 시상
2013~2017	민주평통 호주협의회장(16, 17기)
2014	북한인권주간 행사 주최(마이클 커비 UN북한인권조사위원장 초청)
2015	한국-호주 통일 포럼 주최(호주 외무장관 참석)
2016	제1회 월드 디아스포라 포럼(서울) 강연
2016~2017	재외동포재단 자문위원
2017	호주 외무장관 초청 한반도 정책 강연회
2017~현재	민주평화통일자문회의 부의장, 아시아·태평양 지역회의(18~20기)
2018~현재	세계한상대회 공동대회장
2018~현재	세계한상대회 리딩 CEO
2019~현재	호주 퀸즐랜드 대학교 (University of Queensland) 언어문화학과 겸임 부교수(Adjunct Associate Professor)
2020	호주 퀸즐랜드 대학 한국학 연구소 개소식 기조연설

상훈

2005	MBN 선정 세계 10대 한인동포 기업인
2006	호주 국세청장 공로장(호주정부)
2007	대통령 표창(대한민국 정부)
2010	올해의 여성상 10대 후보 선정 (NSW 주정부)
2014	국민훈장 모란장 수훈(대한민국 정부)
2016	시드니 스트라스필드 지역 여성상 수상(NSW주정부)
2022	장보고 한상어워드 국회의장상

JMH **JAE MY** Holdings Group

'가족'을 중시하는 기업 제마이홀딩스

이숙진 대표는 1977년 새로운 기회를 찾아 호주에 정착한 부친 이재경 제마이홀딩스 회장 뒤를 따라 18세에 호주로 건너온 이민 1.5세대로 부친과 함께 지금의 기업을 일궜다. 2000년 제마이홀딩스 대표로 취임한 이 대표는 새로운 경영 기법을 도입해 회사를 크게 성장시켰다. 가족을 중시하는 기업을 만들겠다는 이 대표의 철학이 있었기에 가능했다.

"'가족'을 중시하는 기업을 만들겠다는 '기업윤리관'을 항상 마음 깊이 새겼어요. 상호 신뢰가 없다면 성공하기 어려운 '팀장 시스템'을 전격 도입한 것도 이 같은 원칙에 기초한 것입니다."이숙진 대표는 해당 지역에 거주하는 사람을 팀장으로 뽑아 권한과 책임을 동시에 부여했다. 또한 사회적으로 지탄받는 사람은 능력과 상관없이 즉각 물러나게 했다. 최고 수준의 자문단을 만들어 주기적인 팀장 교육과 함께 본사 경영 지침이 현장에 바로 반영될 수 있도록 했다. 호주 시드니와 뉴사우스웨일스주 일대에 국한된 사업은 호주 전역으로 확대됐고 2006년부터는 뉴질랜드까지 넓어졌다.호주에서 성공 신화를 쓴 이 대표는 두 딸의 어머니다. 20여 년간 회사를 이끌며 두 딸을 키운다는 것은 한 기업의 최고경영자(CEO)인 워킹맘으로선 만만치 않은 일이었다.이숙진 대표는 "여성 CEO로서 성공을 위해 같은 지위의 남성보다 1.5배는 더 많은 노력을 기울여야 했다"며 "워킹맘은 위대하지만 슈퍼우먼이 되려면 철저한 자기 관리와 시간 활용 노력이 필요하다"고 말했다. 이 대표는 한때 엄격한 부모였지만 자신이 가장 좋아하는 일을 해서 성공한 경험에 비춰 두 딸도 좋아하는 일을 할 수 있도록 적극 응원해줬다.

흔들리지 않는 내연… 넓혀가는 외연

호주에서 대한민국의 존재감이 거의 전무했던 시절 창업된 제마이 홀딩스 그룹(Jae My Holdings Group)은 호주한인동포사회의 상징적 기업이다.

상업용 건물 청소 산업계의 신화 그 자체다. 단순히 고용창출과 사업체 성장만 달성한 것이 아니라 민간외교의 선봉장이자 '다문화주의 기업문화'를 최일선에서 구현한 기업체로 평가받기 때문이다.

그 중심에는 이숙진 CEO가 있다. 그는 약자에 대한 배려와 부드러움은 타의 추종을 불허하지만, 기업 경영 원칙에 있어 절충이나 타협은 철저히 배척하는 성격의 소유자다. 불필요한 미소를 짓지 않고 과도한 친절함도 삼가면서 오직 원칙에 근거해 판단하고 결단하는 승부사다.

10대 후반 이민자 소녀의 '주독야경'

이 대표는 1979년 한국에서 고등학교를 채 마치기 직전 가족과 함께 시드니에 정착했다. 시드니의 아름다움을 감상적으로만 받아들이기에는 어느덧 조숙한 10대 후반의 여성이었고, 생면부지의 사회를 직접 맞닥치기에는 너무도 꿈 많은 소녀였다. 말 그대로 그는 전형적인 이민자 1.5세대였다. 전적으로 아버지(제마이 홀딩스 그룹 창업주 이재경 회장)가 결정한 호주 이민은 17살 소녀였던 그에게는 실로 퍽이나 버거운 도전이었다.

성년이 된 오빠는 사회생활에 진출해야 했고, 어린 동생들은 당연히 진학하는 것이 수순이었지만 그는 스스로의 장래를 결정해야 하는 인생 분기점에 있었던 것. 고향과 고국의 친구들을 그리워할 틈도 없었고, 새로운 세상에 대한 두려움에 움츠릴 겨를조차 없었다. 발밑에서 늘 천길 같은 벼랑이 느껴졌지만 그는 가장 현실적인 선택을 했다. 낮에는 학교에 가서 공부하고 밤에는 아버지의 일을 돕기로 했다. '주독야경(晝讀夜耕)'의 삶의 시작이었다.

"인문학을 전공하겠다"던 어린 시절의 꿈을 잠시 접고 당장 아버지의 사업에 적용할 수 있는 현실 공부를 선택했다. TAFE(전문대학)에서 고교 과정을 마친 직후 비서학과 속기를 공부했다. 속성으로 영어를 배우려는 속셈도 있었다. 그리고 어느 정도 영어가 습득된 후에 비즈니스 매니지먼트와 회계를 공부했고, 어린 시점의 꿈이었던 대학에서의 인문학 전공은 잠시 뒤로 미루기로 했다.

전형적인 '주독야경'의 생활은 꿈 많았던 이민자 1.5세대 10대 후반 소녀의 호주 정착 초창기 시절의 전부였다. 10대 후반의 소녀에 불과했던 이 대표에게 하염없는 버거움과 결핍감이 몰려들고는 했지만 그는 '독실한 기독교 신앙'과 '성공'에 대한 열정으로 모든 것을 극복해 나갔다.

창사 20여 년을 전후해 이미 호주 사회의 중견기업으로 급성장한 '제마이 홀딩스 그룹'(Jae My Holdings Group)의 첫 시작은 전형적인 '패밀리 비즈니스'였던 것. 가족보다 먼저 호주에 도착했던 이 대표의 아버지는 서호주 주의 광산 지역에서 섭씨 40도를 오르내리는 찜통더위 속에 매일 하루 12시간씩 2년 동안 밤낮없이 일해 사업자금을

행정실무진과 의논하는 이숙진 대표

마련했다.

시드니로 돌아온 그의 아버지는 한국계 이민자로서는 처음으로 상업용 건물 청소를 시작했다. 상업용 건물 청소는 호주에서도 3D업종이었던 것은 분명하지만, 영어권 국가인 호주에서 이민자가 반드시 도전해볼 만한 직종이었던 것이다. 첫 단계에서는 아버지뿐만 아니라 이 대표도 직접 현장에서 땀을 흘리며 사업을 일궈 나가야 했다. 성경 구절 그대로 "창대한 결실을 향한 미약한 시작"이었다.

이 대표는 "아버지는 일터에서 일어나는 숨 가쁜 상황을 적나라하게 보여주셨고, 성실함과 진실함의 중요성을 몸소 가르치셨다"는 점을 늘 기억한다. 그리고 항상 "지금의 힘든 상황은 미래의 성공을 향한 필수 과정이다"는 아버지의 가르침을 마음에 되새긴다.

여기에 더해 이 대표는 기존의 상업용 건물 청소 산업계의 틈새시장을 뚫기 위해서는 당시 호주에서는 상상할 수 없었던 '주7일 24시간 인력 가용 시스템 구축'의 필요성을 인식했고, 이를 통해 호주의 '공룡 유통기업'으로부터 본격적인 러브콜을 받기 시작했다.

이런 과정을 통해 제마이 홀딩스 그룹은 창업과 함께 성장세를 이어갔다. 수년 동안 현장에서 직접 땀을 흘렸던 이 대표는 책상 앞으로 돌아와 본격적인 경영수업에 돌입했다. 행정과 관리를 담당하면서 경영자 수업을 본격적으로 쌓기 시작했던 것이다. 물론 당시 전문대학에서 공부한 행정과 회계가 큰 도움이 되었다.

그리고 그의 생활패턴은 '주독야경'에서 '주경야독'으로 바뀌었고, 자연스럽게 아버지와도 회사 내의 역할이 선명히 구분됐다. 아무래도 현대식 경영기법을 잘 모르는 아버지에게 이 대표는 끊임없이 새로운 시스템을 소개하고 설득해야 했다.

구식 경영으로는 가파른 상승곡선을 그리는 매출액을 감당할 수 없었기 때문이었다. 그 과정에서 이 대표는 아버지와의 마찰을 빚기도 했지만 "새로운 시스템을 도입하자"는 딸의 의견을 아버지는 늘 전폭 수용했다.

'아랫사람의 올바른 의견을 가려내 전폭 수용해야 한다'는 '살아있는 교훈'을 이 대표는 아버지로부터 물려받게 되었다. 이 대표의 경영철학의 매우 중요한 부분으로 제마이 홀딩스를 비롯 계열사 경영에 있어 그의 이러한 개인철학은 기업 성장의 동력이 되었다. 그렇다면 이 대표의 경영 전략은 무엇일까?

'외강내유'의 경영 전략

가장 주안점을 두는 그의 경영 전략은 근로시간 유연제와 가족을 우선하는 기업으로의 성장이었다. 그리고 회사는 철저한 팀장제 운영으로 변신했다. '가족을 중시하는 기업'으로서의 이미지를 확실히 구축하겠다는 것은 이 대표의 경영 철학이자 선명한 '기업 윤리관'이었다.

2000년 제마이 홀딩스의 CEO로 취임하면서 기업 경영을 총괄하게 된 이 대표는 급속히 성장하는 회사의 효율적 경영을 위해 전국 단위의 네트워크를 구축하고 새로운 경영기법을 과감하게 도입했다.

본사 차원의 직영시스템을 대폭 완화시켜 현장 위주의 팀장 시스템으로 바꿨고, 사실상 독립회사로 승격시킨 각 팀들에 대해서는 철저한 성과위주의 사업권 할당제를 실시함으로써 생산성을 대폭 제고시켰다.

그 당시 호주에서도 노동시장의 유연화, 금융자본의 자유로운 이동 등 새로운 바람이 거셌지만 제마이 홀딩스는 구조조정을 이미 단행함에 따라 전혀 영향을 받지 않았고, 오히려 기업 성장의 동력으로 작용했다.

이를 통해 시드니와 뉴사우스웨일즈(이하 NSW)주 일대에 국한되었던 제마이 홀딩스의 사업장은 당시 호주 전역으로 확대됐고 뉴질랜드까지 사업영역을 넓히는 계기가 됐다. 이 대표가 도입한 팀장 시스템의 경우 그 효과는 아주 매력적이었지만 확고한 상호신뢰가 바탕에 깔리지 않으면 성공 가능성이 낮다는 단점도 있다고 한다.

그런 단점을 보완하기 위해 이 대표는 △팀장은 해당 지역의 거주

팀장 교육훈련의 모습

자이어야 할 것 △팀장에게 권한과 책임을 동시에 부여할 것 △사회적으로 지탄받는 사람은 아무리 관리능력이 뛰어나도 팀장직을 유지할 수 없도록 한다는 등의 원칙을 세웠다.

이를 통해 창업 당시의 동네 사업체에서 명실상부한 전국적 기업의 위상을 각인시켰고, 일부에서는 "제마이 홀딩스가 무너지면 호주 한인경제가 붕괴된다"는 말이 회자되기 시작했다. 한국방송(KBS)에서도 이 같은 위상을 조명한 바 있음은 주지의 사실이다.

아무튼 이 대표가 설정한 세 가지 원칙은 사실상 '가족 중심 기업'의 회사 방침과도 일맥상통했고, 팀장들의 가족과 밀접해지는 연결고리가 되기도 했지만, 팀장들에게는 '수입이 커질수록 책임의식도 높아져야 한다'는 엄중경고이기도 했다.

이 대표는 "갑자기 큰돈을 번 경우 '탈선'하는 경우를 종종 목격했

2009년 신사옥 입주식. 주총리와 각 지역 팀장들

는데 이는 용서할 수 없는 무책임의 자세라는 점에서 일벌백계가 필요하다는 생각을 지금도 버리지 않고 있다"고 한다. 아무튼 이 대표는 약자에 대한 배려와 부드러움은 한없지만, 원칙 준수에는 타협하지 않는 성격의 소유자라는 것이 주변 사람들의 공통된 평가이다.

이 대표의 또 다른 주요 경영지침은 과감한 투자를 통해 신기술을 빠르게 도입하고, 정기적으로 팀장 교육을 실시하는 것이었다. 이를 위해 최고 수준의 자문단을 구성해 정기적인 컨설팅과 함께 팀장 교육도 동시에 실시하도록 함으로써 본사의 경영지침이 현장에 곧바로바로 반영될 수 있는 시스템을 구축했다.

아울러 노사관계 규정을 포함해 자주 변경되는 해당 산업에 대한 정부 규정이나 방침에 대해 즉각적인 교육도 병행함으로써 호주정부의 방침을 결코 소홀히 하지 않았다. 또한 본사 차원에서 최첨단 상업용 청소 장비 동향 등에 대한 연구를 게을리 하지 않고 최신 장비 구입에 적극 투자했다.

이처럼 쌍방향 소통 시스템의 합리적 체계화 및 첨단장비의 우선적 구비를 통해 제고된 기업 역동성은 생산력 향상의 근간이 됐고, 제마이 홀딩스의 생명줄인 입찰 과정에서 타 경쟁 기업체들을 물리칠 수 있는 동력이 되었다.

이 대표는 "당시만 해도 상업용 건물 청소 용역 분야의 관리를 시스템화한다는 것은 불가능한 것으로 받아들여졌지만 과감한 내부 개혁을 통해 이제는 내가 없어도 회사 운영에 전혀 문제가 없을 정도의 시스템이 구축되었다"라고 자평한다.

창사 30주년에 연 매출 1억 달러, 신사옥 입주식

제마이 홀딩스의 기업사에 있어 2009년은 커다란 분수령이었다. 창사 이후 최대 과제였던 연 매출 1억 달러의 목표를 사실상 달성했고, 당시 호주와 뉴질랜드에 걸쳐 직간접으로 2,000여 명의 직원을 고용하는 등 호주 국내적으로 상업용 청소 용역 분야 최고의 기업체로 성장했다. 이에 대한 기념비도 세워졌다.

창사 30주년을 맞은 제마이 홀딩스는 2009년 7월 9일 신사옥 입주식을 거행했다. 시드니 시내 중심가에서 북서쪽으로 12km 가량 떨어진 멜로즈 파크에 소재한 제마이 홀딩스 본사 사옥은 7,500 평방미터로 대형 창고와 집무실을 겸비한 3개 동으로 구성되어 있다.

신사옥 입주식에는 내이선 리스(Nathan Rees) 당시 NSW 주총리가 직접 참석해 오픈 테이프를 끊고 축사를 했다. 유래를 찾기 힘든 주

케빈 러드 연방총리 오찬 간담회

총리의 행보였다. 실제로 호주한인사회 행사에 단 한 차례도 얼굴을 내민 적이 없었던 그가 민간기업체 신사옥 입주식에 참석한 것은 "파격 그 자체였다"고 당시 참석자들은 이구동성으로 감탄했었다.

뿐만 아니라 역대 주총리가 민간 기업체 사옥 입주식에 참석한 전례는 당시까지 매우 드문 사례였던 것이다. 주총리가 참석하자 지역구 의원과 시장 및 시의원들도 대거 참석하면서 개소식은 전체 지역사회 축제 같은 분위기가 연출됐다.

이민자 소유 회사가 첨단시스템을 활용해서 획기적인 고용창출을 이루어낸 것에 대한 주정부 차원의 평가이자 답례였다. 이에 대한 평가는 연방총리로까지 이어졌다. 케빈 러드(Kevin Rudd) 당시 연방총리와의 비공식 오찬의 기회가 주어졌던 것. 비공식 오찬에는 이숙진 CEO를 비롯, 제마이 홀딩스의 호주 내 주요 도시의 팀장들도 모두 참석할 수 있었다.

이 자리에서 러드 당시 연방총리는 제마이 홀딩스의 고용창출과 기업정신을 높게 평가한 바 있다. 러드 당시 연방총리는 "제마이 홀딩스의 고용창출은 호주사회가 왜 이민 문호를 넓혀 나가야 하는가를 각인시키는 사례"라며 "지역사회 발전의 커다란 힘이 되고 있다"고 격찬했다.

당시 이 대표는 "때로는 인력 수급이 힘겨울 때가 많다. "임시 이민자 고용과 이들의 근로 처우 개선 방안이 시급하다"면서 "호주의 이민법이 좀 더 현실적 관점에서 접근할 수 있도록 관심을 가져 달라"고 주문했다.

이 대표는 "우리 회사의 각 지역 대표자들이 연방총리와 만찬을 함께 하며 다양한 의견을 나눌 수 있는 기회를 가지게 된 것은 매우 각별한 의미를 남겼고, 그때를 기점으로 사회적 기업으로의 도약에 팔을 걷어 부치게 된 분기점이 됐다"고 당시를 회상한다. 케빈 러드 전 연방총리는 최근 주미 호주대사로 임명돼 새로운 공직 활동에 나선 상태다.

'노블리스 오블리제'(noblesse oblige)

이 대표는 기업활동과 동시에 기업의 사회적 참여를 매우 중시한다. 말 그대로 노블리스 오블리제 정신이다. 이 대표는 "저는 기독교인으로 불우한 교회나 교역자에 대한 도움은 아끼지 않지만, 사회사업가나 자선사업가는 분명 아니다"고 선을 그으며 "기업의 사회적 책임 수행은 기업활동의 영역이다"라고 주장한다.

기업의 사회적 활동 참여를 통해 기업의 성장도 가져오고 기업체의 위상도 촉진시킬 수 있다는 지론인 것. 이런 점에서 이 대표는 기업체 대표로서 때로는 호주한인동포사회의 지도자로서 사회적 필요에 부응하고자 큰 노력을 기울여왔다. 즉, 기업체 대표로서 고용창출의 극대화에 주력함과 더불어 사회적 기여에도 적극 나서야 한다는 신념을 지켜오고 있다.

이를 위한 최우선의 노력은 산불, 홍수 등 자연재해에 대한 호주 구호기관 혹은 언론 매체 등의 성금모금 등에 적극적으로 참여하는 것이었다. 실제로 이 대표는 호주와 뉴질랜드 등에서 자연재해가 발생할 때마다 거액의 성금을 쾌척해왔다.

물론 기업의 이미지 제고를 위해 항시 '제마이 홀딩스 임직원' 명의의 기부였다. 또한 불우이웃 등 사회 소외계층 돕기를 주도하는 호주 사회의 다양한 구호기관에 대한 재정적 지원도 개인적으로 꾸준히 펼쳐오면서 지역사회의 모범 사례로 평가받아왔다.

이를 반영하듯, 2010년 '세계 여성의 날'을 기념하기 위해 NSW 주정부가 제정한 '올해의 NSW 여성상(NSW Woman of the Year Award)' 최종 후보자 10인 가운데 아시아계로 유일하게 선정되는 영예를 누렸다.

당시 호주 최고의 유력 일간지 시드니모닝헤럴드는 "(제마이 홀딩스 그룹의) 이숙진 CEO가 가족우선으로 근무시간을 조정하는 유연한 고용 시스템을 개발하고, 높은 수준의 급여 지급이 가능한 경영 시스템을 운용한 것이 높게 평가됐고, 지역사회 발전에 공헌을 해 최종 후보자에 포함됐다"고 보도했다. 이어 2016년에는 NSW 주정부로부터 '스트라스필드 지역 여성상'을 수상했다.

스트라스필드는 제마이 홀딩스 산하의 계열회사가 기반을 두고 있는 곳으로 호주 내의 대표적 한인상권 밀집지역이다. 이와 함께 이 대표가 동시에 중점을 둬온 제마이 홀딩스의 사회적 참여 활동은 정부 차원의 사회적 통합 행사들에 대한 후원이었다. 정부 행사의 민간 기업체가 후원사로 채택되는 것은 녹록치 않은 일이었다.

하지만 지역사회적으로 공헌하는 기업체라는 평가가 높아지면서 가능한 일이었고, 이를 통해 노블리스 오블리제를 실천하는 기업의 이미지를 더욱 각인시켰다. 그 대표적인 예가 정부 차원의 대표적 다문화행사인 '화합의 날'(Harmony Day, 이하 하모니 데이) 행사에 대한 후원이었다.

2012년부터 후원사로 발을 내디뎠고, 지속적인 후원에 힘입어 하모니 데이 행사에 '제마이 홀딩스 상'이 제정된 바 있다. 제마이 홀딩스 상은 사회 문화 스포츠 분야에서 사회적 화합에 공헌한 인사를 대상으로, 행사 당일 이 대표와 관련 부처 장관이 함께 시상하고 있다.

이와 함께 이 대표는 NSW 주정부가 주 내의 소수민족 언론매체의 질적 향상과 격려 차원에서 연례행사로 개최하고 있는 '주총리 소수민족언론상'(Premier's Ethnic Media Award)의 제정 당시부터 현재에 이르기까지 주후원사로 제마이 홀딩스의 이름을 올렸다. '한인 기업'이라는 태생적 특성을 늘 염두에 두고, 호주 주류사회에서 한인들의 위상제고와 더불어 한국과 호주의 관계 증진에 기여하겠다는 의지가 뒷받침된 결과로 읽힌다.

이 대표는 "호주한인동포 1.5세대 출신의 기업인으로서 내가 태어

정부 하모니 데이 시상

난 고국과, 현재 살고 있는 호주와의 관계 증진에 실질적 기여를 해야 한다는 생각을 한시도 잊은 적이 없다"면서 "동포2세, 3세들에게 롤모델이 돼야 한다는 것을 시대적 소명으로 받아들인다"고 말한다.

특히 그는 "공식 외교적 경로를 통한 양국 관계 발전 과정에는 임계점이 존재할 수밖에 없다는 사실을 누구보다 잘 알고 있는 입장에서 단 한순간도 민간외교의 중요성을 외면하지 않고 있다"라고 자부한다. 조국을 위한 그의 민간외교활동은 민주평화통일자문회의의 해외위원으로서의 활동을 통해 선명히 드러난다.

호주 주류 정치권에 민주평화통일자문회의의 존재감을 제대로 각인시켰고, 다양한 활동을 통해 한국정부의 통일 정책에 대한 호주 주류사회의 지지기반을 확고히 구축하는 데 남다른 공을 세운 것은 자타가 인정하는 바다.

시간에 늘 쫓겼던 여성 기업인의 20년 '무보수 봉사'

두 사위에 두 손자까지 맞은 제마이 홀딩스 이숙진 CEO의 호주에서의 근 44년의 삶이 얼마나 치열하고 바빴을 것이라는 것을 상상하는 것은 어렵지 않다. 그런 그가 20년 동안 무보수 봉사활동에 상당한 재력과 시간을 쏟아 부은 사실은 매우 흥미롭게 다가온다.

이 대표는 무보수 명예직인 민주평통 위원을 11기부터 역임하면서, 16기와 17기 호주협의회장을 거쳐, 18기부터 아시아 태평양 지역의 20개 국가를 포괄하는 7개 협의회를 이끄는 아시아·태평양 지역회의 부의장을 맡고 있다.

그의 이러한 헌신에 고국 정부는 민주평통 의장(대통령)표창과 국민훈장 모란장으로 답례했다. 하지만 그에게 의장표창이나 국민훈장보다 더 값진 것은 20여 년 봉사에 대한 보람과 가시적 업적이다.

민주평통 해외협의회장과 지역회의 부의장 재임기간 동안 이 대표는 해외민주평통 차원의 공공통일외교 활동의 중요성을 본국은 물론 전 세계 한인동포사회에 제대로 각인시킨 것으로 평가받는다. 그의 20여년에 걸친 무보수 봉사는 해외민주평통 역사에 선명한 궤적이 될 것이다.

16기 호주협의회의 출범식에는 아마도 전 세계 협의회 출범식 역사상 처음으로 해당 국가의 현직 외무장관(밥 카 당시 호주 외무장관)이 참석해 축하의 인사를 전했다. 이는 해외민주평통의 주류화를 향한 출발 신호탄이었다.

국내 주요 대학들과도 공동으로 학술세미나를 개최하는 등 고국 정부의 통일정책에 대한 국제사회의 지지기반 구축에 진력하면서 민주평통 해외협의회의 주류화 전문화 다변화를 목표로 내걸고 옹골찬 활동을 펼쳤다.

정치권을 대상으로 한 고국 정부의 통일정책 지지기반 구축 활동에도 입체적 노력을 기울였다. 정부 최고위층 인사 초청 강연회와 세미나를 비롯해 호주연방의회가 두 차례에 걸쳐 북한인권 규탄 동의안을 채택하는 데 있어 결정적 역할을 했다.

이 대표는 호주협의회장을 연임하면서 공공통일외교 역량 극대화에 대한 긍정적 평가를 바탕으로 아태지역회의의 부의장으로 임명됐고, 전례 없이 협의회장 연임, 부의장 3연임의 금자탑을 축성했다.

아시아 태평양 지역의 25개 국가를 대표하는 7개 협의회를 총괄하는 것은 시간적으로 녹록한 책무가 아니었다. 코로나19 팬데믹 사태가 급습하기 전인 18기와 19기의 경우 모든 협의회의 출범식에 참석해 축사와 격려를 하는 등 당시 약 20여개 국가를 40여회에 걸쳐 방문하는 기록을 세웠다.

궤도에 도달한 기업인으로서 전액 자비 출장비용을 부담해야 하는 재정부담은 사실 큰 어려움이 아니었지만 시간적 부담은 매우 컸다. 하지만 그는 모든 책임을 묵묵히 수행했다. 한편 2019년에는 3·1운동 및 대한민국임시정부 수립 100주년 기념사업으로 '역사 흔적 찾기' 캠페인을 펼쳐, 〈대양주에 울려 퍼진 100년 전 독립운동의 함성(Oceania resonating with roars of Korean independence 100 years ago)〉을 출간하기도 했다.

이 책자는 1919년 당시 한반도 상황에 대한 호주와 뉴질랜드 지역의 언론 보도 내용을 발굴해 심층 연구분석한 것으로, 학술적으로도 매우 소중한 가치를 지닌 것으로 평가됐다. 책자에 따르면 호주와 뉴질랜드에서 발행된 다수의 신문들은 100년 전 펼쳐진 범 민족적 독립운동 소식에 신선한 충격을 받은 듯 '일제의 민족 말살정책'을 적극 부각시킴과 동시에 대한민국 임시정부의 독립 항쟁을 입체적으로 분석해 놀라움을 던져줬다.

이 대표는 발간사를 통해 "역사에 가정이 있을 수는 없지만 100년 전, 민주평통 해외지역 위원들이 지금과 같이 힘차게 공공외교활동의 선봉장 역할을 했다면 우리의 독립을 앞당기지 않았을까 하는 생각을 갖게 됐다"면서 "이 책자를 통해 평통 해외위원들의 중요성이 거듭 부각되기를 바란다"고 역설한 바 있다.

한편 2020년에는 2000년 시드니 올림픽에서 이뤄진 첫 남북한 공동입장 20주년을 기념하는 디지털 전시관을 개통하기도 했다.

아무튼 이 대표는 민주평통 해외협의회장 4년, 그리고 부의장 6년을 거치며, 박근혜 대통령, 문재인 대통령, 그리고 윤석열 대통령 등 3명의 의장을 모셔야 했다. 민주평화통일자문회의가 초당적 헌법기구임을 제대로 입증하는 산증인이 된 것. 실제로 이 대표는 협의회장 및 부의장 취임 때부터 누차 "우리가 해외평통위원의 직책을 수행하는 것은 각자의 소신이나 이념 혹은 철학을 구현하기 위한 방편이 아니라, 고국 정부의 통일정책에 대한 국제사회의 지지기반 구축에 일조하기 위함"이라는 점을 강조한 바 있다.

든든한 한국학 후원자

이 대표는 호주 내 한국학 발전에도 큰 기여를 했다. 그는 사회초년생 시절부터 한국어 교육과 장학사업에 큰 관심을 지녔다. 이러한 그의 관심은 기업체 대표가 되면서 구체적인 실천으로 이어졌다.

특히 한호관계가 급속히 발전하면서 호주 내의 한국학 발전에 대한 필요성이 한층 높아졌고, 호주한인동포 기업체의 한국학 후원은 양국 관계 발전 및 호주한인동포사회의 위상제고와 직결될 수 있는 사안이 됐음을 이 대표는 절실히 인식하게 된다. 이에 그는 동포자녀들을 위한 한국어 교육과 호주 학생들을 위한 대학의 한국학 교육 진흥에 일조하기 위해 노력을 기울이기 시작했다.

가장 최근에는 퀸즐랜드 대학 한국학 연구소 출범의 산파 역할을 했고, 시드니 대학(University of Sydney)의 한국학 박사 양성을 위한 장학금을 지원하고 있다. 시드니 대학 측은 '제마이 홀딩스 장학금'을 2010년 신설해 한국학과의 박사학위 후보자에게 지급해왔고, 이 대표는 재정 지원을 계속 이어가고 있다.

한국학 박사학위 후보자를 위한 '제마이 홀딩스 장학금'은 호주 학계에서 고국의 위상에 걸맞는 한국학 학자를 양성하는 데 크게 일조하고 있는 것으로 평가된다. 뿐만 아니라 호주 학계의 한인 경제계에 대한 연구 지원에도 이 대표는 큰 관심을 가졌고, 이를 위해 시드니 UTS 대학 산하 코스모폴리탄 연구소 측에 연구를 의뢰하기도 했다.

탈북 대학생들이나 신분 문제로 대학 진학에 어려움을 겪은 동포자녀들에 대한 개별적 장학금 지원도 꾸준히 펼쳤다. 이와 동시에 이 대표는 2011년부터 동포 2세대들의 한국어 교육 장려 차원에서 세계

2020년 2월 5일 거행된 퀸즐랜드 대학 한국학 연구소 개소식에서 기조연설을 하는 이숙진 대표

한국어웅변대회 이사장을 맡아, 세계 각국을 순회하며 매년 개최되는 세계한국어웅변대회를 후원하고 있다.

이 대표는 바쁜 일정을 쪼개 매년 행사에 참석해 참가자들을 격려하고 시상을 하고 있다. 이 모든 것은 1.5세대 기업인으로서 1세대와 2세대를 잇고, 호주주류사회와 호주한인동포사회를 연결하면서 고국과 호주의 가교 역할을 하겠다는 이 대표의 일념에 기초한다.

"여자이니까, 여성인데…"

이숙진 CEO는 기업활동이나 사회활동을 펼칠 때 결코 수용하지 못하는 말이 있다

"여자니까, "여자인데…"

그는 기계적 성평등 주의를 단호히 배척하는 한편, 동등한 경쟁임

에도 불구하고 여성이어서 이득을 본 것처럼 자의적으로 해석하는 사회적 관습은 더욱 배격한다.

한국의 한 일간지와의 대담에서 이 대표는 "한국의 언론매체와 인터뷰할 때마다 여성 대표로서 겪는 어려움에 대한 '읍소' 혹은 '하소연'을 듣고 싶어한다"고 지적하며 "그런 생각 자체가 인위적 평등주의 시각에 기초한 편견이다"라고 논박한다.

이 대표는 "최소 호주에서는 사업을 하면서 성별에 관계없이 공정한 환경에서 경쟁을 펼쳐온 것으로 판단한다"고 주장한다. 그는 "기업체의 규모에 상관없이 모든 대표나 최고경영자라면 항시 어려움을 겪으면서, 수많은 직원들과 그 가족들을 위해 최선의 선택이 무엇인지 고민하고 또 고민해야 한다"고 덧붙인다.

즉, 여성이기 때문에 겪을 수밖에 없었던 어려움이라기보다는 경영자라면 누구나 겪은 공통적인 어려움은 지금도 겪고 있다는 것이다. 이 대표는 "그나마 호주의 접대 문화라는 것은 음주가무가 철저히 배제된 합리적이고 합법적인 감사의 표시라는 점에서 이 역시 경영인의 탁월한 전략관 판단의 영역으로 생각한다"고 말한다.

같은 맥락에서 이 대표는 "기업 경영자의 성패 여부는 성별이 아니라 자신의 전문성과 합리적 판단력, 그리고 냉철한 결단력에 좌우된다"는 자신의 지론을 적극 강변한다. 하지만 그도 "아마도 나를 포함한 모든 여성 경영인은 더욱 시간을 쪼개서 아껴 써야 하고 강한 체력도 필수"라고 부연한다.

실제로 이 대표는 제마이 홀디스 본사가 있는 시드니에서 4500km 떨어진 서호주 주의 퍼스 시 출장은 시차를 최대한 활용해 늘 당일치기로 처리했고, 뉴질랜드 출장은 항공편 관계로 보통 1박 2일로 소화해내는 '철인 체력'을 과시한다.

해외 방문도 큰 예외는 아니었다.

해외한인이민사에 잊힌 동포여성

해외 한인동포사회의에서 이민자 여성 기업인이나 여성의 지위 문제는 간과해왔던 것이 사실이다. 이 대표 역시 이 점에 공감한다. 그는 "해외한인동포사회에서 대다수의 해외동포 한인여성들의 존재는 간혹 무시되거나, 늘 주변인 혹은 경계인으로 치부돼 왔다는 점을 부인하기 어렵다"고 시인한다. 이런 맥락에서 이 대표는 해외한인여성들을 해외동포사회의 중심축으로 끌어내야 할 당위성을 모색하고 그 방법론을 고찰해보는데 노력을 기울여왔다.

그는 해외동포 문제 세미나나 여성단체 등을 대상으로 한 강연 등을 통해 한결같이 "해외동포 한인여성들의 사회 참여 확대 및 여성의 경제적 지위 상승이 가장 중요하다"는 점을 강조해왔다.

이 대표는 "120년 한인이민역사에 있어 여성의 존재감은 출산과 노동 보조의 역할로만 조명됐을 뿐 이민역사의 동등한 주체로 조명하려는 노력조차 이뤄지지 않았다"고 지적한다. 최근 미국에서는 한인이민 120주년 행사가 다양하게 펼쳐졌고, 지난해 인천에서도 같은 행사가 열렸다.

최초의 한인이민단 121명이 1902년 인천 월미도를 출발했고, 1903년 1월 13일 86명이 하와이에 최종적으로 도착함으로써 공식적인 한인이민 역사가 시작됐기 때문이다. 1903년 첫 한인 이민단 도착 이후 2년 간 7,500명이 추가로 하와이로 이주해 당시 사탕수수밭 노동자의 지위로 삶의 무게가 녹록치 않았지만 고난과 역경을 이겨내고 한인 이민의 시대를 활짝 열었다.

그리고 하와이로 향한 이민의 물결은 세계 각지로 퍼져 오늘날 해외동포 사회 규모는 180개국 총 732만 명(2020년 말 한국정부 자료 기준)으로 성장했다. 하지만 한인동포 역사 속에 "한인여성들의 흔적을 찾기는 매우 힘들다는 것이 명징한 현실이다"라고 이 대표는 거듭 강조한다. 지난 2016년 인천 송도에서 열린 제1회 월드디아스포라포럼 주연사로 초청된 이 대표의 특강 내용을 잠시 요약해본다.

"이제는 시대가 바뀌었습니다. 동포 사회 여성들의 위상을 되찾고 확실히 정립해야 합니다. 비단 호주뿐만 아니라 전 세계에 산재한 한인동포 여성들이 재외 한인동포사회의 중심축이 되도록 더욱 노력해야 하며, 한인동포여성들의 지위 신장의 당위성에 대한 공론화의 장이 더욱 확대되어야 할 것으로 판단합니다.

우리 여성들이 세계 각국 한인사회의 경제적 주체로서, 그리고 동포사회의 지도층으로서, 사회 구성원들을 이끌고 독려하는 모습으로 거듭나야 한다고 생각합니다.

여성들의 사회 참여 확대는 바로 여성들의 지위 신장과 직결되고, 여성들의 사회 참여 확대는 경제 활동과 직결됩니다. 그리고 결국 사회 참여 및 경제활동의 확대는 여성의 사회적 경제적 지위 상승으로 이어지는 것이라고 생각합니다.

이점은 상당히 거시적이고 장기적인 계획으로 비칠 수 있지만, 이에 대한 인식의 전환이 이뤄지는 순간, 그 목표는 곧바로 실천 과정에 들어서게 된다고 저는 믿습니다. 저는 여성 기업인으로서, 여성의 적극적인 경제활동 참여를 특히 강조해 왔습니다.

이제는 "여자이기 때문에"라는 소극적인 자세는 구태의연한 구시대의 산물이라고 생각합니다. 이 같은 사회적 목표 달성을 통해 전체 세계한인동포사회가 발전하고 동포사회 구성원들의 위상이 높아지고, 우리 후세대들에게 올바른 길을 안내할 수 있으며, 결과적으로 전 세계 디아스포라의 힘의 결집을 통한 고국의 국력 증진과 국격 제고의 강력한 촉매제가 될 것입니다."

'디아스포라의 재발견'이라는 주제로 거행된 당시 포럼의 강사로는 캐나다 연방 상원의회의 연아 마틴 의원, 미국 라팔마시 전 시장 스티브 황보 시의원, 미국 통합교육국 유수연 의원, 정운찬 전 국무총리, 고려대 윤인진 교수를 비롯 몇몇 정치인들이 참여했다.

여성의 경제 활동 참여 확대

현대사회에서 여성의 지위가 상승한 것은 여성들의 사회 참여 확대와 경제활동 참여의 확대에 기인한다는 것은 자명한 사실이다.

하지만 여전히 가사일 분담에 대한 남녀 간의 불평등, 남녀 간의 경제적 지위의 격차라는 당면 과제 극복이 시급한 현안이라는 점은 심지어 호주에서도 여전히 제기되는 문제다.

이런 맥락에서 이 대표는 "사회적 당위성을 지닌 것은 아니지만 담론 차원에서 나마 '여성이 남성보다 경제적으로 우월한 주도권을 쥐게 되면 일과 삶의 불균형 문제도 자연히 해소될 수 있을 것'이라는 주장을 제기하고 싶다"고 한다.

즉, 남녀 간의 역할은 사실상 경제적 주도권에 따라 구체화되어 왔고, 결국 여성의 사회적 참여와 경제적 지위가 더욱 확대 향상되면 남녀 간의 역할에 선명한 변곡점을 찍게 될 것이라는 판단으로 읽힌다. 실제로 호주성차별위원회 역시 "호주사회의 빈곤 문제는 여성의 탈을 쓰고 있는 상태"라고 지적하면서 "'여성의 경제적 독립과 경제력 향상'을 위한 정부 정책의 전면적 재점검이 시급하다"는 점을 지적하고 있다.

이러한 지적에 대해 이 대표는 "근본적 문제 해결의 첫 걸음은 여성과 남성 간의 가사 분담 문제부터 해소해야 한다"면서 "결국 여성들의 '가사 전담'의 관습이 여성의 경제 활동 확대의 걸림돌이 되고, 이는 동서고금을 막론한 엄연한 현실이다"라고 목소리를 높인다. 호주성차별방지위원회의 자료에 따르면 가사, 자녀 양육이나 식구를 보살피는 일의 대부분을 여성이 떠맡고 있는 것으로 파악된다.

더욱 놀라운 사실은 이 같은 현상이 지난 20년 동안 거의 불변했고, 종국적으로는 이로 인해 '여성의 빈곤' 현상이 심화하고 있다는 것이 사회학자들의 공통된 견해다. 이 대표는 "이런 현실이 노후에는 더욱 심각한 여성 빈곤 문제로 다가온다는 점이다"라고 지적한다.

당장 한국의 국민연금이나 호주의 퇴직연금(Superannuation) 제도에서 여성들은 현실적 장벽을 직면해야 하고, 이런 현실이 노후 빈곤 문제로 비화될 수 있다는 주장인 것. 실제로 호주를 비롯 대부분의 복지국가들이 보편적 노인연금제도를 퇴직연금 제도로 대체하기 위해 발버둥치고 있는 현실이다. 인구의 급속한 고령화 속에 국가 재정이 견딜 수 없게 되기 때문이다.

이런 현실 문제의 해소 차원에서라도 여성의 경제 참여 확대는 적극 강조되어야 한다고 대표는 역설한다. 이 부분에서 이 대표는 흥미로운 점을 제기한다. 세계 각국의 현 세금제도 역시 여성의 노후 빈곤을 부추긴다는 지적이다.

이 대표는 "퇴직연금을 통해 나름 편안한 노후를 보내기 위해서는 풀타임으로 30년 동안 직장 생활을 해야 한다는 산술적 분석이 있는데, 현실적으로 절대다수의 일반 여성 근로자들에게는 절대 불가능하다"면서 "가사 전담의 현실을 떠안아야 하는 여성 근로자들에게 똑같은 소득 세율을 적용하는 것은 모순으로 생각한다"고 강변한다. 아무튼 여성을 가사일과 자녀양육에 대못질하는 현실이 결국 전체 경제 발전의 발목을 잡고, 빈곤 문제의 한 근간이 되며, 노인복지제도를 흔들 수 있다는 점을 이 대표는 적극 부각시킨다.

이 같은 문제를 세계 각국의 한인동포사회로 국한할 경우 상황은 더욱 심각해진다는 것을 상상하기는 전혀 어렵지 않다. 이 대표는 "경제 문제뿐만 아니라 다수의 이민자 사회 한인여성들이 가정 폭력에도 심각히 노출돼 있다는 것은 공공연한 비밀이다. 이러한 사회적 문제를 동시에 해결할 수 있는 것은 결국 여성의 적극적인 경제활동 참여라는 것을 여러 경로를 통해 지속적으로 강조해왔다"고 재차 역설한다.

여성의 경제활동의 실질적 확대를 통해 여성에게 씌워진 빈곤의 탈은 벗겨질 수 있을 것이고, 동시에 이민자 여성들의 권익도 증진될 수 있는 가장 현실적인 방안이라는 것이 이 대표의 지론이다.

한인동포, 동포기업의 주류화

여성들의 경제 활동 참여 확대 방안 문제와 더불어 이 대표가 해외동포사회에 던지는 또 다른 화두는 '한인동포와 한인동포 기업체들의 현지 주류사회진출의 확대'다. 그는 한인사회 대상 각종 연설에서 "해외 한인동포 사회의 가장 큰 과제는 동포기업체나 동포 사회 구성원들의 현지 주류사회 진출의 확대 방안"이라고 누차 강조해왔다. 최근 통계에 따르면 732만 해외동포들의 모국 송금액은 한해 65억 달러를 돌파했다.

직접적인 해외동포 자금의 국내 유입 외에 투자와 소비 등 직간접적인 경제활동 가치를 수치로 산출한다면 한인동포는 바로 조국의 최대의 인적·물적 자산이라는 명제가 거듭 입증된다. 지난 1960년대 파독 광부와 간호사들이 고국에 보낸 송금액이 당시 수출액 대비 2%에 해당할 정도였고, 이는 한국의 기적적인 경제성장의 종잣돈 역할을 했다.

그리고 지금은 해외한인동포들이 대한민국 수출품에 대한 '불변'의 1차 수요자 역할까지 겸하게 됐다. 이런 점에서 고국의 관련 부처 및 기관 등을 중심으로 본국과 해외동포를 연결하는 네트워크 구축의 중요성이 부각되고 있으며 동시에 해외동포들의 인적 물적 자원의 효율적 활용 방안의 중요성에 지대한 관심이 쏠리고 있음은 주지의 사실이다.

이 대표 역시 이런 점에 큰 관심을 쏟아왔다. 여러 경로를 통해 그는 "해외동포들의 인적 물적 자원을 고국경제 발전에 최대한 활용하기 위해서는 우리 해외동포들의 경제규모가 더욱 커져야 하고 현지

헤더즈위크 UQ 인문사회과학대 학장, 이백순 주호 한국대사, 이숙진 대표, 팀 던 UQ 부총장

주류사회로의 진출이 더욱 다변화, 고급화돼야 한다"는 점에 방점을
둬왔다. 실제로 고국에서 열리는 다양한 해외동포 관련 행사를 보면,
단골 메뉴가 '주류사회 진출인사'이다. 그렇다면 어떤 계층의 인사들
을 주류사회 진출인사라고 봐야 할까?

이 지점에서 이 대표의 목소리는 매우 단호해진다. 이 대표는 "현
지 주류사회를 상대로 기업활동이나 업무를 펼치는 동포들이야 말로
진정한 의미의 주류사회 진출인사"라고 단정짓는다. 그런 기업이나
기관들이야 말로 고국과 한인동포의 위상을 드높이고 또 동포사회와
현지의 주류사회, 그리고 더 나아가 현지 국가와 고국 관계의 가교역
할을 수행할 수 있기 때문이다.

특히 이 대표는 "한인동포사회나 고국의 배경을 필요로 해야 하는
경우보다는 한인동포사회나 고국이 진정 필요로 하는 인물이나 기업

이 진정한 의미의 주류사회 진출자라고 생각한다"고 강조한다.

이민 1세대들의 경우 주류 사회 진출을 위해서는 현지 언어 문제 극복, 현지 문화와 풍습에 대한 적응, 현지 국가의 정치 사회 경제 법률 제도의 이해 등의 현안 과제도 극복해야 하지만 1.5세대나 2세대의 경우는 상황이 다르다는 점을 이 대표는 부각시킨다. 즉, 1.5세대나 2세대들의 경우 한국만의 독특한 역사와 전통 그리고 문화적 요소에 대한 이해를 높여, 한국적 요소를 가미한 기업활동 전략을 통해 주류 사회의 벽을 공략할 수 있는 이점이 주어진다는 주장이다.

실제로 이 대표의 경우 제마이 홀딩스의 외형적 성장을 위해 이러한 이점을 극대화하면서, 호주 주류사회와 한국동포사회, 그리고 호주와 한국의 관계증진에 실질적 기여를 했음은 양국 정부가 인정하는 바다. 가장 대표적인 예가 지역사회나 지역 행사에 대한 통큰 지원은 물론이고, 자연재해 등으로 국민적 어려움이 있을 때 남보다 먼저 팔을 걷어 부쳐왔다. 다양한 자선활동을 비롯 홍수, 산불 등의 재난 사태에 대한 제마이 홀딩스의 후원은 호주 전역뿐만 아니라 뉴질랜드로까지 이어져 지역사회의 잔잔한 화제가 되기도 했다.

뿐만 아니라 정부 차원의 이민자 관련 행사에 주 후원사로서 지원을 아끼지 않으면서 제마이 홀딩스에 대한 기업의 이미지를 드높이고, 호주한인동포 기업체로서의 위상을 굳건히 다졌다. 제마이 홀딩스의 주류화의 견인차가 됐던 것이다. 아무튼 동포기업체의 주류화는 해당 한인동포사회는 물론이고 고국의 위상도 격상시키는 시너지 효과를 발휘한다.

이런 점을 고려하면 고국정부의 재외동포정책이 매우 중요함을 인식하게 된다. 이 대표 역시 "고국에 최대의 인적·물적 자산인 해외동포의 효율적 활용을 극대화하기 위해서는 고국정부의 재외동포 정책이 혁신적으로 탈바꿈했으면 한다"고 한다.

그는 "해외동포들의 특성과 장점을 고려한 효율적이고 통합적인 정책 수립과 운용이 절실하다"면서 "이제는 행정 편의주의적 재외동 포정책에서 과감히 탈피해 21세기에 걸맞는 혁신적인 정책을 추구해야 한다"고 목소리를 높인다.

회장

허승회

PDI디자인그룹

허승회 회장

학력

1958~1964	인천중학교, 제물포고등학교
1965~1965	서울대학교 문리대 1학기 수료
1964~1970	한양대학교 건축 학사
1971~1974	미네소타 주립대학교 건축학 학사, 건축학 석사

경력

1969~1971	대한민국 문교부-세계은행 교육차관 사업
1972~1999	The Leonard Parker Associates
1976~1977	미네소타 한인회 회장
1984~1988	미네소타 상공회의소 회장 (1994 이사장 역임)
1986~2004	Hennepin 기술 및 커뮤니티 대학 자문위원, 기술올림픽 심사위원
1992~1993	미네소타 한인회 이사장 역임
1995~1999	민주평화통일자문위원 (시카고지역)
1999~2003	한양대학교 공과대학 건축 공학부 겸임교수
1999~2006	Parker Durrant Associates

2015~현재	하와이대학교 GTAB 멤버 (박사과정 지도)
2000~2015	하와이대학교 건축대학 겸임 교수(박사과정 지도)
2002~현재	세계 한상 Leading CEO 28인
2002	미네소타주 아시아 자문위원
2004~2012	애리조나 주립대학 초빙교수
2006~현재	PDI Design Group, LTD
2009~2012	미네소타 한인회 이사장

상훈

1994	미네소타 상공회의소(회장 및 이사장 역임) 감사패
1997	아시아인 지역 개발(APECD)상
1997	아시아 태평양 지도상수상
2003	미국 비즈니스 자문위 Gold Medal 수상
2008	엘리스 아일랜드상(Ellis Island Medal of Honor) 수상
2018	미네소타 건축가협회 골드메달 추천(2020, 2022)
2023	한상 리딩 CEO 감사패

PDI Design Group
Architecture & Planning

1971년 미국 미네소타 대학원으로 유학

PDI 건축 설계 회사의 시초는 1958년 레오나드 파카(Leonard Parker) 교수가 미네소타 주에 설립한 회사로서 허승회 회장은 미네소타 건축대학 대학원 2년차인 1972년 인턴으로 시작하여 특출한 공로를 인정받아 빠른 승진을 거듭 1978년 준 파트너, 1980년에는 파트너가 되었으며 1997년 CEO가 되어 지금까지 52년간 이 회사에 몸 담고 이끌어오고 있다. PDI디자인그룹을 대표하는 허승회 회장이 건축 석사학위를 취득하기 위해 미네소타로 오게 된 계기는 1970년 대한민국 문교부에서 만난 켈러 박사의 강력한 추천 덕분이었고 오늘의 허 회장을 있게 하신 분은 레오나드 파카 교수이시다.

우선 허승회 회장이 유학 오기 전 경력부터 이야기하자면, 1969년도에 찾아온 매우 중요한 기회였는데 당시 박정희 대통령의 지시로 문교부에서 세계은행 교육 차관 사업을 맡아 진행 하게 되었는데 이를 위해 영어를 할 수 있는 건축가가 필요해 찾고 있었다. 우선 이런 분을 각 대학에서 선발하도록 했는데 선발된 교수님들 5분들 모두를 여러 이유로 세계은행에서 보낸 UNESCO팀이 거절하여 허 회장이 한양대학을 대표하여 보내지게 되었다. 다행히 UNESCO 팀의 선택을 받아 3년 동안 33개의 농업, 공업, 상업 고등 전문학교와 3개의 농과 대학 총 36개 학교의 시설 신축 및 확장, 더불어 교육 프로그램 개선사업이라는 어마어마한 국가사업에 영어 소통이 가능한 건축가가 필수라 허 회장이 주도적 책임자로서 일하게 되었다고 한다. 처음에는 교수팀의 자문 일원으로 참여하다가 사업이 본격화됨에 따라 결국 특채로 공무원이 되어 이 업무를 수행하게 되었다. 이 일을 통해 대한민국 중앙정부의 업무 내용 및 운영방법도 많이 배우게 되었고 이 프로젝트를 위해 선정한 12명의 미국 건축가 및 엔지니어 팀 (DMJM) 팀들과 함께 업무를 진행하며 미국 건축 설계 방법 등에서도 배우고 알게 되어 훗날 미국에서 공부 하고 살아가는 데 많은 도움을 얻게 되었다.

당시 허 회장은 유학 올 대상 학교 선정 2곳을 두고 고심하고 있었는데 문교부에서 일하고 계신 켈러 박사 만나 물었더니 미네소타 대학을 강력히 추천해주시어 미네소타로 오게 되었다 한다. 켈러 박사가 문교부에서 일하고 계신 것이 매우 궁금했는데 훗날 허 회장이 학위를 맡치고 파카사에 근무하며 동시에 미네소타 주 주지사 자문역으로 일하며 오블 후리만 부부와 동행하여 한국을 방문하게 되는데 오불 후리만 씨는 1950년대 전 미네소타 주지사를 역임했고 그 후 케네디 대통령 시절 미국 농림부 장관을 하신 분이라는 것도 알게 되었고 더 놀라운 사실은 이 부부가 1954년 미네소타 주지사 자격으로 한국을 방문하였고 그 당시 고생을 하고 있는 서울 아이들을 보고 너무 마음이 아파 부인께서 눈물을 흘리셨다고 한다. 이 두 분들은 무언가 한국을 위해 도움을 주어야겠다 마음먹게 되었고 오블 후리만 주지사 부인은 미국에서 헌 옷들을 모아 한국에 보냈으며 본인은 한국의 미래를 위해 젊은 지도자들을 가르쳐야겠다는 생각으로 서울대학교와 미네소타 대학 간 자매결연을 맺게 하였다. 매년 수십 명의 서울대학교 교수들을 미네소타 대학에 초청하여 USIS 자금으로 10여 년간 수백 명의 서울대학교 교수들에게 미국 교육을 받을 기회를 주었다고 했다. 또한 이 주 지사는 박 대통령을 도와 한

험프리기념관의 모습

국 정부의 12개 부처에 미네소타에서 정년퇴직을 한 교수님들을 파견하여 한국정부에 도움을 주게 했고 켈러 박사도 그분들 중 하나였다는 것이다.

허 회장은 한국을 위해 엄청난 공헌을 하신 이런 분은 한국 정부 차원에서 감사 표시를 해야 하지 않겠나 생각하여 이분 살아계실 동안 받게 하기 위해 여러 번 지인을 통해 한국 정부에 알렸으나 애석하게도 이루지 못했다. 그러다가 이분이 돌아가신 후인 2022년도에 하와이에서 만난 한국 영사님의 도움으로 드디어 대한민국 최고의 훈장 중 하나를 받게 되어 그분 아드님에게 전달되었다 한다. 허 회장은 이것은 한국을 위해서 대대적 홍보를 통해 전달되기를 기대했는데 이렇게 아무도 모르게 전달된 것에 많이 불편해했다. 다행히 파카 사무실에서 설계하여 완성한 전 미국 부통령 휴버트 험프리기념관 4층에 마련된 이분의 작은 전시실에 이 훈장을 전시하여 많은 그 곳 방문객들에게만이라도 알려지기를 바란다 했다.

평생 멘토로, 지지자로, 많은 도움을 준 레오나드 파카 교수

허 승회 회장이 유학 온 1971년 가을 첫 강의에서 만난 파카 교수는 대학 교수이자 본인 설계 사무실을 운영하고 계셨다. 그 사무실에 허 회장을 인턴으로 받아 주시고 가르치며 키워 주신 분으로 이분이 돌아가시기 전까지 무려 45년간을 함께 한 허 회장의 스승이자, 강력한 지지자이셨고, 평생의 멘토가 되어주신 분이라 했다.

파카 교수는 미국 역사상 최고 건축가 중 하나로 알려진 '에로 싸리넨' 건축 사무실에서 디자인 책임자로 근무하다 에로 싸리넨 건축가가 갑작스레 돌아가시게 되어 미네소타 대학 교수로 초대되어 오시게 되었다고 한다. 파카 교수가 운영하는 건축 사무실은 허 회장이 유학 온 당시 미네아 폴리스에서 가장 큰 프로젝트인 예술종합단지 설계 프로젝트를 일본에서, 아니 세계적으로 유명한 건축가 겐조 탕게(Kenzo Tange) 동경제대 교수와 협업을 진행하고 있었기에 모든 건축과 학생들의 꿈이 파카교수 사무실에서 일하는 이었는데 허 회장 그 영광을 차지하게 되어 1972년 여름부터 인턴으로 입사하여 실무 경험을 쌓기 시작했다 한다.

허 회장에게 맡긴 첫 업무는 예술단지 일부인 어린이 극장 프로젝트의 문(door) 상세를 그려보라는 것이었는데 건축가가 문 상세를 디자인해야 한다는 것 자체도 몰랐던 허 회장이 당황했으나 그 일을 눈치껏 샘플도 찾아보고 옆자리의 유 경험 동료들에게 물어가며 열심히 도전하여 그려낸 결과 "잘했다"는 칭찬을 받았다. 허 회장의 첫 임무에 만족한 매니저는 다음 임무를 주었는데 이런 일은 졸업 후 5년 이상 경험을 가진 자에게 맡긴다는 평면 작업을 대학원 2년생인 허 회장에게 "해보겠느냐"라고 물었다. 허 회장은 망설이다 "물어가며 해보겠다"고 답한 후 밤을 새워 가며 연구하고 여기저기 물어가며 일을 했고, 일을 맡긴 그분들은 기대 이상의 도면 처리 및 팀원들과의 협업(코디네이션)을 해가며 처리하는 허 회장을 보며 매우 놀라며 좋아했다고 한다. 허 회장은 문교부 경험이 없었다면 이게 가능했을까 생각했다고 한다. 이 결과 월급과 승진도 초고속으로 진행되어 1974년 석사학위 취득과 동시 팀 리더로 승진하였고 1978년에는 준 파트너로 승진했다. 그 후 2년도 되지 않아 1980년 정식(Full) 파트너로 승진하여 사무실에서 주는 차도 업그레이드되어 캐딜락을 타게 되어 품위 상승은 물론 부인에게 기쁨을 주었다 했다.

평면 작업을 하고 있던 때의 일인데 어느 토요일 오후 허 회장은 겐조 탕게 사무실에서 파견되어 함께 일하던 일본 건축가들 중 히로시 하세가와 씨와 지로 인아주카 씨께 골프를 가르쳐주고 맥주를 함께 하게 되었다. 히로시 하세가와 씨가 갑자기 허 회장께 고백할 일이 있다며 이야기를 꺼냈다. 히로시 하세가와 씨는 일본에 살며 한국인에 대해 정말 많은 편견(안 좋은)을 갖고 살고 있었다. 그는 미국 유학을 마치고 미국 애리조나, 당시 최고의 유명세를 가진 건축 사무실에 근무하게 되었다. 그 사무실 최고 디자인 건축가가 한국인이어서 정말 많이 놀랐는데 이번에 파카 사무실에서 허 회장을 보며 자기가 얼마나 잘못된 한국인에 대한 편견을 가지고 살았는지 사죄한다고 고개를 숙여 놀랐다 한다. 그 후 이 두 분은 일본에 돌아가 교수님들이 되어 책도 많이 쓰며 유명해졌다고 하는데 한 번은 허 회장이 동경을 거처 한국을 방문하게 되었다. 히로시 하세가와 교수가 무려 4시간 기차를 타고 와 허 회장 부부에게 저녁을 대접하고 함께 일했던 많은 추억들을 나누다 가는 정성까지 보였다고 한다.

파카사를 글로벌 설계회사로 만들겠다는 허 회장의 꿈

허승회 회장은 세계적 명성을 가진 일본 건축가 겐조 탕게 교수를 보며 본인이 몸담고 있는 파카 사무실을 미국뿐 아닌 세계적 명성을 가진 유명한 글로벌 회사로 키웠으면 하는 생각을 하게 되었다 했다. 사실 1980년도부터 미국 건축가 협회에서도 건축 사무실이 영웅 중심 회사로는 현실에서 바람직하지 않고 SOM, KPF, HOK 등 브랜드 중심 설계 사무실로 만들어야 영웅이 사라져도 회사가 영웅과 함께 사라지지 않고 지속 가능해 쌓아온 지식과 경험을 유지하고 보전하여 다음 세대에 전수하여 지속이 가능하겠다는 생각을 갖고 건축가 협회 차원에서 이를 장려하고 전수교육을 시켜주던 시기였다. 허 회장의 글로벌 회사 아이디어는 동료 파트너들에게는 힘들고 그로 인해 망할 수 있다는 타 회사의 예를 들어가며 적극적 찬성을 하지 않았으나 다행히 파카 교수의 지지를 얻어 허 회장은 천천히 자신의 생각을 실천에 옮겨 갔다.

허 회장은 1980년 파카사의 정식(Full) 파트너가 되면서 많은 지역 신문에 소개되었고 미네소타 중고등학교에 다니며 '소수민족의 롤 모델(Minority Role Model)'로 강의도 했고 미네소타 커뮤니티 TV 방송

미네소타주립대 법학대학 건물의 모습

에도 출연하여 1시간짜리 특별 프로그램(소수 민족 롤 모델)에 출연하여 유명세를 얻었다. 1981년부터는 한국에서 오신 교환 교수님의 소개로 한국 건축 설계 업계에도 알려지기 시작하여 허 회장이 참여한 파카사의 많은 작품들이 한국 건축 잡지에 실렸고 허 회장이 한국을 방문할 때마다 인터뷰 요청을 받기 시작해 신문, 잡지에 실리게 되었다고 한다.

또한 허 회장의 한국 교수 및 친구들 덕분에 여러 대학과 건축 사무실에서 강연할 기회도 얻었는데 주로 그 당시 강의 내용 관심사는 미국 건축계 최근 소식과 방향, 미국대학 건축 교과내용 및 미국 유학 방법 등이었다고 한다. 물론 허 회장은 필리핀, 대만, 중국 등에서도 강의 기회를 가지기도 했다. 당시 건축 업계의 가장 큰 관심을 받은 파카사 건물은 1974년 설계를 시작하여 지어진 파카사의 에너지

워싱턴 노동청 전경

절약 모범 프로젝트인 미네소타주립대 법대 건물이었다. 또 다른 대
표 작품은 그 후 1990년 파카사가 미국 워싱턴주에 워싱턴주 최초
환경법에 의거 치러진 설계 경쟁에 참여하여 당선된 친환경 건물인
워싱턴주 시애틀 인근 도시 올림피아에 지어진 농공청 건물이다. 이
두 작품을 간단히 소개하면 다음과 같다.

  미네소타주립대 법대 건물 이야기를 해보자면 1973년은 갑자기
찾아온 세계오일파동으로 어마어마한 에너지 부족 현상이 생겼고 건
축계 역시 에너지 절감 설계 요구가 대단했던 시기였다. 이때(1974년)
에 파카사에게 주어진 설계가 미네소타주립대 법학대학 건물이었고
파카사는 그동안 이론에 그쳤던 'Passive Solar' 건물을 설계하고 완공
할 기회를 얻어 정말 많은 세상의 관심을 받으며 전 세계에 소개되었
다. 파카사가 실천한 에너지 절감 방안을 예로 들면 건물 지붕에 루

프가든(Roof Garden)을 설치하여 2피트 깊이의 흙을 덮고 조경수를 심었으며, 자연 광(Day Lighting) 사용을 극대화하기 위해 건물 내부 3개 층까지 스카이라이트를 통해 태양광을 끌어들였고, 여름 태양은 막고 겨울 태양은 건물 내부로 깊숙이 끌어들이는 채양 설치를 했다. 거기에 더해 전기 설계도 사람이 있을 때만 켜지는 전등 설계 및 효율적 전등을 사용했고 기계 설계도 에너지 절감 방안 및 관리 시스템 사용 등 이론상으로만 알려져 있던 에너지 절감 방법을 실제로 건물에 적용한 대표적인 작품 중 하나로 평을 받았다.

그 후 1990년 파카사가 지은 워싱턴 주 올림피아 노동청 건물은 아이러니하게도 1973년 오일 파동으로 시작되어 지어진 건물들이 지나치게 에너지 절감에 치중하다 보니 대부분 산소 부족으로 인해 건물 사용자들이 어지럽고 골치 아프다는(Sick Building) 불평이 계속되었고 이를 해결하기 위해 제정된 워싱턴주 최초의 환경법을 적용하여 설계하고 시공한 건물이었다. 그 당시 설계 경쟁에 파카사가 참여하여 당선된 작품으로 사용자들의 건강에 초점을 맞춰 여러 가지의 준수 내용을 담은 건물로 많은 사람들의 관심과 주목을 받았다고 한다.

파카사를 글로벌 건축 회사로 만들 기회

허승회 회장의 노력은 계속되어 1989년에 완성된 칠레 주재 미국 대사관 설계 덕분으로 그 경력을 인정받아 캐나다 오타와에 지어질 주캐나다 한국 대사관 설계 경쟁에 파카사가 초청되어 참여 기회를 얻어 당선으로 이끌었다. 이를 통해 한국 정부의 공공건물에 대한 설

119

계비 상승 및 국제경쟁 의무 정책을 알게 되어 파카사는 그 후 많은 설계 경쟁에 참여했으며 미국과 중국의 국제 설계 경쟁까지 합쳐 총 68개 프로젝트에 참여해 45개에 당선됨으로써 그 명성이 널리 알려졌다. 그렇게 파카사는 세계적 명성을 가진 건축 사무실에 끼어 지명 설계권을 얻어 종종 그들을 제치고 당선하는 영광을 얻게 되었다.

그중 최고는 부산 롯데 그룹 107층 초고층 건물 설계 경쟁이었는데 파카사의 당선을 통해 세계 건축계의 주목을 받기 시작했다. 그후 한국 내 건설사의 도움으로 아제르바이잔 프로젝트에 참여하여 그 나라 최초의 골프장, 골프 빌라 및 상가 설계를 하게 되었고 이어 2020년에는 이라크 에르빌(Kurdistan Region of Iraq)에 그 나라 최초의 골프장과 빌라 및 라이프 스타일 센터 디자인 설계를 함으로써 글로벌 건축 설계회사로 자리매김하게 되었다.

물론 허 회장은 파카 교수가 국제 설계 총책(Director of Design) 디자인을 맡도록 해 디자인팀의 중심에서 많은 성공을 이끌어냈고 이로써 허 회장의 꿈이자 목표가 이루어졌다. 그 결과 그는 선배 파트너들과 함께 창업자 파카 교수의 건축가 아들을 넘어서 1997년 PDI디자인그룹의 CEO로 선정되어 회사를 이끌게 되었다.

미국 건축가협회의 최고 영예인 휄로우(FAIA)가 되다

허 회장은 1994년 필리핀 건축학회 61차 컨벤션에 키노트(Key Note) 연사로 초대되어 강의한 덕으로 명예 영예 필리핀 건축가(HFPIA)로 추대되었으며 1995년에는 미국 조지아 아틀랜타에서 열린 미국 건축가 협회 컨벤션에서 미국 건축가 협회의 최고 영예로 알려진 FAIA 건축가들 그룹에 51세의 젊은 나이에 추대되었다. 그 후 미 건축가 협회의 영예 건축가 FAIA 선정 심사위원으로 워싱턴DC에 가서 2년간 참여하여 미국 각 주에서 추천을 받아 올라온 FAIA 후보자들과 세계적으로 인정받은 유명 건축가들에게 주는 명예 영예 건축가(HFAIA) 선정 심의위원으로 일했고 이를 계기로 한국의 유명 건축가 여러 명을 추천하고 지원하여 10여 명 이상을 미국 건축가 협회의 명예 영예 회원(HFAIA)으로 추대하는 데 공헌했다. 허승회 회장은 한국 건축계 공헌을 인정받아 한국 건축가 협회에서 FKIA, 한국 건축사 협회에서 HFRKIA와 한국 건축학회에서 평생 명예 회원(HAIK)로 추대되는 영광을 얻었다.

100년의 역사를 가진 듀란트와 합명하다

허승회 회장은 파카사의 CEO로서 회사 규모를 크게 늘리던 중 1999년 파카사 애리조나 지사장을 지낸 Ryc Loope 교수가 100년 이상의 역사와 12개의 지사를 갖고 엔지니어 포함 340명의 직원을 가진 듀란트의 CEO가 되어 허 회장을 만나 파카사와 합병을 하고 싶다고 제의했다. 이에 허 회장은 파카사 파트너들과 많은 논의 끝에 이들을 설득하여 합병함으로써 듀란트의 관리 능력 전통과 파카사의 최고 설계 능력 전통을 합한 직원 400여 명에 16개의 지사를 가진 대형 글로벌 회사를 완성하여 미국 내 대형 종합 건축사 회사 그룹에 속하게 되었다. 허 회장 본인은 합사의 2대 주주가 되어 모든 글로벌 프로젝트들을 리드하게 되었다.

합병 시기인 1999년 한 해 동안 가장 뜨거웠던 세계 기업들의 대화는 "다가오는 새천년, 밀레니엄을 맞아 회사가 어찌 준비하여야 살아남을 수 있고 계속 번영할 수 있겠는가?"였다. 이해 대해 허 회장이 제시한 것은 "새 밀레니엄에는 우리 건축 설계 사무실도 글로벌 브랜드를 만들어 글로벌 네트워크로 나아가야 성공할 수 있다"였고 이를 위해 우리 파카사 듀란트의 회사명을 'PDI'로 바꾸고 글로벌 네트워크를 위해 'PDI Consortium(컨소시엄)'을 만들어 세계를 연결하자고 제안하였다. 하지만 애석하게도 100년의 역사를 중요시하는 듀란트 사람들은 허 회장의 제안을 받아들이는 데 동의하지 않았다. 여기에 더해 많은 결정에 있어 양사 간의 기업 문화 차이로 듀란트 팀이 이사(Board) 숫자를 이용하여 루페 교수를 퇴출시키는 최악의 사태를 맞아 허 회장은 설득이 통하지 않고 변화를 꺼려하는 이들과 결별을 생각하고 합병 7년만인 2006년 6월 듀란트사와 헤어졌다. 많이 아쉬운 결단이었으며 배운 것도 많았던 합병이었으나 필요한 결단이었다고 허 회장은 회상했다.

허 회장의 예상대로 듀란트 그룹은 2008년 리만브라더스 사태를 맞아 생각지 못한 힘든 상황을 견디지 못하고 110년의 역사를 뒤로하고 2010년 영원히 사라져 버렸다. 새로운 시대의 요구를 무시하고 변화하지 않으면 영원히 사라질 수 있다는 교훈을 재확인시킨 사례였다. 허 회장은 이들과의 합병에서 얻은 경험이 본인 건축 사무실 운영에 도움이 되었다고 생각 한다. PDI사도 2008년 리만브라더스 사태로 많이 힘들었으나 새 브랜드와 글로벌 네트워크 덕에 잘 지낼 수 있었고 회사 구조 조정과 지사 감축은 피할 수 없어 현재 하와이와 한국 지사만 두고 있다.

파카/PDI 사의 주요 글로벌 프로젝트들

PDI의 실력과 브랜드 및 네트워크에 힘입어 PDI의 설계 업무 영역과 프로젝트 위치도 많이 확장되었다. PDI디자인 그룹은현재 미국 뿐만 아니라 중국, 베트남, 두바이, 카타르, 아제르바이잔, 이란, 아프리카, 말레이시아, 캄보디아 등의 많은 나라에서 도시계획, 커뮤니티 설계 및 각종 건물 설계를 하며 프로젝트들을 진행하고 있다. 글로벌 프로젝트 타입도 시대에 따라 변동하여 초기에는 주로 정부일로 시청사, 컨벤션센터, 문화센터 등 각종 교육시설 등의 공공시설들을 담당했으며, 그 후 주택 개발 붐을 타고 주택단지 및 각종 주택 설계를 했다. 또한 한때는 허 회장의 주지사 자문으로 참여한 세계 최대 쇼핑몰 중 하나인 미네소타 'Mall of America' 덕으로 수많은 나라들에서 쇼핑몰 설계를 의뢰받아 실행했다. 사실 쇼핑센터는 1962년 미네소타에서 시작해서 전 세계로 퍼진 빌딩 타입이며 그 후 유행한 라이프스타일 센터 역시 미네소타에서 시작했다고 한다.

지난 2008년 이후 PDI는 리조트 건설 붐을 타고 중국 항저우 호텔, 대련 복합 쇼핑몰 및 호텔, 미국 괌 호텔 및 복합 리조트 단지, 아제르바이잔 복합단지(골프장, 빌라, 국제 학교 및 쇼핑몰 포함), 이라크 에르빌의 복합단지(골프장과 빌라)를 완공했고 최근에는 동일한 부지 일부에 라이프 스타일 센터(Life Style Center) 프로젝트 설계를 진행 중에 있다고 한다. 그 외에도 PDI는 박물관 설계에도 많이 참여했는데 대표적으로는 일본 겐조 탕게 교수와 함께 한 미네아 폴리스 박물관과

칠레 미대사관

예술대학, 어린이 극장, 월전 이천 미술관, 대전 지질 박물관, 청평
종합 박물관, 세종 문화 센터(증축) 등이 있으며 가평 생애 박물관은
2023년 5월 5일 완공식을 갖는다고 한다.

특히 허승회 회장은 모국인 대한민국에서도 의미 있는 건축 설계
프로젝트들을 많이 진행하였는데 지난 1991년 칠레 미국 대사관 설
계에 이어 주 캐나다 한국 대사관 설계현상 공모에 참여하여 당선되
었고 이를 통해 한국의 많은 건축가들과 인연을 맺기 시작했다고 한
다. 이후 서초동 한전 아트 문화센터 공모에서 당선했는데 6개의 복
잡한 기능을 대형몰(Mall) 콘셉트로 풀었고 이를 외형적 구조형태에
반영하여 세간의 주목을 받았다. 또한 허승회 회장은 미니애폴리스
컨벤션센터는 최상의 기능을 풀어 설계한 컨벤션센터 모델이며 그

후 미국, 한국, 멕시코, 중국 등 20개 이상의 여러 나라에서 컨벤션센터 설계 기회를 얻었으며 부산 벡스코, 대구 엑스포, 울산 컨벤션센터가 이에 포함되어 있다.

이뿐만 아니라, 허승회 회장은 한국에서 현재 최고가를 기록하는 고급주택인 한남 더힐, 삼성동 아이파크의 설계를 통해 한국의 상류층 리더들에게 명성이 자자하다. 한국의 부자들이 주목하는 '풍수'라는 측면을 고려하고 조망, 향, 통풍 및 친환경을 중요시하며 건축주와 사용자는 물론 관리·유지비까지 모두를 배려한 설계를 지향하는 허승회 회장은 상기 "두 건물의 설계 시 고려했던 것은 두 프로젝트 모두 강을 끼고 있어 강에 대한 경관을 극대화했고, 아이파크의 경우 풍수상 물은 재물을 상징하여 집으로 물이 흘러 들어오는 조망을 갖도록 했고, 이 단지의 진출입을 복잡한 대로와 직접 연결하는 것은 비즈니스와 주거를 분리하는 데 맞지 않다고 생각하여 출 입로를 대지 뒤로 돌려서 인공 폭포를 만들고 꽃과 나무를 심어 새 소리를 들으며 드나들게 함으로서 주거와 업무를 구별하였다고 한다. 한남 더힐의 곡선형 주거 단지 설계 시 허 회장이 가장 중요하게 생각하는 통풍을 위해 유니트 사이에 스카이 가든을 두어 야채나 꽃을 가꿀 수 있게 했고 이를 통해 바람을 산 뒤쪽까지 통하게 했다, 또한 산을 등지고 있는 주택 단지는 바위를 쪼갠 듯 설계하였고 아랫집 지붕(Roof)이 윗집의 정원처럼 보이게 정원화했다.

여기서 허 회장이 꼭 밝히고자 하는 것은 소개된 모든 파카사 및 PDI의 많은 프로젝트는 사실 수많은 건축가 분들과 함께 만든 작품이며 특히 한국 프로젝트들은 함께 협업한 많은 훌륭한 한국 건축가

삼성동 아이파크의 모습

들에게 그 공을 돌리고 싶다 하며 감사를 드린다고 했다.

2008년 리만 사태와 2019 코로나 펜데믹 사태 극복

　2008년의 리먼브라더스 사태는 허승회 회장에게는 물론 건축 설계를 하는 미국의 모든 건축가들에게 힘든 시기였다. 이 시기를 겪으며 허 회장은 설계 외 새로운 사업을 생각해야 되겠다고 생각했다. 물론 현재 가던 설계 길을 포기하는 게 아니고 좀 더 탄탄히 수정하며 보강하되 이를 중심에 두고 할 수 있는 다른 사업을 생각하게 되었다. 의상 디자인과 핸드백 디자이너들처럼 하나의 디자인으로 수천수만 개를 똑같이 만들어 대단한 부를 창출하지만 건축은 수많은 설계요구 조건들을 맞추어야 하기 때문에 모든 작품이 달라지게 마련이다. 그렇기 때문에 건축 설계 중 반복이 가능한 조립 주택에 참여하면 여유롭지 않은 사람들에게 주택을 제공하는 효과도 크다고 판단하여 몇 개의 모델 디자인으로 이를 공장 제작과 조립식 방법을 택해 새 회사 PDI Homes를 설립하기로 했다. 신사업을 위해 리서치를 하다가 방화, 방불개미, 방음 등 많은 장점을 가진 MGO보드를 알게 되어 이를 생산하여 팔고 있는 싱가포르 기업과 협업을 시작했다. 하지만 생각보다 많은 투자금액이 필요했고 기술 및 품질 개선이 필요하다는 것을 알게 되어 적절한 시기와 기회가 오기를 기다리고 있다.

허 회장은 여기에 머물지 않고 앞으로 다가올 새로운 설계 사업을 준비해야 한다고 강조하며 신사업을 생각하고 있다. 사실 지난 30년 동안 건축설계 툴(도구-Tool)에도 많은 변화가 있어 이제는 컴퓨터가 건축 설계에 없어서는 안 될 장비가 되었다. 앞으로 다가올 AI시대는 컴퓨터가 도구를 넘어 디자인 자체를 해내고 도면화도 해결할 것이기에 이 시대에 맞추어 우리 건축설계자들이 준비해나가야 한다고 생각하며 이러한 컴퓨터 시대에는 건축 설계에 총체적 탈바꿈이 요구된다고 허 회장은 보고 있다. AI가 대부분의 설계를 대체할 경우 아마 건축가는 그 옛날로 다시 돌아가 마스터 빌더가 되어 AI의 도움을 받아가며 설계, 개발 및 시공을 해야 될지도 모른다고 생각하고 있다.

허 회장은 현재 1년 중 반을 하와이에서 지내고 있다. 지난 2000년부터 하와이 대학에서 건축학 전문 박사(DArch) 학위 코스를 가르쳐 왔는데 2019년 코로나 펜데믹으로 하와이에 발이 묶여 5~6개월을 그곳에 살다 보니 기후와 환경적으로 살기에 최상임을 알게 되었다. 여기에 더해 하와이는 PDI의 새로운 미래를 준비하는 데도 도움이 될 수 있다고 확신하며 PDI는 앞으로 설계뿐이 아닌 개발 사업도 관여해야 믿고 새로운 회사 PDI Development와 PDI Asset Management 설립을 생각하고 있다고 한다. 이를 위해 지난 1년 반 전에 하와이에서 꼭 필요한 종합 스마트팜 개발 계획을 세워 하와이 주정부 상원 의원과 주지사께 제안하여 큰 호응을 받아냈다고 한다.

현재 하와이의 경우도 세계의 많은 나라가 그러하듯 전통적 농사를 짓던 농부들이 농사를 기피하고 있고 젊은 세대들도 경제적 이유로 농업을 이어가려 하지 않고 있다. 그 결과 하와이는 주민들과 관광객들이 필요로 하는 각종 야채, 과일, 등등의 농산물의 80% 이상을 하와이 섬 이외 본토와 다른 주변국에서 들여오고 있다. 그러면서 그들의 큰 고객인 군부대와 각종 학교 및 많은 리조트 단지 주인들이 불안해하며 하와이 섬 자체의 생산을 원하고 있는 상황이다. 이에 허 회장이 제시한 스파트팜 아이디어는 절대적인 인기를 얻고 있다. 사실 스마트팜은 많은 장점을 갖고 있는데 우선 물 소비량이 전통 농사 대비 5%에 불과하고 같은 농토 면적에서 생산량도 재배 종류에 따라 5배 내지 390배가 가능하다. 더군다나 하와이가 원하는 대학 졸업생들, 특히 농업전문, 컴퓨터 전문 및 마케팅 전문 기술자들이 하와이에 직장이 없어 본토로 떠나는 애석함을 스마트팜에서 해결해줄 수 있다는 장점도 지닌다.

허 회장이 제시한 스마트팜은 다른 곳에서 세워지는 일반 스마트팜과 달리 종합 스마트팜 패키지인데 이 패키지에는 스마트팜은 물론 메디팜이 있다. 여기에 하와이 대학과 스텐포드 대학 및 여러 대학에서 입주 의사를 밝힌 리서치(연구) 센터, 트레이닝 센터 및 관광코스도 포함하려 하며 스마트팜 근로자들, 연구 전문가들, 투자자들을 위한 주거단지, 이들과 주변 커뮤니티를 위한 힐링센터 및 편의시설과 골프장까지 포함한 종합 스마트팜 패키지를 구상하고 있다. 허 회장이 원하는 단지 크기도 최소 1,200에이커(140만 평)인데 의외로 하와이 원주민들의 호응을 얻어 원하는 땅을 마련하는 데 그들이 도움을 주겠다고 하여 현재 땅 구매 또는 대여를 그들과 논의 중이라 한다. 투자자들과 관련 전문가들도 위치가 하와이라는 장점 때문인지 많이들 동참을 원하고 있고 하와이 정부도 긍정적으로 전망하며 적극적 도움과 협력을 약속했다.

허 회장은 상기 스마트팜 패키지 개발을 계기로 전 세계의 숙원인 탄소 절감에 도움을 주는 방식의, 탄소를 먹고 사는 해조류(Algae Energy) 재배를 24만 평 대지에 새로 개발한 한국 재배 방법을 도입하여 생산하기로 하였다. 재배된 해조류, 엘지와 스마트팜의 부산물을 이용하여 BIO디젤, BIO가스를 생산하고 이를 이용하여 바이오 디젤 발전소, 수소 생산시설 및 수소 운송에 필수인 암모니아 시설까지 만들자는 계획도 거의 확정 단계에 있다. 이에 더해 한국 기업들과 협업하여 해상 수소 개발(Ocean Floating Hydrogen) 사업 이야기도 논의 중에 있다.

물론 PDI는 건축가로서 늘 해오던 프로젝트를 총 지휘자(콘닥터)로 팀 구성과 사업 플랜 계획 및 각 팀 업무 협업 관리 책임을 맡고 대부분 많은 것은 전문가를 고용 진행할 계획이라 했다. 허 회장은

PDI가 이런 일에 자신 있게 뛰어 들게 만든 것은 일찍이 만들어 놓은 120개가 넘는 PDI Consortium 덕 이라 생각한다고 한다.

최근 한 가지 좋은 소식은 하와이가 미국 연방정부가 추진하고 있는 10억 달러짜리 수소 전문 도시(Hydrogen Hub City) 8개 선발 경합에서 1차를 통과하고 79개 중 32개 도시 중 하나로 뽑혀 제2차 최종 선발 결과를 기다리고 있다고 한다. 만일 하와이가 8개 도시 중 하나로 수소 허브 도시로 선정될 경우 PDI가 추진하는 사업에는 어마어마한 효과를 줄 것이라 한다.

허 회장의 주장인 적극적 사회공헌과 봉사

허 회장은 가능하면 우리가 함께 살고 있는 커뮤니티와 나라 및 세계에 공헌하고 봉사하는 사람이 되어야 한다고 주장한다. 그는 본인 스스로 그런 삶을 살려고 노력해왔다. 예를 들자면 유학 오기 전 문교부에서 근무한 경력 도움으로 미네소타 대학시절부터 한인 커뮤니티, 그 중심에 있는 한인회 일에 솔선수범하여 참여했고 교육부장, 총무부장, 이사 등을 거쳐 미네소타 최연소(34세) 한인회장이 되어 봉사를 했다. 그 후 한인회 이사장을 두 번 역임하며 한인회 이사를 무려 25년간 봉사했으며 한인회 이사장을 하며 한인회 장학재단을 제안해서 설립했으며 그 장학재단은 지금도 잘 운영되고 있다. 허 회장은 미네소타 한글학교 창립 멤버이기도 하며, 미네소타 한인 상공회의소 창립 멤버이자 회장과 이사장을 역임했으며 회원 자녀를 위한 장학금 제도를 만들어 고등학교 2학년 학생들에게 장학금을 주어 그들의 대학 진학에 도움을 주기도 했었다. 또한 허승회 회장은 1976

년 그동안 추진해오던 '미네소타 한인의 날'을 10월 3일 개천절로 정해놓고 이를 당시 미네소타 주지사인 루디 퍼피치께서 선포하는 데 공헌했고 지금도 매년 이날을 기념하고 있다.

허 회장은 한인회 이외의 타 커뮤니티 일에도 적극 참여하여 아시아 상공회의소 이사를 비롯해 미네소타 주지사가 임명한 '페시픽 아시아 카운슬 멤버'에 선출되어 2년간 역임하며 미네소타 주 하원 의회 의원들의 아시안 페시픽 커뮤니티에 관한 자문을 맡았다. 또한 미네소타 총장 자문위원, 미네소타주 지사 자문위원, 미네소타 주 무역부 자문위원이 되어 'How to do business in Korea'라는 제목으로 수차례 강의를 했다. 세 명의 미네소타 주지사들의 연속 임명을 받아 '미네소타 교육진흥 장학회 보드 멤버'가 되어 10년을 봉사하였는데 늘 받는 질문은 "어찌하여 왜 각 학교마다 한국 학생들이 1등으로 졸업을 할 수 있느냐?"였다. 이때마다 허 회장은 "자식들 교육을 학교 교육에 맡기는 것도 중요하지만 부모들이 자식들과 함께 교육에 참여해서 좋은 결과를 얻는다"라고 말해주었다. 허 회장은 미네소타 최고의 유지들이 보드멤버로 있는 '미네소타 글로벌'에 선임되어 유일한 아시아인 보드멤버로 6년을 봉사하기도 했다. 또한 미네소타 주정부의 무역부가 중심이 되어 꾸려진 주지사 방한 무역 사절단의 자문을 맡아 수년에 걸쳐 주지사 다섯 분들과 한국을 다녀왔고 빌 클린턴 전 미국 대통령과도 동행하여 한국을 방문하기도 했다.

허승회 회장의 삶과 가르침과 수상 이야기

허승회 회장이 2008년에 수상한 엘리스 아일랜드상은 그에게 있어 건축 이외의 상 중에서 가장 의미 있는 상이라 할 수 있다. 엘리스 아일랜드상의 시작은 이 섬을 거쳐 이민 온 사람들 중 미국에 혁혁한 공헌을 한 자들에게 주는 특별한 상으로 미국 국회에 영원히 보존되는 대단한 상이라 한다. 허 회장은 엘리스 아일랜드로 이민을 오지 않고 시애틀을 통해 유학 왔기에 자격이 되지 않는 것 아니냐 물었더니 2년 전부터 그 기준이 바뀌어 가능했다고 했다. 미국 건축가 협회의 펠로우(FAIA) 추대 행사도 정말 대단했는데 이 수상 행사는 정말 더 대단했다. 육해공군과 해병대, 그린, 블랙, 레드 모자를 쓴 특별부대 등 7개군의 행렬 속에 허 회장의 경우 해병 병사가 팔을 끼고 레드카펫을 걸어 행사장에 도착했고 수상행사 및 파티도 대단했지만 식사 후 30분 이상 엘리스 아일랜드 섬(자유의 여신상이 있는 섬)을 돌며 터트린 불꽃 축포는 모두의 마음을 흔들었던 대단한 행사였다.

그 후 2012년 8월 12일에 방영된 허 회장에 대한 〈KBS 글로벌 성공시대〉 역시 허 회장이 받은 최상의 선물 중 하나라 생각 한다. 하마터면 이루어지지 않을 수 있었던 뒷이야기는 다음과 같다. 2012년 초 허 회장이 한국을 방문했을 때 허 회장은 KBS PD의 부탁으로 지금은 없어진 역삼동 르네상스 호텔에서 만나 당시 한국에서 가장 인기가 많았던 〈KBS 글로벌 성공시대〉 프로그램에 참여해달라는 부탁들 받았다. 허승회 회장은 오래 전인 1998년 MBC에서도 비슷한 프로그램 출연 제의를 받은 적이 있었고 불가하다 했더니 이 프로그램을 계획한 MBC 단장님이 미네소타까지 와서 부탁하기도 했다. 하지만 허 회장은 "저보다 훌륭한 사람들이 많고 너무 어린 나이에 걸맞지 않다"며 강하게 거절해 출연이 무산되었다.

〈KBS 글로벌 성공시대〉의 경우에도 허 회장은 본인은 자격이 되지 않는 사람이라며 출연이 불가하다고 정중히 사절하였고 알겠다는 말을 듣고 미국으로 돌아왔는데 채 2주가 되지 않은 어느 날 KBS PD라는 사람에게 전화가 왔다. 자신들이 그 주 목요일에 미국에 갈 예정이라는 이야기에 허 회장은 이미 사절한 일이 아니었느냐 했더니 그 일로 회장님을 만났던 PD는 파면되었고 대신 자기가 그 임무를 맡았다는 말이었다. 그러면서 이 프로그램에 참여해야 할 3가지 이유가 있는데 가서 말씀드리겠다며 이미 표는 샀다는 이야기였다. 그들이 와서 말해준 3가지 이유는 '본인이 제물포 고등학교 회장님 동문이라는 것', '회장님 출연 전 방영되시는 분이 반기문 UN사무총장이시고 그 방영 끝에 다음 출연자인 회장님이 소개되니 이런 기회를 놓치지 말라는 것' 마지막 이유는 '참여하지 않으시면 두고두고 후회하실 것을 확신한다는 것'이었다. 허 회장은 주위 직원들의 권유도 있어 그 제안을 수락하며 촬영이 시작되었고 그 결과는 잘 했다고 생각한다고 했다. 허 회장은 이 프로그램을 통해 자신의 건축 인생을 종합해보는 계기가 되었고 프로그램 촬영과 진행을 맡아준 KBS팀들의 프로 정신에 많은 감명을 받았으며 그들의 수고에 감사한다는 말이었다.

또 하나 그 이전에 찾아온 허 회장의 행운은 2002년에 한상 Leading CEO로 선정된 것이다. 이를 통해 허 회장은 신문에서만 볼 수 있었던 어마어마한 성공을 이룬 많은 글로벌 회장님들을 직접 만나 뵙고 그분들과 대화도 하며 많은 배움을 통해 삶에 도움을 얻었다고 했다.

결론적으로 허 회장, 자신은 정말 럭키하고 행복한 삶을 살았다고 했다. 우선 부모님을 잘 만나 굶지 않고 자랐고, 미국에 유학 가서 석사까지 할 수 있었고, 가정도 평탄했으며 아내도 오직 희생만을 생각하며 살아주었고, 자식들도 탈 없이 잘 자라 주었으며, 그동안 살면서 만난 수많은 스승님들과 친구들, 도움을 준 분들 덕에 오늘의 허 회장이 있다고 했다. 허 회장의 어린 시절 스승은 아버지였고 그분의 가르침은 "술 담배를 하지 마라", "매사에 할 수 있다는 자신을 갖고 어떤 도전에도 겁먹지 마라", "살아가며 어느 누구에게든 가슴에 못을 박지 마라", "가능하면 필요한 자를 만나면 돕도록 하라"였고 그 후 중고등학교에서 준 가르침은 "너희는 소금이 되어 썩지 않는 사회를 만들어라", 무감독 시험을 통해 얻은 것은 "양심은 생명이다"였다.

상기 가르침에 허 회장의 것을 더한다면 "사람은 현재의 삶에 최선을 다하되 앞날을 준비해야 한다"가 된다. 이 말은 회사나 개인에게도 도움이 될 잊지 말아야 할 가르침인데 다시 말해 "우리의 인생 길은 여름철 진흙탕 길을 걷는 것과 같아서 빠지지 않기 위해 앞을 잘 봐야 하고 가면서 먼 길까지 보면서 걷지 않으면 큰 물구덩이를 만나 다시 온 길을 돌아가야 할 수도 있다"로 풀 수 있다. 다시 말해 우리는 매일의 업무에 최선을 다하되 늘 다가올 앞날을 생각하고 대처하지 않으면 안 된다. 앞에서 언급했던 파카사가 글로벌 건축사로 변하지 않았다면 2008년 리먼브라더스 사태를 만나 파산한 듀란트 그룹을 포함 62%의 미국 건축 설계 회사들 중에 낄 수도 있었다. 허승회 회장이 강조하고 싶은 것은 상기 가르침에 더해 "베스트만을 추구해라"와 "공헌하며 봉사하며 살자"이다. PDI사의 Mission statement는 "우리는 우리 디자인 능력을 활용하여 우리가 살고 있는 커뮤니티와 나라와 세계에 공헌한다"이다.

회장

강성희

캐리어에어컨

강성희 회장

학력

1981   한양대학교 문과대학

1982   고려대학교 경영대학원

경력

2008~2012   사단법인 한국자동차제작자
협회 회장

2013~2018   사단법인 표준인증안전학회
부회장

2015~현재   대한장애인보치아연맹 회장

2019~현재   사단법인 표준인증안전학
회 특별자문

2020~현재   중견기업연합회 부회장

2020~현재   한국냉동공조산업협회 회장

2022~현재   보치아국제스포츠연맹
(BisFed) 고문

상훈

2005   신기술 실용화 부문 대통령상

2008   은탑산업훈장

2010   기술 혁신 부문 자랑스런 한국인
대상

2013   산업통상자원부장관 표창장

2016   대한민국 녹색경영대상 종합대상
대통령 표창

2017   제11회 EY한영 산업 부문 최우수
기업가상

2019   제22회 에너지 위너상 녹색기기
부문(산업통상자원부/소비자시민
모임) 11년 연속 수상

2019   체육훈장 기린장

2022   대한민국 글로벌리더 선정(매경
미디어그룹) 10년 연속수상

디지털 전환 시대의 혁신적인 기술로 글로벌 기업 도약

캐리어에어컨은 120년을 이어온 냉동/공조 기업으로, 윌리스 캐리어 박사가 세계 최초로 에어컨을 발명한 이후 120여년의 역사를 자랑하는 글로벌 캐리어와 함께 세계 공조산업을 이끌고 있다. 가정용 에어컨, 공기청정기, 전문가전의 맞춤형 제품부터 인천공항 1·2청사, 콘래드호텔, 여의도 파크원 등 대형 건물의 냉난방 공조, 고효율 에너지 절감 시스템인 인텔리전트 빌딩 솔루션까지 실현하고 있다. 클라우드 빅데이터와 AI 인공지능을 기반으로 빌딩 에너지 효율을 향상시키는 인텔리전트 빌딩 솔루션 어드반텍(AdvanTEC)은 에너지 비용을 절감하고 탄소배출량을 감소시켜 환경보호에도 기여하고 있다. 고효율 반도체 라인, 바이오 제약 공장 등 산업용 시설 전반에도 인텔리전트 빌딩 솔루션을 제공해, 국내외 공조 산업의 디지털 혁신을 이끌어가는 글로벌 리더로 성장하고 있다.

가정용 분야에서도 AI＋ 인공지능과 빅데이터 기반의 디지털 리더로 세계 최초 18단 맞춤형 에어컨을 출시했고, 캐리어 공기청정기와 상업용 대형 공기청정기를 출시해 고객의 삶에 쾌적함을 더했으며, 친환경 에너지를 활용하는 스마트 홈 솔루션 분야까지 사업 영역을 확대했다. 또한, 소비자의 라이프 스타일 변화에 맞춰 1인가구를 위한 맞춤형 라인업을 구축하고 렌탈 케어 서비스를 제공하며, 전국의 브랜드샵, 권역별 전시장을 통해, On&Off-Line 판매 채널을 혁신해 나가며, 새로운 기술과 서비스를 통해 보다 편리하고 행복한 고객의 라이프스타일을 그려가고 있는 등 우리가 살고 있는 다양한 주변 환경에서 캐리어의 혁신적인 공조 기술을 만나 볼 수 있다.

오텍그룹은 창립 23주년을 맞이했다. 2023년 1월, 강성희 회장은 '2023년 캐리어에어컨 신제품 설명회'에서 기술혁신 투자를 지속하여 에어컨을 넘어 에어솔루션을 제공하는 '토탈 공조 솔루션' 전문회사로 거듭날 것을 발표했다. 사업 주요 방향성은 탄소제로, 에너지효율을 극대화한 빌딩솔루션으로 시스템사업을 더욱 강화 시키고, 전면적으로 개편한 중대형에어컨, 카세트에어컨의 독보적인 full line-up으로 경상업용 시장에서 계속하여 1위를 지향한다는 계획이다. 특히, 신제품 설명회에서 언론미디어의 극찬을 받은 차세대 AI스탠드 에어컨 "디 오퍼스(The Opus)"를 주력 상품으로 공조업계 선두주자 위치를 견고히 하겠다는 입장이다.

이 에어컨은 캐리어에어컨 연구소에서 3년간 연구개발을 마친 차세대 스탠드 에어컨으로써 '예술과 AI의 만남'이라는 수식어가 따라올 정도로 경쟁사를 압도하는 프리미엄 디자인과 더욱 상향된 AI인공지능 기술을 선보였다. 이와 관련하여 강 회장은 올해 공기역학구조와 헬스케어 기능으로 시장을 공략해 나갈 예정이다. 또한, 강 회장은 캐리어에어컨 라인업은 '사계절 가전'으로 냉장고, 세탁기, 건조기 그리고 공기청정기 신제품 라인업을 모두 연초에 출시하여, 반드시 계절성 가전을 탈피하자는 전략이다.

이와 같은 신제품으로 캐리어에어컨이 확연히 달라졌음을 고객이 먼저 아시게 될 것이라 자부하며 전과 달라진 상품 개발과 다양한 라인업에 박차를 가하겠다는 의지를 표명했다. 또한 강 회장은 오프라인 중심에서 온라인, 오픈마켓, 캐피탈금융, 그리고 렌탈로 유통구조가 바뀌는 시장변화에 대응한 신제품 판매 전략을 펼칠 것을 밝혔다.

2023 캐리어에어컨 사업 전략

첫 번째로 캐리어는 세계 최고의 기술로 에어컨을 넘어 에어솔루션을 제공하는 토탈 공조 솔루션 전문회사로 발전하려 한다. 기술혁신 투자를 지속하여 빌딩솔루션, VRF, USX 친환경 고효율 제품들을 비롯하여 탄소중립 대응 히트펌프, 복합 환기 시스템 등 고객이 원하는 제품을 선제적으로 출시해 업계 표준을 선도하는 당사 영역을 확고히 할 것을 다짐했다.

두 번째로 판매, 유통 조직을 강화하고, 오프라인과 온라인 채널의 동반 성장을 지속 추진한다는 선언이다. 신유통 플랫폼인 온라인 사업을 빠르게 강화하고, 자사 상품과 기술을 직접 체험을 할 수 있는 오프라인 프리미엄 전시장을 지역거점에 순차적으로 더 확보하여 판매구조를 혁신하는 전략이다. 전문점 채널 또한 기존 전문점의 혁신, 새로운 지점 확대를 지원하여 새로운 구조로 변화시킬 예정이다.

세 번째로 에너지 효율을 획기적으로 높인 '에너지 절감 탄소제로 솔루션'을 지속적으로 선보인다. 강성희 회장은 더욱 ESG 경영에 힘쓰고 가치 소비 트렌드에 맞는 제품을 선보여 친환경 친화적 기업이 될 수 있도록 노력할 것을 밝혔다. 친환경 ESG경영을 통해 누구보다 빠르게 움직이고 변화한 오텍그룹은 새로운 디지털 시대의 글로벌 리더로서 세상에 없던 디지털 신기술 역량을 펼쳐나가며, 환경과 사람을 생각하는 정도경영 실천으로 누구나 쾌적하고 행복하게 살 수 있도록 삶의 변화를 창조할 것이다.

공기조화기술 부문에서는 전문화와 고효율화 그리고 차별화에 집중하겠다는 의지를 밝혔다. 또 도시바캐리어 제품 라인업 강화와 빌

2023년 캐리어에어컨 신제품 '디 오퍼스(The Opus)'

딩 솔루션 고도화를 통해 토탈 인텔리전트 빌딩 솔루션 기업으로의 성장을 위한 각오를 다졌다.

2023년에도 캐리어의 핵심 사업은 '지속적인 상품 개발'

캐리어에어컨은 지속적인 상품 개발을 통해 계절성을 극복하여 일부 제품에 국한되지 않는 다양한 전문가전 제품으로 사업의 다각화 의지를 밝히기도 했다. 또 빅데이터, 인공지능 등 디지털 기술을 활용해 그룹 전체의 경영 시스템을 혁신하고 새로운 비즈니스 모델로 향후 기업의 가치를 높여갈 것이라고 말했다. 더불어 최근 디지털 플랫폼에서 모든 구매가 결정되는 지금, AI 기반의 솔루션 서비스로 신(新)유통의 강자로 성장할 것을 강하게 표명했다.

강성희 회장은 혹독한 시련을 극복하고, 세상에 없던 모두가 원하는 새로운 솔루션을 만드는 '창조 경영'의 가치를 강조하며, '변하지 않으면 생존할 수 없다'는 혁신 경영 신조를 바탕으로 기업을 이끌어 왔다. 이러한 기업 철학으로 IMF 이후, 기업 운영 환경이 어렵던 시기에도 창업 2년 만에 코스닥에 상장하는 놀라운 저력을 보였다.

또 강성희 회장은 장기적인 관점으로 생각하고, 선택하고, 성장하는 것에 집중하며 미래 가치를 창조하는데 집중하고 있다. 일례로 캐리어에어컨은 에어솔루션(Air-Solution) 기술을 제시하며 보다 많은 이들이 청정한 실내 환경을 누릴 수 있도록 돕고 있다. 특히 미세먼지와 신종 코로나바이러스 감염증(코로나19) 문제가 심각해지자 강성희 회장은 2020년 기술연구소 산하의 공기과학연구소 내에 '바이러스 케어 연구소'를 신설했다. 이곳에서 신종 코로나바이러스(코로나19)를 비롯한 잠재적인 신종 바이러스의 전파 경로 차단 및 살균 관리를 위한 솔루션 연구를 진행하고 있다. 더불어 높아지는 미세먼지 · 초미세먼지로 인해 우려되는 대기 환경 속에서도 전 인류가 쾌적한 실내 생활을 영위할 수 있도록 하는 연구에 집중하고 있다.

또한, 강성희 회장은 미래를 위한 투자에 과감했다. 세상에 없던 새로운 가치를 창조하기 위해 지금까지 총 1,500억원 이상을 연구개발에 과감하게 투자해 혁신의 속도를 높여왔다. 이와 함께 가정용에서 상업용, 산업용에 이르기까지 공조 부문의 전 제품 라인업을 구축하며 기술적인 면에서부터 대한민국을 넘어 글로벌 시장까지 빠르게 위상을 높여왔다.

개방, 협력, 상생으로 4차 산업 융복합 시대를 관통

캐리어에어컨의 강성희 회장은 신성장동력 사업인 IBS(Intelligent Building Solution)로 사업을 확장했다. IBS(Intelligent Building Solution)는 냉난방·공기·엘리베이터·보안·조명 등 빌딩 내 모든 설비를 건물 구조에 맞게 설계해 최대한 낮은 전력으로 높은 효율을 이끌어내 전력 통합 관리를 가능하게 하는 스마트 빌딩 솔루션이다. 이처럼 사업을 확장할 수 있었던 이유는 캐리어에어컨이 개방과 협력, 상생의 경영 방침에 따라 세계적인 글로벌 공조 시스템 기업인 글로벌 캐리어와 기술 공유를 통해 '어드반택(AdvanTEC)' 알고리즘을 도입했기 때문이다.

'어드반택(AdvanTEC)'은 IBS 실현의 핵심 기술로 건물의 종류와 특성에 따라 실내를 쾌적하게 유지하면서 에너지를 효과적으로 절감하는 스마트 기술이다. 인공 신경망 제어 알고리즘으로 운동이력, 실시간 빌딩부하, 외기, 온·습도 조건, 설비운전 특성 등을 종합해 학습모델을 구현하며, 솔루션 구축현장과 오텍캐리어 연구소, 글로벌 캐리어를 통신으로 연결해 실시간 모니터링도 가능하다. 인천국제공항, 여의도 IFC, 국립중앙박물관, 킨텍스 전시장, 인천공항 1, 2청사,

KTX 고속열차, 원자력 발전소 등 국내 주요 랜드마크에 'IBS'를 적용한 공조 시스템을 공급한 바 있다.

이러한 성공사례를 바탕으로 최근 서울 최대 규모의 백화점인 '더 현대 서울'에 공조 시스템을 설치하는 등 국내 유수의 호텔 및 기업체에 비즈니스를 확대해나가고 있다. 또한, 국내 대형 엔지니어링 회사 및 건설사와 협력해 해외 현지 공장에 냉동기 등 IBS(Intelligent Building Solution) 제품을 공급하고 설치하는 형태로 중국, 중동 등 해외 시장을 개척하고 있다.

캐리어에어컨은 지난 1월 AI 기술 기반의 디자인이 강화된 프리미엄 에어컨 '디 오퍼스(The Opus)'를 출시했다. '디 오퍼스'는 120년 역사의 글로벌 공조 기술을 보유한 캐리어에어컨의 독자적인 AI 기술에 현대적인 미적 감각을 더한 디자인이 결합된 제품으로, 에어컨 본연의 공기 케어 기능에 충실하면서도 우아한 디자인을 적용했다. 3D 입체 냉방을 구현하는 환경 맞춤 AI 운전, 앱을 통한 원격제어가 가능한 스마트 솔루션과 실내 공기질 관리 기능을 강화한 5단계 공기질 솔루션 등의 주요 기능을 갖췄다. 디자인적으로는 전면에 드러나던 LCD 디스플레이를 감춘 '히든 디스플레이'를 채택해 외관을 간결하게 정리했다.

캐리어에어컨은 20세기 미국 현대미술사 대표 작가 에드워드 호퍼의 국내 첫 개인전 《에드워드 호퍼: 길 위에서》에 프리미엄 에어컨 '디 오퍼스'를 선보이며 제품의 우수한 기능성과 심미성을 입증하고 있다. 전시회장 내 프로젝트 갤러리 포토존에는 에드워드 호퍼의 대표작 〈햇빛 속의 여인〉을 재현한 방에 '디 오퍼스'를 함께 배치하여

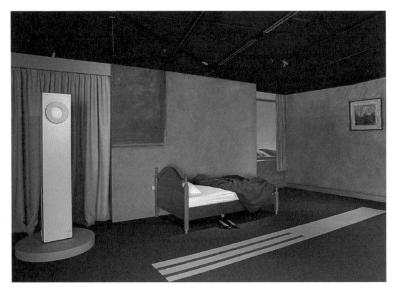

에드워드 호퍼 전시회 포토존 내 '디 오퍼스(The Opus)'

가전제품 그 이상의 예술품으로서의 가치를 보여주고 있다.

캐리어에어컨의 강성희 회장은 올 초부터 120년 글로벌 공조기술을 적용한 '캐리어 스마트 보일러' 국내 판매 본격화에 나섰다. 난방비 대란을 일으킨 LNG 수급 불안이 지속되며 에너지 요금부담 완화를 위한 가스보일러 대체안으로 히트펌프 보일러에 관심이 커지고 있다. 히트펌프는 화석연료를 사용하지 않고 전기를 사용하는 고효율 공조제품이다. 온실가스 발생량 감소에 따른 친환경적이라는 점과 연료비도 대폭 줄일 수 있어서 유럽 등 선진국에서 판매량이 크게 늘고 있다.

스마트한 에너지 절감 기술을 보유하고 유럽 등 선진국에서 이미 수출 실적을 발휘한 신재생에너지 제품 '캐리어 스마트 보일러'는

캐리어 스마트 보일러 실외기

120년 오텍캐리어의 혁신 기술이 담긴 보일러 제품으로 탁월한 성능과 에너지 절감 효과를 자랑한다. '캐리어 스마트 보일러'는 가스보일러(LPG) 기준 대비 최대 약 65%(열원 표준 비교 시 절감율)의 요금 절감이 가능하다. 고효율 인버터 제어가 적용되어 요즘과 같은 고물가 및 고유가 시대에 소비자에게 합리적인 대안이 될 수 있다.

　캐리어에어컨은 수주 금액 140억대에 이르는 공기청정기 3만 4천대를 미국에 수출하는 쾌거를 이뤄내며 미국 시장에서도 두각을 나타내고 있다. 미국 콜로라도 주 정부 교육청은 학생들이 바이러스로부터 안전한 학교 환경을 보장하기 위해 캐리어 공기청정기를 채택했다. 캐리어 공기청정기는 미국 가전제품 제조사 협회인 AHAM(Association of Home Appliance Manufacturers)의 공기청정 성능을 인증받은 우수한 제품이다.

오텍그룹은 모든 산업이 융복합되는 시대를 맞아 모회사인 ㈜오텍을 비롯해 캐리어에어컨, 캐리어냉장, 오텍오티스파킹시스템 등 그룹사 간 핵심 기술 및 우수 인력의 교류를 강화하고, 인공지능(AI), 사물인터넷(IoT) 등으로 대표되는 차세대 신기술을 전 제품 라인업에 적용해 시너지를 확대하고 있다.

캐리어냉장은 국내 1위 냉장/냉동 시스템 전문기업으로 약 120년 역사의 냉장 · 냉동 분야 최고의 기술력으로 독자적인 토탈 콜드체인 시스템을 완성하였다. 독보적 기술 인버터를 냉장 · 냉동 시스템에 적용하여 최고 49% 절감하는 혁신적인 에너지 세이빙은 물론, IoT를 통한 중앙 제어 시스템, 미래 환경까지 생각한 CO_2 냉매 적용 등을 통해 고객으로부터 지속적인 신뢰를 받고 있다. 또한, 캐리어냉장은 물류창고, 냉동차량(물류배송)을 포괄하는 국내 유일 cold chain 기업이자 바이오 콜드체인, 백신 보관 등의 냉동과학을 실현하고 있다. 강성희 회장은 '글로벌 일류 모범 기업'이 가져야 할 덕목으로 맹목적인 성장보다는 전 인류가 함께 상생하고, 소외된 이웃에게는 따뜻한 희망을 주는 기업 활동에 중점을 두고 있다.

더불어 오텍그룹의 모기업 오텍은 고객의 삶이 보다 행복하길 바라는 마음으로 대한민국 구급차의 표준을 제시하며 우리 이웃의 삶

더현대서울 랜드마크 적용 사례

과 함께 동행의 여정을 이어오고 있다. AI 응급 의료시스템이 탑재된 스타리아 구급차와 팬데믹에 대응할 수 있는 음압 구급차량을 개발, 의료 문화 선진화에 기여하고 있으며 '이동형 의료, 음압병동 토탈솔루션' 라인업 개발에도 성공하여 코로나 확산 방지와 병상부족 문제 해결에도 국가와 함께 동참해왔다. 민관군 협력을 통해 소형 전술 차량을 활용한 군용 구급차, 군용 이동전개 의무시설 등을 개발해왔으며, 향후 전기 배터리 사용 구급차 개발을 진행하는 등 탄소중립 시대에 대응하고 있다.

국내 최초로 장애인 복지차량을 개발한 오텍은 승용, 승합, 중대형 버스 등 다양한 특수목적 모빌리티 개발로 교통약자의 이동에 안전과 편의성을 제공, 사회 공익에도 공헌하고 있다. 오텍은 미래를 위한 구급헬기와 미래 특수목적 모빌리티 분야 개척과 함께 노약자

2023 캐리어에어컨 MTN 루키 챔피언십

및 환자 케어를 위한 AI 원격 장비를 이용한 데이케어, 긴급 이송 서비스 준비 등 디지털 플랫폼 사업 분야도 진출하고 있다.

　오텍오티스파킹시스템은 '스마트 파킹 솔루션' 기업이다. 교통난과 주차문제를 근본적으로 해결하는 스마트 파킹 사업도 진행 중인데, 무인발레 주차 시스템을 통해 운전자가 스마트폰 앱을 이용해 입출고 예약, 주차공간 안내, 자동주차, 자동결제 등을 한 번에 해결할 수 있는 원스톱 종합 서비스를 제공한다. 또한, 무인자율주행 주차로봇을 개발 중에 있다. 또한 파킹솔루션에 IoT/ICT 기술을 적용, 모바일 앱을 통한 편리한 출차 예약과 전기자동차 충전 솔루션, 무인자율주행 주차 로봇 개발에 이르기까지, 빅데이터를 기반으로 급변하는 도시환경에 부합하는 고객 맞춤 서비스를 제공, 미래 모빌리티 문화를 창조하고 있다.

강성희 회장 대통령 훈장 기린장 수상 사진

또한, 사회공헌 활동의 일환으로 한국 여자프로골프 선수 육성을 위해 '루키 챔피언십'을 10년간 개최해오고 있으며, 2020년에는 오텍캐리어 챔피언십을 통해 첫 KLPGA 투어 경기를 개최한 바 있다. 한편, 모회사 ㈜오텍은 장애인의 이동 편의 증진을 위한 특수목적 차량을 생산하는 만큼 오랜 시각 장애인에 관심을 두고 후원해오고 있다. 강성희 회장은 2019년 9월 '2018년 평창동계올림픽 및 패럴림픽'에서 대회 유치부터 폐막까지 장애인 등 교통약자의 수송 역할을 하며 성공 개최를 도운 공로를 인정받아 유공자 포상에서 대통령 훈장인 기린장을 수상하기도 했다.

강성희 회장은 뇌성마비 장애인을 위해 고안된 특수 구기 종목인 '보치아'와 보치아 국가대표팀도 2009년부터 14년째 후원하고 있다. 한국 보치아는 1988년 서울 패럴림픽부터 2020년 도쿄 패럴림픽까지 9회 연속 금메달의 신화를 썼다. 강성희 회장은 보치아 발전에 기여한 공로를 인정받아 2015년부터 제4대 회장에 추대된 데 이어 제6대 대한장애인보치아연맹 회장을 역임하고 있다. 또한 장애인과 비장애인이 함께 참여할 수 있는 국내 대회를 다수 개최한 바 있으며, 국내 선수들에게 다양한 기회를 제공하기 위해 국제 대회 유치에도 힘쓰고 있다.

오택그룹은 그동안 아시아 최초의 보치아 세계대회인 2015 서울 국제오픈대회, 2019 서울 아시아-오세아니아 지역선수권대회를 개최함으로써 대한민국 보치아의 위상을 재정립한 바 있다. 이에 더해, 그동안 오택그룹은 선수들이 국제대회에서 탁월한 기량을 발휘할 수 있도록 국제대회 적극참여와 다양한 우수선수 육성에 전력을 다하였다. 강성희 회장은 캐리어에어컨이 글로벌 기업으로 도약하고 있는 만큼 사회 공헌 활동의 규모와 분야도 점차 키워나간다는 계획이다.

회장
강태선

BYN블랙야크그룹

강태선 회장

학력

1968	제주 오현고등학교 졸업
2007	제주국제대학교 경영학과(학사)
2009	동국대학교 경영전문대학원 MBA(석사)
2013	제주대학교 경영학(명예박사)
2017	서울과학종합대학원대학교 경영학(박사)

경력

1973~현재	(주)비와이엔블랙야크 회장
1994~2009	대한산악연맹 부회장
1997~현재	북경 블랙야크 유한공사 대표이사
2000~2008	(사)서울특별시산악연맹 회장
2003~2009	서울특별시체육회 감사
2007~2014	한국스카우트연맹 서울남부 연맹장
2010~2012	서울제주특별자치도민회 회장
2010~현재	동진레저 회장
2011~2014	민주평화통일자문회의 강남구 협의 회장
2013~현재	블랙야크강태선나눔재단 및 블랙야크강태선장학재단 이사장
2013~현재	미국 나우아이앤씨 회장
2016~2018	(사)제주국제협의회 회장
2016~2020	서울특별시체육회 부회장
2017~2020	대한체육회 이사
2017~현재	민주평화통일자문회의 운영위원
2018~2020	제1, 2, 3회 제주국제드론필름 페스티벌 조직위원장
2018~2021	명품창출 CEO 포럼 회장
2018~2020	제주대학교 경영학과 석좌교수
2019~현재	한국아웃도어스포츠산업협회 회장
2020 2020	정선포럼 공동조직위원장
2020~현재	UN SDGs 협회 자문위원
2020~현재	한국스카우트연맹 총재
2020~현재	한국섬유산업연합회 부회장
2021~현재	스포츠미래포럼 상임대표
2022~현재	새마을운동후원회장
2023~현재	서울시체육회 회장

상훈

2004	대한민국 체육훈장 백마장
2007	대한체육회 공로부문 장려상
2007	서울특별시 문화상
2008	환경부 재활용
2009	(사)서울특별시산악연맹 산악봉사대상
2010	환경부 환경보전
2010	문화체육관광부 스포츠산업대상
2012	지식경제부 명품창출
2012	제주특별자치도 문화상
2012	대한민국 국민훈장 모란장
2013	국무총리 녹색경영대상
2014	(사)한국경영학회 경영자 대상
2015	보건복지부 독거노인보호사업유공자
2015	(사)대한산악연맹 산악인의 날 특별 공로상
2017	행정안전부 블랙야크 클린도전단 자원봉사 대상 보건복지부 사랑나눔장
2018	대통령 국가품질혁신부문 우수기업상
2018	국무총리 대한민국브랜드대상
2021	제35회 섬유의 날 금탑산업훈장

BYN

BYN블랙야크의 미션 'Make Life Joyful'

BYN블랙야크그룹은 1973년 등산용품 및 장비 업체 '동진'사를 시작으로 현재 고기능성 프리미엄 아웃도어 브랜드 '블랙야크'를 운영하고 있는 글로벌 아웃도어 라이프스타일 패션기업이다.

척박했던 국내에서 아웃도어 산업의 기틀을 마련한 1세대 기업으로 꼽히는 BYN블랙야크그룹은 고기능성 프리미엄 아웃도어 브랜드 '블랙야크'를 주축으로 키즈 아웃도어 패션 브랜드 '블랙야크키즈', 모던 브리티시 골프웨어 '힐크릭', 친환경 어반 아웃도어 브랜드 '나우(nau)'를 운영하고 있다.

글로벌 No.1 ESG 아웃도어

BYN블랙야크그룹의 미션은 소비자, 파트너, 지역사회 등 모든 사람의 삶을 즐겁게 한다는 'Make Life Joyful'이다. 이 미션 수행을 위해 환경, 도전, 믿음, 존중, 나눔 등 5가지의 핵심 가치를 중심으로 지속 가능 경영을 펼치고 있으며, 이를 통해 전 세계 사람들의 삶을 즐겁게 하는 글로벌 No.1 ESG 아웃도어 그룹으로의 도약이라는 비전을 실현하고 있다.

그중에서도 지속 가능한 국내 페트병 자원 순환 시스템 구축은 괄목할 만한 성과를 내고 있다. 자연과의 공존을 본분으로 삼는 아웃도어 기업으로서 BYN블랙야크그룹은 2020년 5월 화학섬유 제조기업 티케이케미칼과의 업무협약을 시작으로 먹는샘물 스파클, 두산이엔티를 비롯해 환경부 등과 업무 협약을 체결하며 배출-재활용-제품생산-소비까지 이어지는 국내 투명 페트병 자원 순환 시스템을 구축해

COP26 한국관 내 '투명 페트병 고품질 자원순환체계 모델'존(ZONE)

오고 있다.

그 결과 2020년 7월, 국내 투명 페트병을 재활용한 패션 제품 시장화를 국내 최초로 성공했으며 블랙야크, 블랙야크키즈, 힐크릭, 나우 등 자사 브랜드를 통해 '플러스틱' 친환경 제품 생산을 확대하고 있다.

플러스틱(PLUSTIC)은 플러스(Plus)와 플라스틱(Plastic)을 합친 말로 플라스틱을 재활용해 지구에 플러스가 된다는 의미이다. 또, BYN블랙야크그룹이 정부, 지자체, 관련 기업들과 협력해 국내에서 사용된 페트병의 자원 순환 시스템을 구축하며 개발한 친환경 제품의 이름이기도 하다. 첫 상용화 제품 티셔츠를 시작으로 현재는 재킷, 패딩, 바지, 플리스 등 의류부터 가방, 모자, 목도리, 신발 등 용품까지 전 품종으로 확대하며 2023년 2월까지 투명 페트병(500ml 기준) 약 6,300

만 병을 재활용했다.

'플러스틱' 제품 개발이 이루어지기까지 BYN블랙야크그룹은 꾸준히 공을 들여왔다. 아웃도어의 기능성을 부여한 소재 개발과 함께 강북구, 종로구, 은평구, 마포구, 광진구, 관악구, 강남구, 서초구, 중구 서울시 9개 자치구를 비롯해 강릉시, 삼척시, 창원시, 충청남도의 모든 시와 군 등 각 지자체와 협약을 맺으며 투명 페트병 수급 및 제품 생산 확대에 박차를 가했다.

또 SK하이닉스, 포스코 등 대기업의 사업장에서 나오는 페트병을 재활용하기 위해 업무 협약을 체결하며 페트병 자원 순환 과정에 더 많은 기업과 사람들의 참여를 이끌어내고 있다. 최근에는 한국맥도날드와도 업무 협약을 체결해 플라스틱 리드 등을 재활용해 제작한 크루 아우터 유니폼을 공개해 화제를 모았다.

BYN블랙야크그룹의 국내 페트병 자원 순환 시스템은 2021년 11월 영국에서 열린 '제26차 UN기후변화협약 당사국 총회(COP26)' 한국관 부스에서 전 세계에 소개되기도 했다. 또, 같은 해 전 세계 아웃도어패션기업으로는 최초로 유엔 자발적공약 국제친환경 인증인 'GRP 최우수 등급(AAA)'을 획득하기도 했다.

혁신적인 고기능성 제품을 필두로 진출하고 있는 글로벌 시장도 빼놓을 수 없다. BYN블랙야크그룹의 고기능성 프리미엄 아웃도어 브랜드 블랙야크는 지난 2012년 처음으로 세계에서 가장 큰 스포츠 아웃도어 박람회인 뮌헨 ISPO에 참가했다.

한국을 제외한 다른 나라의 유통 환경은 대부분 브랜드가 직접 판매를 하지 않는 구조이기 때문에 대규모 박람회를 통해 바이어들이

ISPO어워드에서 다운베스트와 방풍재킷이 결합된 신개념 하이브리드 제품인 신디베스트가 아웃도어 부문 황금상 수상(왼쪽에서 세 번째 블랙야크 강태선 회장)

제품을 직접 꼼꼼히 보고 거래를 하게 된다. 따라서 박람회를 참가한다는 것은 시장 진입에 대한 실제적인 의지와 장기간 전략이 필수이기도 하다.

ISPO는 1970년부터 매년 독일 뮌헨에서 열리는 역사와 전통을 가진 세계 최대 스포츠용품 박람회로 전 세계 120개국 2,800여 개 업체가 참가해 스포츠·아웃도어 트렌드를 선도하고 있다. 또, ISPO어워드를 통해 부문별 최고의 제품을 선정해 시상하고 있다.

2013년 '올해의 아시아 제품상'을 시작으로 2015년 이래 매년 ISPO어워드를 수상한 블랙야크는 총 26관왕으로 단일 브랜드 누적 집계 기준 역대 최다 수상 기록을 이어가고 있다. 이는 단순히 수상 횟수가 아닌 사용자의 안전과 편안함, 활동성을 고려하고 기술력과 혁신성을 더해 개발한 제품의 우수성이 수년간 인정받아온 것으로 그 의미가 더 크다고 할 수 있다.

그리고 그 중심에는 알피니스트들의 안전한 활동을 위해 극한의 환경에서 기술력 필드테스트를 거치며 혁신을 주도하고 있는 블랙야크의 독일 R&D센터 'DNS(Development Never Stops)'가 있다. 그리고 이 제품들은 국내 사용자의 핏에 맞춘 'DNS 라인'으로 블랙야크 DNS 매장을 비롯해 온라인몰 등에서 고기능성 제품 라인으로 국내에서도 판매되고 있다.

이러한 고기능성 프리미엄 브랜드로의 포지셔닝을 단 시간에 얻어낸 것은 아니다. 차별화 디자인 전략으로 해외시장에 도전했던 블랙야크는 거래를 잠시 멈추고 2013년 기능을 최우선시하고 블랙야크만의 디자인을 접목한 제품 개발에 돌입하기 시작했다. 야크라는 디자인 모티브는 살리되 유럽인의 신체사이즈와 블랙야크의 제품력을 보여줄 수 있는 하이테크 제품에 집중했다. 그러기 위해선 알피니스트의 니즈와 필드 테스트를 통한 검증 기간이 필요했다. 2016년 그 결과물을 처음으로 선보인 블랙야크는 지금 전 세계 25개국에 진출해 고기능성 프리미엄 아웃도어로 경쟁력을 인정받으며 국격을 높이는 역할을 해내고 있다.

소비자와 함께 소통하고 있는 국내 최대 규모 산행 커뮤니티 플랫폼 '블랙야크 알파인 클럽'도 대표적인 성과로 꼽힌다. 블랙야크 알파인 클럽(Blackyak Alpine Club, 이하 BAC)은 산을 '소통'과 '공감'의 장으로 이끌어내며 새로운 산행 라이프스타일을 만들어가고 있는 국내 최대 규모 산행 커뮤니티 플랫폼이다. BAC는 2013년 창립 40주년을 맞아 산을 좋아하는 사람들의 커뮤니티를 만들어보자는 기획으로

'명산 40'이라는 첫 프로그램과 함께 시작됐다.

BAC는 GPS를 기반으로 산행을 하나의 놀이처럼 생각할 수 있도록 한 인증제도. 오른 산의 높이만큼 매장에서 사용할 수 있는 BAC 코인을 지급하는 등 즐거움이 목표가 되는 산행을 제안하며 색다른 경험을 제공하고 있다.

특히, 자연 친화적 라이프스타일이 확산된 코로나 시대에 등산 활성화를 주도했는데, 실제 BAC 도전자 수는 2020년 4월 14만 명을 돌파한 이후 약 2년 만에 기존 도전자수보다 많은 23만 명의 신규 도전자가 유입되었으며, 2023년 4월 기준으로는 40만 명을 넘어섰다.

대표 프로그램으로는 1만 2,500명이 넘는 완주자를 배출한 '명산 100'이 있으며, 산행을 하며 쓰레기를 줍는 '클린마운틴', 접근성이 좋고 산행 난이도가 다소 낮은 100개 명산이 추가된 '명산 100 플러스', 바다와 만난 섬의 산을 오르는 '섬앤산', 우리나라 9정맥을 탐방하는 '백두대간'에서 '한남금북정맥' 등이 있다.

10대부터 90대까지 전 세대가 참여하고 있는 BAC는 오직 산이라는 매개체로 아웃도어 활동을 제안하고 지원하며 기업과 브랜드, 도전자가 함께 공감하고 소통하는 선순환 구조의 산행 플랫폼 역할을 톡톡히 해내고 있다.

BYN블랙야크그룹은 제주도 서귀포시에 농어촌관광휴양단지 '야크마을'을 열며 회사의 성장에 도움을 준 이해관계자들과 제주도민들이 마음껏 힐링하고 제주의 자연을 누릴 수 있는 공간도 마련했다. 약 10만㎡(3만평) 규모로 제주도 서귀포시 색달동 일대에 조성된 '야크마을'은 현대인들에게 삶의 균형을 회복하고 새로운 영감을 전하

야크마을 전경

기 위한 농어촌관광휴양단지다. 야크마을은 자연과의 공존을 철학으로 내세운 BYN블랙야크그룹의 방향성이 그대로 반영됐으며 크게 본관동, 숙박동으로 나뉜다.

본관동에는 각종 연회를 비롯한 대규모 행사에 활용되는 컨벤션센터인 '러브 온 얼스', 프라이빗한 소규모 모임을 즐길 수 있는 세미나룸 '싱잉 온 얼스', 제주의 식재료와 특산물을 즐길 수 있는 레스토랑 및 감각적인 디저트가 있는 베이커리, 카페 등이 들어섰다.

숙박동은 일반적인 숙소 형태에서 탈피한 것이 특징이다. 특히, 아웃도어인들의 성지인 히말라야의 정신을 담아 객실을 히말라야 16좌 이름으로 네이밍했으며, 자연 친화적인 객실로 꾸며 온전한 휴식을 취할 수 있도록 했다. 3가지 타입의 개별 복층 건물로 한라산을 조망하며 자쿠지와 정원을 즐길 수 있는 '비자트 홈', 숲속 캐빈을 설치

야크마을의 외관 일부, 산책로, 풀스위트 자쿠지와 수영장

해 별도의 장비 없이 캠핑을 즐길 수 있는 '비자트 캠핑'이 있다.

숙박동은 일반 수직 형태의 높은 건물 대신 곡선 형태의 낮은 건물을 여러 동 두는 방식으로 제주의 아름다운 자연을 최대한 보존하는 것에 집중했다. 또, 기존 부지에 있던 암석원과 감귤 밭을 훼손하지 않고 그대로 살려 운영하는 영농 체험 공간부터 제주도의 자연 경관을 즐기며 산책할 수 있도록 조성된 둘레길 '야크래'까지 자연과 함께 쉴 수 있는 다양한 공간 콘텐츠도 마련했다.

이 밖에도 야크마을은 제주 환경을 고려해 숙박동 객실 어메니티를 고체형 샴푸, 재활용 종이 용기를 사용한 바디 로션, 무라벨 생수, 폐플라스틱으로 만든 옷걸이 등 대체가 가능한 친환경 제품으로 준비했다.

BYN블랙야크그룹은 기업 본연의 목적인 이윤을 넘어 이해 당사

자들의 행복을 추구하기 위해 오랫동안 치열하게 수많은 고민을 이어 왔고, 자연이 내린 최고의 선물인 제주에 진정한 의미의 베이스캠프 야크마을을 조성한 것. 제주 지역 사회의 경제, 문화 발전을 비롯해 임직원 및 대리점주, 협력사, 블랙야크 회원 등이 건강하고 발전적인 시간을 보낼 수 있도록 야크마을을 미래 지향적으로 지속 가능하게 운영해나가고 있다.

BYN블랙야크그룹은 재단을 통해 체계적인 공익활동을 펼치며 사람, 환경, 미래 가치 실현에도 앞장서고 있다. 2023년 출범 10주년을 맞은 사회복지법인 블랙야크강태선나눔재단(이하 나눔재단)과 재단법인 블랙야크강태선장학재단(이하 장학재단)은 지난 2013년 BYN블랙야크그룹 창립 40주년을 맞아 소비자의 사랑을 사회 일반의 이익에 기여하고 소외계층을 지원하기 위해 설립됐다.

특히 아웃도어 기업의 정체성을 바탕으로 녹색환경 조성 사업과 산악인 및 유족 교육을 지원하고 있으며 독거노인 및 주거 취약 계층을 중심으로 사회적 소외계층을 위한 솔루션도 제공한다. 이를·비롯해 기후변화로 인해 발생하는 기후 난민의 자립과 삶의 재건을 위한 다양한 공익사업을 펼치고 있다.

나눔재단은 매년 '블랙야크청년셰르파'를 선발해 청년이 앞장서는 공익활동을 기획·운영하고 있다. 이들은 'Y.A.K(You Are Keepers) 프로젝트'를 통해 국내외 환경, 사회 문제를 함께 고민하고 해결하기 위해 국내 유입 황사 발원지인 쿠부치사막의 생태원 조성을 중심으로 국내외 숲 조성 활동, 해양 정화 활동, 재난지역 복구 활동 등 다양한 인도주의 활동을 활발하게 전개하고 있다.

블랙야크강태선나눔재단의 야크효(孝)박스 전달식

특히, 그린야크(GREEN YAK) 캠페인을 통해 국내 섬 지역의 해양
쓰레기 수거 활동을 전개하며 많은 시민들과 연대하여 일상 속 폐플
라스틱을 재활용해 새로운 자원순환체계를 구축하는 활동에 앞장서
고 있다. 또, 강원도 산불 피해 지역의 회복을 위한 지속가능한 환경
조성 캠페인도 적극 전개했다.

뿐만 아니라 2014년부터 매년 전국 홀몸 어르신에게 블랙야크 제
품과 생필품으로 구성된 '야크효(孝)박스'를 지원하고 있다. 이 프로
젝트는 사회적으로 소외되기 쉬운 홀몸 어르신들의 정서적, 경제적
안정을 도모하기 위한 활동이다. 현재까지 재단과 BYN블랙야크그
룹, 전국 대리점이 함께 51,500개의 효박스를 어르신들께 전달했다.
올해로 10년간 지속해온 '야크효(孝)박스' 프로젝트를 통해 홀몸 어르
신에 대한 지역사회의 관심과 많은 협력체계가 구성되고 있다.

이외에도 BAC 명산100 도전자 및 셰르파와 함께 실종아동 찾기 캠페인을 진행하고 있으며 다문화 · 한부모 가정을 대상으로 가족사진을 선물하는 'BYN_1st studio', 메이크오버 · 가족데이트 프로그램 'BYN_Let's date' 등 가족 기능 강화 프로그램을 전개한다. 이를 비롯해 쪽방촌 주민 자립 지원 사업 및 베이비박스 영유아 지원, 난방 취약계층을 위한 연탄 나눔 활동 등도 활발히 진행하고 있다.

장학재단은 대한민국 국격 향상과 국민 도전정신 고취를 위해 헌신한 산악인 및 산악인 유족 장학금과 도서 지역 성적 우수 학생 장학금 등 다양한 중장기적 장학 사업을 펼치고 있다. 특히 2015년부터 매년 스포츠 클라이밍 유망주를 BYN특기장학생으로 선발해 장학금을 지원하며 스포츠 클라이밍 분야의 발전과 인재 양성에 앞장서고 있다.

BYN블랙야크그룹의 강태선 회장은 아웃도어 및 스포츠 의류 분야의 경영 노하우를 바탕으로 과감한 투자와 지속 가능한 성장을 위한 토대를 마련하는 등 한국 섬유패션시장의 질적 성장과 글로벌 위상 강화의 공로를 인정받아 2021년 제35회 섬유의 날 기념식에서 기업인 최고 영예인 금탑산업훈장을 수상했다.

이러한 성과는 끊임없이 도전을 이어왔기 때문에 가능했다. '산은 인생의 도장'이라는 말이 있다. 산길은 굽어지고 평탄하지만은 않아서 산을 오를 때는 수백 개의 결정을 내리게 만든다. 그러나 결국은 정상을 밟거나 포기하거나 둘 중 하나다. 고통이 없으면 얻는 것도 없다. 이를 이겨내기 위한 생존 원리 역시 경영과 등산이 갖는 공통분모고 산을 오를 때처럼 경영에도 도전은 멈추지 않았다.

그 과정에서 호랑이처럼 예리한 시각을 유지하며 소처럼 우직하게 전진하는 호시우행(虎視牛行)의 자세로 어렵고 힘든 도전도 마다하지 않고 헤쳐 나갔고 지금의 BYN블랙야크그룹을 만든 원동력이라고 할 수 있다.

창립 50주년 맞은 BYN블랙야크그룹

사각형의 프레임 안에 베이스캠프를 나타내는 삼각형이 조합된 형태의 BYN블랙야크그룹 CI는 '당신의 새로운 삶 속의 베이스캠프 (Basecamp In Your New Life)'가 되겠다는 기업의 가치체계를 담았으며, 사명 역시 이 영문을 딴 BYN블랙야크그룹으로 정했다.

올해로 창립 50주년을 맞은 BYN블랙야크그룹은 사람과 자연을 보호하기 위해 우수한 기능성과 친환경 요소를 갖춘 제품을 개발하고 생산하며 사업과 환경이 양립할 수 있도록 끊임없이 노력하며 달려왔다. 앞으로도 이 활동들을 경영 전반에 더욱더 확장시켜 BYN블랙야크그룹이 사람들의 삶 속에 베이스캠프 역할을 해내며 전 세계 사람들의 삶을 즐겁게 하는 글로벌 아웃도어 라이프스타일 기업으로 자리매김할 계획이다.

본질을 지키면서 불확실성을 줄인 경영자의 의사결정과 임직원들의 관심과 공감이 곧 조직의 문화가 된다. 만약 경영자가 확신이 없는 사업이라면 직원들이 그 사업에 확신을 가지고 임할 수 없다. 또, ESG 경영을 한다고 특정 부서 한 곳에만 책임지게 하면 구성원들 사이에서 그 부서는 회사에 손해를 끼치는 부서라는 오해가 생길 수도 있다. 따라서 경영자의 의지뿐만 아니라 임직원, 이해관계자들이 관

블랙야크 부산 신세계백화점 센텀시티몰 블랙야크 DNS 매장 오픈

심을 가지고 공감하며 하나의 팀으로 참여할 수 있도록 하는 것이 중요하다.

일례로 BYN블랙야크그룹의 국내 페트병 자원 순환 시스템의 실체를 직접 보고 만지며 경험할 수 있는 '플러스틱 아카이브존'이 본사 2층에 마련되어 있다.

페트병을 의류, 신발, 가방 등 패션 상품을 만들 수 있다는 것, 그리고 그 원료를 해외 수입이 아닌 국내에서 사용된 페트병으로 활용한다는 것은 단순히 글로 설명하는 것에는 한계가 있다. 실제 임직원들 역시 자신이 소속된 기업이 환경을 위해 페트병을 재활용을 하고 있다고는 사실은 알고 있으나 프로젝트 관련 직원들을 제외하고는 그 실체를 정확하게 알기에는 어려움이 있었다.

이에 단순히 완성된 제품을 전시하는 것이 아닌 시스템의 전 단계를 확인할 수 있는 존을 구성하고 페트병 재활용에 더해서 본사가 추구하는 다른 지속가능 요소들을 알리는 공간을 기획했다. 특히, 회의 및 휴게 장소가 있는 층에 공간을 마련해 임직원들이 업무의 일상 속에서 자연스럽게 마주칠 수 있도록 했다.

이 공간에서 그 실체를 직접 눈으로 확인하고 체험하면서 프로젝트와 관련이 없는 부서의 임직원들도 페트병 재활용에 대해 쉽게 이해하게 되었고, 주위 사람들에게 중요성을 전파하고 동참하게 하는 앰버서더가 되고 있다.

생존을 위한 기술에서 공존을 위한 기술로

'다르게 싸우라(도전), 반드시 이긴다(믿음)'

이 문구를 액자에 담아 집무실에 걸어놓았다. 기업을 이끄는 이념이자 도전에 나서는 힘의 원천이다. 남들과 같은 길을 그대로 따라 걷는다면 이길 수 없다. 다르게 싸우고 도전해야 한다. 쉽게 포기해서도 안 된다. 단 한 번의 도전이 실패했다고 포기한다면 이 세상에 성공할 사람은 없을 것이다. 중요한 것은 그 다음이다. 원인을 면밀히 분석하고 더욱 보완하여 다시 한 번 도전해야 한다. 지속가능한 성장이 중요한 이때, CEO의 날카로운 눈으로 미래를 내다보고 주변 환경을 철저히 살피며 기업 구성원들과 함께 도전하고 이겨내야 한다.

독일의 시인이자 극작가인 프리드리히 실러는 시간의 걸음걸이에는 세 가지가 있다고 했다. 미래는 주저하면서 다가오고, 현재는 화살처럼 날아가고, 과거는 영원히 정지해 있다는 것이다. 시간을 어떻게 활용하는지에 따라 수많은 결과가 도출되며, 올해 창립 50주년을 맞은 BYN블랙야크그룹은 끊임없이 도전하며 글로벌 아웃도어 기업으로 성장했다. 그리고 자연에서의 생존을 위한 과거 50년을 넘어 자연과의 공존을 위한 향후 50년으로 나아가기 위해 본질로 되돌아간다. 앞으로도 역동적인 활동을 돕는 혁신 제품을 제공해 사람과 자연을 보호하고, 그들의 도전하는 삶과 함께한다는 사명감을 가지며 도전하고 미래를 준비하겠다.

대표

김동우

부강테크

김동우대표

학력

1983~1986 　서울 장훈고등학교 졸업

1986~1991 　성균관대학교 회계학과 졸업

경력

1990~1994 　세화 회계법인(Price Waterhouse) 공인회계사

1996~1998 　김&김 회계사무소 공인회계사

1998~현재 　(주)부강테크 창업자&CEO

2000~2010 　(사)환경벤처협회 기획이사

2001 　과학기술부 2001년도 국가연구개발사업 평가위원

2001~2002 　국립환경연구원 환경신기술 창업보육센터 운영위원

2001~2003 　환경부 환경기술심의위원회 위촉위원

2002 　한국상하수도협회 해외협력위원회 위원

2003 　포천군 민간투자사업 심의위원회 심의위원

2007~2009 　(사)한국물환경학회 12대 재무위원회 위원

2008~현재 　Tomorrow Water(부강테크 미국법인) CEO

상훈

2011 　환경부장관 표창

2014 　모범 납세자 국세청장상

2015 　환경부장관 표창

2018 　UN SDGs 기업 이행상 수상

2020 　특허청 특허기술 대상 세종대왕상 수상(AMX)

2021 　환경부장관 표창

2022 　중소벤처기업부장관 표창

2022 　UN SDGs 협회 '전 세계 가장 지속가능한 글로벌 지속가능리더 100인' 4년 연속 선정

2022 　지속가능개발목표경영지수(SDGBI) 글로벌지수 최우수그룹 4년 연속 선정

2023 　세계 물의 날 정부 물관리 유공 '동탑산업훈장' 수훈

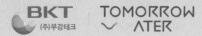

환경분야 글로벌 리딩 컴퍼니 부강테크

1998년 6월 1일 설립된 부강테크는 "A Clean and Beautiful World Beyond Waste"라는 미션 아래 폐수와 폐기물에서 세상에 없던 가치를 개발해 세상에 전달하는 대한민국 수처리 대표기업이다.

창업 초기 대기업과 외국기업이 차지한 일반 하수처리시장 대신 틈새시장인 가축분뇨처리시장에서 기업 토대를 다진 부강테크는 목적에 따라 물 관련 최적 솔루션을 제공하는 다운스트림(Downstream), 유기성 폐자원 통합 솔루션을 제공하는 업스트림(Upstream), 고객 ESG를 실현하는 산업폐수 솔루션(Industrial Service), 환경산업의 Value chain을 혁신하는 디지털 트랜스포메이션 등 4대 영역에서 통합공정을 제공하는 종합 환경기업으로 성장했다.

시장이 필요로 하는 기술을 선제적으로 개발하고 사업화해 온 부강테크는 주력 하수처리 기술인 Proteus를 적용하여 서울 중랑물재생센터 1 처리장을 지하화하는 국내 최초의 하수처리장 현대화사업을 수행했으며 세계에서 유일하게 유기성 폐자원 통합 소화에 필요한 3대 핵심기술(바이오가스 생산기술, 고농도 질소 폐수처리기술, 슬러지 감량화 기술)을 모두 보유하고 있다. 특히 초기우수 및 1차 처리 기술인 Proteus는 전통적인 중력식 침전지를 대체할 '하수 1차 처리 기술의 새로운 표준'으로 주목받으며 세계적으로 기술력을 인정받고 있다.

"미래 환경분야의 리딩 컴퍼니는 매출규모나 종업원 수 같은 사이즈(Size)가 아니라 그들이 세상에 만들어 내는 임팩트(Impact)에 의해 결정된다"는 믿음으로 대한민국 수처리 대표기업을 넘어 '임팩트 리더

김동우 대표가 파라과이 이파카라이호수 정화 프로젝트를 성공적으로 마치고 파라과이 대통령궁을 방문해 환담하는 모습

십(Impact Leadership)에 기반한 환경분야 글로벌 리딩 컴퍼니' 달성이라는 '비전 2028'을 실현해 가고 있는 부강테크를 만나 보자.

글로벌 수처리 기업으로 도약

부강테크를 창업한 김동우 대표는 환경 기업인 최초로 '2023 세계 물의 날' 기념식에서 '동탑산업훈장'을 받았다. 대학에서 회계학을 전공하고 공인회계사로 활동한 김동우 대표는 평소 소신이었던 의미 있는 돈벌이를 위해 환경산업에 투신했다가 인류와 사회, 후손에 기여할 수 있는 환경사업의 매력에 푹 빠져 버린 환경업계에서 보기 드문 이색 경영인이다.

김동우 대표는 부강테크 창업 후 25년간 수처리 한 우물만 파며 선택과 집중을 통한 차별화와 효율성, 책임정신을 구현하는 지속가능경영으로 부강테크를 글로벌 수처리 기업으로 성장시켜 왔다.

부강테크는 2008년 국내 환경기업 최초로 미국 현지에 자회사 Tomorrow Water를 설립해 미국 수처리 시장을 개척해 왔고 2016년 수처리 분야에서는 유일하게 환경기술이 집대성된 지속가능 하폐수 처리시스템인 'Tomorrow Water Project(TWP)'를 UN 지속가능개발목표(SDGs) 플랫폼에 공식 이니셔티브(#SDG Action 40493)로 등재하면서 한국 환경기술의 우수성을 전 세계에 알리는 등 글로벌 수처리 기업으로 성장했다.

하수도 보급률이 현저히 떨어지는 개도국의 물 문제 해결을 위해 만들어진 TWP는 '돈을 쓰는 하수처리장을 돈을 버는 곳으로' 바꾸는 프로젝트다. 김동우 대표가 말레이시아 클랑강 복원 기술자문, 파라과이 이파카라이호수 정화 프로젝트, 베트남 12개 성 환경기초시설 컨설팅 등 해외사업을 추진하면서 가졌던 개도국의 물 환경에 대한 안타까움이 TWP라는 결실로 이어졌다.

사회·경제·환경적 가치를 동시에 추구하는 TWP는 그간 환경산업에서는 볼 수 없었던 새로운 방식의 사업모델로, SDGs 이니셔티브 제안 당시에는 아이디어 수준이거나 초기 연구단계에 머물렀던 Tomorrow water 기술들이 사업화가 가능한 Today 기술이 되면서 비약적인 사업 성과와 Impact Leadership을 만들어 내고 있다.

부강테크와 미국 자회사 Tomorrow Water는 2021년 TWP 취지에 공감한 강신조 박사(Water & Energy Advisors LLC 대표)를 비롯해 스톡홀름 물상 수상자인 조안 로즈 미시간 주립대 교수, 세계물환경연맹 총장을 지낸 자넷 브라운 맨해튼대 교수, Black & Veatch의 프로세스

& 혁신 책임자인 산딥 사티아무어티 박사, BlueTech Research의 폴 오 캘러헌 CEO 등 수처리 분야의 세계적 명망가들로 구성된 TWP 자문 단을 출범시키고 개도국을 대상으로 한 시범사업을 준비하고 있다.

부강테크는 SDGs 기반의 TWP 추진 성과로 2019년부터 4년 연속 지속가능개발목표경영지수(SDGBI) 글로벌지수 최우수그룹에 선정됐고 김동우 대표 역시 SDGs 리더십을 인정받으며 4년 연속 '전 세계 가장 지속가능한 글로벌 리더 100인'에 선정됐다.

해외를 먼저 공략한 전략적 성공

부강테크의 첫 해외 진출지는 중국이었다. 시장규모가 협소하고 수익을 우선시하는 대형 건설사가 주도하는 국내시장에 한계를 느껴 해외시장에서 먼저 기술력을 입증하고 이를 다시 역으로 한국시장에 선보이겠다는 전략을 세웠다. 그리고 그 첫 번째 결실이 중국 곡부시 의 하수처리장 수주다.

2007년 준공된 곡부시 하수처리장이 300미터 떨어진 화력발전소 에 하수 재이용수를 냉각용수로 안정적으로 공급하면서 부강테크의 하수 재이용 원천기술은 2008년 중국 국가발전개혁위원회로부터 중국 8대 하수처리 기술에 선정됐다.

부강테크는 중국 수출을 계기로 해외시장으로 적극적으로 눈을 돌렸다. 세계는 넓고 기회는 무궁무진해 보였다. 당시 대부분의 국내 기업들이 지리적으로 가까운 아시아 시장으로 진출했지만, 김동우 대표는 최고의 기술과 인재풀을 가진 세계 최대 환경시장에서 제대로 기반을 닦아 남미와 유럽, 아시아로 뻗어 나가겠다는 계획을 세우고 2008년 1월 미국 캘리포니아주 애너하임에 자회사 Tomorrow Water를 설립했다.

현지 실적도 네트워크도 전무했던 한국의 중소기업이 뚫고 들어가기에 미국시장의 진입장벽은 매우 높았다. 미국 환경시장은 사업 환경이 투명한 장점이 있지만 새로운 기술 적용에 보수적이고 기술을 채택하는 절차도 복잡했으며 50개 주마다 환경법규가 모두 달랐다. 관련 분야 전문가들의 네트워크도 매우 강해서 외국기업이 적응하기에 쉽지 않은 시장이었다.

Tomorrow Water는 초창기 많은 시행착오를 겪으면서 고전했지만 미국 진출 7년 만인 2015년 마침내 캘리포니아 Title 22 인증을 획득하며 미국사업을 본격화할 수 있는 조건을 갖추게 됐다. Title 22는 미국 대부분의 공공기관이 발주하는 수처리 관련 사업에 기본적으로 요구되는 인증이다.

Title 22를 갖춘 Tomorrow Water는 미국 현지 실적을 쌓기 위해 새로운 도전에 나섰고 2017년 LA시 하이페리온 하수처리장에서 세계적인 엔지니어링사인 Black & Veatch와 함께 사이드스트림(Sidestream)과 메인스트림(Mainstream) 모두에 AMX 기술을 적용하는 테스트를 시작했다. 1925년에 건설된 하이페리온은 20세기 미국의 대표적인 공공인프라 중 하나로, 당시 한국에서 온 작은 기업이 이 사이트에서 테스트 기회를 얻었다는 것 자체로 화제가 됐다.

Tomorrow Water는 하이페리온에서 수행한 사이드스트림 테스트 성과를 북미 최대 물 산업 이벤트인 'WEFTEC 2020'에서 발표해 업계로부터 커다란 주목을 받았다. 부강테크의 AMX 기술은 2020년

미시간주 제네시 카운티의 ARTP 하수처리장에 설치된 Tomorrow Water의 Proteus 파일럿 현장

특허청으로부터 대한민국 특허기술 대상(세종대왕상) 수상, 2021년 세계적인 물산업 조사분석기관인 글로벌 워터 인텔리전스(GWI)의 세계 10대 아나목스 기술 선정 등 국내외에서 우수한 기술력을 인정받고 있다.

또한 메인스트림 테스트가 막바지 단계에 돌입하면서 세계 최초로 메인스트림 AMX의 성공을 목전에 두고 있다. Proteus와 메인스트림 AMX를 묶어 다운스트림 공정을 구성하면 6~10시간 소요되는 하수처리 시간이 2시간 이내로 단축돼 부지 절감이 가능해지고 에너지 소모도 60% 이상 절감할 수 있게 된다.

부강테크의 주력 하수처리 기술인 Proteus는 미국 내 두 번째 프로젝트를 성공적으로 마치고 미국 최초 공공분야 적용 가능성을 높여가고 있다. 부강테크가 서울 중랑물재생센터와 서남물재생센터에서 Proteus를 적용해 이미 수년간 대규모 초기우수 처리를 성공적으로 수행한 실적과 경험이 미국 사업에 큰 힘이 되고 있다.

미시간주 제네시 카운티의 ARTP(Anthony Ragnone Wastewater Treatment) 프로젝트(2019.5~2020.6)에서는 봄철 해빙기에 다량으로 발생하는 초기우수에 의한 오대호의 오염이 가중되면서 적절한 처리방안이 절실한 미시간주에 Proteus를 기반으로 세계 최초로 1차 처리 및 초기우수 처리에 생물학적 처리공정을 적용하는 테스트를 성공적으로 마무리했다.

Proteus는 ARTP 하수처리장에서 초기우수를 대상으로 수행한 현장 평가에서 BOD(생화학적 산소요구량) 81%, SS(부유 고형물) 84%, Fecal Coliform(분변 대장균군) 45~78% 제거율을 나타내 소독에 필요한 약품비를 절감하고 대장균군에서 안전한 수질을 확보하는 것으로 확인됐다.

WEFTEC은 이 같은 성과를 정리한 Proteus 논문에 2년 연속 발표 기회를 부여했고 이 논문은 WEFTEC 2021에서 '가장 주목해야 할 베스트 프레젠테이션 Top 10'에 선정됐다. 세계적인 전문기관과 언론들도 기후변화 대응을 위한 하수 1차 처리 혁신기술로 Proteus를 주목하면서 GWI는 Proteus를 세계 10대 하수 1차 처리 기술로 선정하고 특집기사를 게재했다. 또한 Proteus는 미국 물위원회(TWC)가 주관한 '2021 Pilot Contest'에서 밀워키시의 초기우수 문제를 해결할 최고의 기술로 선정됐다.

미국 최초로 하수에 생물학적 처리 기술을 도입한 위스콘신주 밀워키시의 MMSD(Milwaukee Metropolitan Sewerage District)는 Jones Island와 South shore 하수처리장에서 하루 1억 5천만 갤런(약 57만 톤)의 하수를 처리해 왔다. 하지만 기후변화에 의한 집중 강우로 최근

Proteus를 주제로 WEFTEC 2022에 참가 중인 Tomorrow Water 전시부스 모습

약 6억 3천만 갤런(약 240만 톤)의 초기우수가 유입되면서 이를 처리하는 문제가 최대 현안 중 하나로 부각되자 1차 침전지 개선 및 초기우수 처리를 위한 대규모 사업을 준비하고 있다.

이처럼 최근 기후변화로 집중호우가 빈발하면서 초기우수 처리 시장이 전 세계적으로 급성장하고 있다. Tomorrow Water는 지난해 미국 지방정부 등으로부터 70여 개의 사업제안 및 현장검증을 요청받았는데, 이 중 60여 개는 Proteus에 관한 것이었다.

하수처리의 기본 목적은 단순히 물을 맑게 하는 것이 아니라 Sanitation(보건, 위생)에 있다. 미국의 경우 수계 및 수자원 보호, 그리고 보건위생을 위해 강우 시 발생하는 하수 전량을 위생처리 후 방류토록 하고 이를 위해 하수처리장 개선사업을 대대적으로 벌이고 있다. 반면 우리나라는 CSOs나 SSOs 같은 월류수를 통해 미처리 하수가 수계로 방류되고 있지만 이에 대한 대응이 미흡한 실정이다. 전 세계적으로 코로나-19 위기를 경험한 시점에 국민의 위생 안전을 위해 관련 법규 및 지침 개정이 필요하고 위생처리 없이 한 방울의 하수도 강이나 바다로 그냥 흘러 보내지 않도록 하수관로 및 하수처리장 기능 개선이 절실하다. Proteus는 기존 1차 침전지 개선을 통해 협소한 하수처리장에서도 기후변화로 인한 초기우수 처리를 가능케 한 독보적인 기술이다.

부강테크와 Tomorrow Water는 위생, 기후변화 대응, 수질환경 보전이라는 시장의 니즈를 충족시켜 Proteus가 기존 중력식 침전지를 대체하는 '하수 1차 처리 기술의 새로운 표준'으로 자리 잡도록 해 나갈 계획이다.

위기를 이겨낸 세계 최고의 기술력

국내 최초 하수처리장 현대화사업인 서울 중랑물재생센터에 적용된 Proteus는 2018년 세계 최초로 대규모 시설에서 기존 공법 대비 최대 85%의 부지 절감을 실증해 내며 2019년 미국 LIFT 프로그램에서 '이달의 기술'로 선정되는 등 세계적으로 기술력을 인정받고 있는 기술이다. 하지만 그 과정은 순탄치만은 않았다.

2016년 시운전 개시 후 여재(Media)에 문제가 생겼다. 일부 품질의 문제였지만 부강테크는 당시 막 개발을 마친 십자형 여재로 기존 여재 전량을 교체하기로 결정했다. 당시 이 결정으로 연매출보다 더 많은 비용을 투입하게 되면서 회사는 창립 이후 처음으로 적자를 기록

김동우 대표가 본사 1층에
걸려 있는 중랑물재생센터
복구현장 사진 앞에 서 있는 모습

하며 부도 위기로까지 내몰렸다. 직원들의 고생도 이루 말할 수 없었
다. 축구장 5개 반을 채울 만큼 많은 여재가 지하 공간에 쌓여 굴삭기
작업조차 불가능한 상황에서 직원들이 직접 삽을 들고 여름철 내내
여재를 옮겨야 했다.

　이 작업은 어떤 어려움에도 포기하지 않았던 부강인의 책임정신
과 중소기업을 믿고 기다려준 시공사 GS건설과 서울시의 지원 아래
성공적으로 마무리되었고 세계 최고의 하수 1차 처리 기술 Proteus를
낳는 원동력이 됐다. GS건설은 현재 부강테크의 2대 주주가 되어 수
처리 분야에서 동반성장의 길을 가고 있다.

부강테크가 TWP 실현을 위한 미래형 하수처리장 모델로 제시한 Co-Flow Campus 조감도

부강테크 대전 본사 사옥 1층에는 당시 힘들게 삽질하던 직원들의 사진이 걸려 있다. 김동우 대표가 당시의 비장했던 마음을 잊지 말자는 의미에서 걸어 두었는데, 볼 때마다 "어떠한 기술도 공짜로 개발되지 않는다"는 교훈과 책임정신을 일깨워 주고 있다.

부강테크는 TWP를 SDGs 이니셔티브로 등재하고 관리해오면서 단기 이익보다는 장기적 관점에서 기술 개발과 사업화를 준비해 왔다. 그 결과 최근 한 부지에 '하수처리장'과 유기물을 이용한 '바이오가스 생산시설', 질소와 인, 이산화탄소(CO_2)를 활용하는 '스마트 팜', 정화된 하수로 냉각문제를 해결한 '데이터센터'를 함께 지어 물 문제와 기후변화 대응, 경제성 확보를 모두 가능하게 하는 'Co-Flow Campus'를 TWP 실현을 위한 미래형 하수처리장 모델로 새롭게 제시했다.

Co-Flow Campus는 더러운 물을 깨끗하게 만드는 전통적 하수처리장을 하수가 가진 특성을 이용해 도시의 가치를 높이는 복합 기능 공간으로 탈바꿈시켜 기후변화와 코로나-19, 디지털 트랜스포메이션에 대응할 수 있게 하는 혁신 모델이다.

부강테크는 TWP 기반의 Co-Flow Campus를 통해 UN SDGs 17개 목표 중 6가지 목표인 물과 위생(SDG 6), 신재생에너지(SDG 7), IT 인프라(SDG 9), 지속가능한 도시 조성(SDG 11), 지속가능한 소비와 생산(SDG 12), 기후변화 대응 (SDG 13) 동시 달성을 추구하고 있다.

전 세계 대부분의 도시는 도심이나 인근에 하수처리장을 보유하고 있다. 도시의 노후화된 하수처리장을 집약화, 지하화하면 깨끗한 수질은 물론 공원이나 바이오가스 생산시설, 데이터센터, 스마트 팜 등 고부가가치 창출이 가능한 도심 내 다양한 개발부지를 확보할 수 있다.

특히 4차 산업혁명 가속화로 데이터센터 개발기업들이 부지확보에 어려움을 겪고 있는 상황에서 도심 인근의 노후화된 하수처리장을 집약·지하화하고 남는 부지에 데이터센터를 지으면 데이터센터 개발기업과 지자체가 서로 상생할 수 있다. 데이터센터 개발기업은 접근성이 좋은 최적의 입지에 에너지 절감형 데이터센터를 지을 수 있고 지자체는 토지 장기임대 수익 등으로 주민들의 복지 향상에 기여할 수 있기 때문이다.

새롭게 확보된 하수처리장 부지에는 데이터센터 외에도 바이오가스 생산시설과 스마트 팜이 들어설 수 있다. 하수에 함유된 유기물을 활용해 바이오가스 생산시설에서 신재생에너지를 만들고 질소와 인은 스마트 팜의 비료로 활용할 수 있다. 이때 하수처리수는 데이터센

터 냉각수로 사용하거나 인공호수나 분수, 하천 유지용수, 도로 청소
용수 등 다양한 용도로 활용이 가능하다. 도시에서 발생하는 하폐수
는 발생량이 일정해 재이용하면 도시의 물 부족 문제와 미세먼지, 열
섬현상 해소, 부동산 가치 상승 등에 기여할 수 있다.

부강테크는 TWP 기반의 Co-Flow Campus를 통해 '도시의 가치
를 높이는 물'을 주제로 기존 하수처리장의 제약 변수를 극복하는 시
설개선 사업을 수행하고 있다.

부강테크의 경쟁력과 더 나은 미래

세계 물 산업 시장의 4분의 1을 차지하는 미국은 수처리 시장규모
가 세계에서 가장 큰 나라다. 100년 전부터 하수처리장을 건설하고
기술혁신을 주도해 왔다. 하지만 100년 전 지은 하수처리장이 아직
도 가동 중일 정도로 노후화가 심해 하수처리장 개선사업을 활발하
게 벌이고 있다.

김동우 대표는 요즘 기회가 있을 때마다 "선진기술로 무장하고 수
처리 시설 경험이 풍부한 우리에게 미국은 황금시장"이라며 세계 최
대 물산업 시장 선점을 위한 전략적인 접근을 역설하고 있다.

먼저, ESG를 선도하는 환경선진국 시장에 진입하려면 혁신기술
만으로는 부족하고 미래 비전과 글로벌 리더십까지, 삼박자를 갖춰
야 한다. 부강테크가 TWP 기반의 Co-Flow Campus를 미래 하수처
리장 모델로 제시한 이유다. Co-Flow Campus는 부지마련에 어려움
을 겪는 선진국의 하수처리장 시설개선 대안으로도 좋은 반응을 얻
고 있고 대규모 수주 및 매출, 부가가치를 창출할 수 있는 혁신 아이

디어다.

둘째, 수처리 시설 보급률이 정점에 달한 국내시장은 우리 혁신기술을 보여 줄 제한된 자원이므로 세계시장에 성공모델을 보여 주는 기회로 활용해야 한다.

김동우 대표는 국내에 Co-Flow Campus를 소개할 때마다 부강테크만 소유한 기술이라 경쟁입찰이 불가능해 사업화가 쉽지 않다는 말을 정말 많이 들었다면서 혁신 아이디어가 생기면 경쟁자들을 불러 모아 당신들도 이런 기술을 개발해야 한다고 부탁이라도 해야 하나 생각했다고 한다.

선진국을 대상으로 보수적인 물 인프라 산업에 진출하는 것은 쉽지 않다. 애써 개발한 혁신기술들이 사장되지 않도록 정부는 얼리 어댑터로서 국내 우수한 신기술 적용에 앞장서 국내 다양한 적용사례들이 해외 진출의 토대가 될 수 있도록 적극적으로 기회를 마련해 줄 필요가 있다. 혁신기술의 국내 성공사례는 세계시장 진출의 초석이기 때문이다.

셋째, 해외 물산업 시장을 겨냥해 기술을 개발하고 산업을 육성하기 위해서는 기본적인 부분을 보다 충실히 챙겨야 한다.

세계 대부분 국가가 총질소(TN)와 별개로 암모니아성 질소의 처리수질 기준을 채택하고 있지만 우리나라는 암모니아성 질소 처리기준 없이 총질소만을 규제하고 있다. 중랑물재생센터 현대화사업을 추진할 당시 기술을 제공한 세계 굴지의 글로벌 기업 중 한 곳이 우리나라가 암모니아성 질소의 방류기준이 없다는 허점을 감안해 유입된 암모니아성 질소를 전량 질산화시키지 않고 총질소 기준을 맞추

김동우 대표가 2023년 4월 본사 대표이사로 복귀하며 부강테크 임직원들과 기념사진을 촬영하고 있는 모습

는 공정을 제안했다. 이 방식은 법적 수질기준은 충족시킬 수 있지만 실질적인 환경오염 부하는 증가시키는 것이었다. 반면 암모니아 전량을 질산화시키는 제안을 한 부강테크는 상대적으로 많은 비용부담을 떠안아야 했다.

국제적 기준에 맞지 않는 유기물질 측정 방법도 보완이 필요하다. 2013년 공공수역의 난분해성 유기물질 관리를 위해 TOC(총유기탄소) 항목이 도입되었고 2021년부터는 하수처리장도 유기물질 측정방식으로 기존의 COD_{mn} 대신 TOC가 적용되고 있다. COD_{mn}이 산화력이 높지 않아 난분해성 유기물질의 분석에 한계가 있었기 때문이다. 전 세계 하수도의 수질기준이 산화력이 강한 COD_{cr}을 적용한 것과는 다른 부분이다.

당시, 우리나라는 COD_{mn}에서 COD_{cr}으로 변경 시 수치가 높아져 수질기준 상향으로 오인될 수 있다는 우려와 TOC가 실시간 분석이 가능하다는 점을 부각하며 국제기준과는 상이한 TOC를 수질기준으로 도입했다. 실제 일본을 제외한 모든 나라들이 CODcr을 수질기준으로 적용하고 있고 TOC는 기준이 없거나 관리 또는 평가항목으로만 활용되고 있다. 국제기준과 상이한 기준과 데이터는 해외사업 수행 시 불리하게 작용할 수밖에 없다.

올해는 부강테크가 창립 25주년을 맞는 해이다. 부강테크의 미국사업이 본격 궤도에 올랐고 국내 사업도 중요한 전환기를 맞고 있다. 부강테크는 서울 중랑물재생센터 현대화사업 수행 등 주로 공공영역에서 수처리 사업을 영위해 왔지만 최근에는 민간 고객들을 위한 환경사업에도 적극적으로 참여하고 있다. 반도체, 배터리, 육상양식, 인공육/대체육, 바이오, CCUS/광물탄산화 등 미래 성장산업의 생산공정과 폐수처리에 필요한 혁신기술들을 개발하여 제공하고 있다.

물과 관련된 기후변화 대응기술인 CCUS(광물탄산화, 미세조류)와 AI 기반의 수처리 시설 자동제안, 설계, 운영관리 및 플랫폼 구축을 위한 Water AI(WAI) 투자로 미래 신성장 동력도 확보해 나가고 있다. CCUS는 현재 영국, 미국 기업들과 협업을 준비 중에 있고, WAI는 더욱 낮은 가격에 빠르고 정확한 설계를 제공해 기존 엔지니어링사를 대체하고 3D 업종으로 분류돼 인력난에 처한 처리시설의 운영관리 사업에 참여하는 것을 목표로 하고 있다.

부강테크는 미국에 진출하는 국내 기업들의 폐수처리장 인허가부터 설계, 시공, 운영관리와 관련된 일체의 서비스를 제공하는 유일한 한국기업이기도 하다. 부강테크와 Tomorrow Water의 한국 본사와 미국 현지 자회사 간 협업 및 검증 시스템, 한국기업 특유의 신속한 대응 등 깔끔한 일 처리가 좋은 반응을 얻으면서 미국에 진출하는 국내 기업들의 사업문의가 이어지고 있다. 특히 미국 규제기관과의 네트워크를 활용해 적극적인 협의가 가능하고 국내 기업의 부담을 최소화하면서 이를 달성할 최적 공정을 구성하여 한국에서 검증 테스트를 마친 안정된 기술을 미국 현지에 적용함으로써 시행착오를 최소화할 수 있는 능력은 부강테크만의 강점이다.

부강테크는 공공분야에서는 TWP 기반의 Co-Flow Campus라는 미래 하수처리장의 새로운 패러다임을 제시·보급하고, 민간영역에서는 고객의 ESG 경영 기여를 목표로 자체 개발한 공법에 System Integration과 Financing 능력을 더해 토탈 솔루션 프로바이더로서의 새로운 정체성을 확립해 나갈 계획이다.

Co-Flow Campus 같은 비전, 그 비전을 현실화하는 데 필요한 기술 개발, 그리고 UN SDGs 같은 리더십을 실천하기 위한 꾸준한 활동들은 그 누구도 단기간에 이룰 수 없다. 이는 지난 25년간 강소기업 부강테크가 이뤄낸 부강테크만의 소중한 자산이다.

전략적인 사업모델과 과감한 의사결정, 혁신 아이디어로 부강테크만의 성공 스토리를 써 내려가고 있는 김동우 대표는 "기후변화와 코로나-19, 디지털 트랜스포메이션 등 세 가지 대변혁이 한꺼번에 닥친 지금이 전 세계 환경문제 해결을 선도할 새로운 리더십을 보여줄 때"라며 "부강테크는 지금까지 쌓아 온 소중한 자산을 바탕으로 앞으로도 끊임없는 도전과 혁신을 통해 하수처리장의 새로운 패러다임을 선도하고 세상에 기여하는 긍정적인 Impact를 더 많이 만들어내는 '환경분야 글로벌 리딩 컴퍼니'가 되겠다"고 강조했다.

대표이사

김영귀

김영귀 환원수 KYK

KYK김영귀환원수

김영귀 대표이사

학력

2004	대구대학교 경영대학원 수료
2005	서울대학교 국제대학원 수료
2006	서울대학교 자연과학대학 수료
2007	청도이공대학교 경영학 박사학위 취득
2010	산동대학교 경영대학원 수료
2012	고려대학교 경영대학원 수료
2014	KAIST 글로벌 중견기업 아카데미 과정 수료

경력

1980~2022	물 과학 연구 44년
2004~2022	KYK김영귀환원수㈜ 대표 이사
2004~2022	MBC, SBS, KBS, TV조선, MBN 등 물 전문가 TV 출연 다수
2006	서울대학교 자연과학대학 〈알칼리이온수 연구〉 논문발표
2005~2022	KYK과학기술연구소 소장
2008~2022	청도이공대학교 석좌교수 및 ㈔한국대학발명협회 부회장
2010	산동대학교 초빙교수
2014	세계 최초 서울대병원 IRB 승인 물 임상 85.7% 고효과 입증

2015	세계 물의 올림픽(World Water Forum) 운영위원 및 물 과학 연구 발표
2016~2019	8개국 정상회담 경제사절단 참가 5천만 불 MOU체결
2018	세계 물의 날 '수소 및 수소수 국제 학술대회'(협회장/대회장) 개최

상훈

2005	과학기술 부총리 상 수상
2008~2022	독일, 스위스 등 국제발명 금메달 16관왕
2009	지식경제부 장관상
2011	제46회 대통령 발명철탑산업훈장 수훈
2011~2012	신기술으뜸상 (2년 연속)
2013	일본 세계 천재인 대회 금상 수상
	아시아 로하스 대상 환경부 장관상 수상
2015	한국 식품의약품 안전처장상 수상
2015	홍콩 국제 혁신디자인 및 기술제품 최우수상
2016	보건복지부 장관상
2019	대한민국 지식경영 노벨 물과학 대상 수상
2019	서울특별시장상 친환경기업 대상
2023	매경 글로벌리더 대상 10년 연속 수상

김영귀 환원수 KYK

전문 학술 및 기술을 양수겸장 보유

학술이 있으면 기술이 없고, 기술이 있으면 학술이 없는 것이 일반적인 현상이다. 그러나 김영귀환원수는 특이하게도 물 과학 분야의 전문 학술과 기술을 양수겸장으로 모두 다 완벽하게 갖추고 있다. 특별한 계기와 철학에 의해 물 과학 연구를 시작한 김영귀환원수는 올해 물 과학 44년을 맞는다. 물 과학 분야의 '10년 연속 글로벌 리더 대상'을 수상했다. 팬데믹으로 지난 약 3년 동안 전 세계가 경제 불황을 겪고 있는 가운데에서도 김영귀환원수는 꿋꿋하게 자리를 지켜왔다. 김영귀환원수의 물 과학은, 단순히 마시는 먹는 물로서 수질 적합 기준의 음용수 차원이 아니다. 국가 기관에서 공급하고 있는 수돗물도 먹는 물 수질 적합 기준에 합격한 물을 공급하고 있다. 그러한데도 불구하고 도시민들은 거의 다 정수기를 사용하거나 생수를 마시고 생활하고 있다.

김영귀환원수는 전문 학술과 기술만 가지고 있는 것이 아니다. 김영귀환원수의 물 과학이란, 의학적인 효과가 확실하게 존재하고 있는 사실이 객관적으로 명확하게 검증이 되어야 하고, 과학적으로도 그 메커니즘이 정확하게 규명이 되어야 한다. 그러면서도 제아무리 의과학적으로 효과가 확실하게 존재하고 있음이 객관적으로 검증되어 밝혀져 있다 할지라도 가장 중요한 요소는 안전에 관한 문제다. 이는 사용자들의 입장에서 볼 때 안전에 관한 문제가 가장 민감한 사안이기 때문이다. 그동안의 소비자에 관련된 수요공급의 역사를 보면 한때는 몸에 좋다고 하여 많은 사람이 애용한 제품일지라도 유해물질이 검출될 경우에는 그 회사는 그야말로 한 번에 날아가는 경우

물과학연구소 전경

가 종종 있었던 일을 우리는 어렵지 않게 기억할 수 있다.

그러나 김영귀환원수는 물에 무슨 문제가 있어서 회사가 한 번에 날아가는 경우를 두려워하는 것이 아니다. 개발자 겸 창립자인 김영귀 대표는, "인간이 할 수 있는 모든 일 중에서 가장 의롭고, 가장 고귀하며, 가장 위대한 일!" 이것이 그에 올곧은 사명과 철학이며, 이 올곧은 사명과 철학이 그를 오늘날까지 한길로 이끌었다. 그러므로 김영귀환원수는 이러한 올곧은 사명과 철학에 위배가 되거나 흠이 가는 일은 절대로 있을 수도 없고, 용납될 수도 없는 일이다.

그가 어렸을 때부터 조부모님과 부모님으로부터 배운 것 중에서 가장 중요하게 여기는 것은 바로 "인간이 행하는 최고의 선은, 살아 있는 모든 생명을 해하지 않는 일이다"라는 가르침이다. 그는 이 가르침을 마음과 몸, 영혼에까지 새겨놓고 살아왔고 실행해왔다. 부가

KOTRA 경제외교 해외진출 길을 넓히다

해서 말하자면 경우에 따라서 한때의 재물이나 권력을 취하기 위하여 또는 한때 눈이 멀어서 자신의 영달을 위해 이 지구상의 모든 인간이 그러한 행위를 취한다 할지라도 인간 김영귀는 그 올곧은 신념과 철학에 위배되는 일을 절대로 범하지 않는다는 사실이다.

김영귀환원수는 물에 대한 의학적인 효과도 중요하게 여기지만 안전성을 최우선으로 한다. 위에서 말한 바와 같이 시민이 사용하는 수돗물도 먹는 물 수질 관리법 기준에 적합하게 공급하고 있는데도 불구하고 도시민은 더 좋은 물을 사용하겠다면서 거의 다 정수기를 사용하거나 생수를 사용하고 있다. 하지만 정수기 물이나 생수 등의 물에 대한 안전성과 유효성에 대해서는 한국식품의약품 안전처(MFDS)로부터 검증되지 않았다.

김영귀환원수는 일반인은 물론이거니와 유아나 노약자, 환자, 임산부와 태아에 이르기까지 다양한 계층의 특별한 사람들까지도 음용 또는 조리용으로 사용하였을 때 또한, 장기간 사용하더라도 그 물이 과연 안전하면서 의학적인 효과가 있는지에 대해 객관적으로 검증이 필요하다고 본다. 이에 대해 김영귀환원수는 식약처(KFDA)로부터 안전성과 유효성을 검증받고, 약으로도 고치기 어려운 4대 위장 증상 개선에 도움이 되는 물로 의학적인 효과를 허가를 받음으로서 공신력을 높였다.

김영귀환원수의 자연의학과 물 과학 전문 학술은, 전염이 되지 않은 당뇨, 고혈압, 심뇌혈관 질환과 각종 암을 비롯한 성인병은 왜, 고치기 어려운 것이며, 왜, 생기는가? 라는 의문의 화두에서 출발했다. 과거 보릿고개 시대에는 못 먹어서 병이 났고, 병이 나더라도 병원 치료를 받지 못해서 많은 사람이 죽었다.

그러나 현대는 의료보험 혜택으로 그 누구든 병원 치료를 원하는 대로 마음껏 받고 사는데도 불구하고 성인병은 계속해서 증가하고 있는 것이 오늘날의 현실이다. 김영귀환원수는 이 괴이한 현실에 대해 남다른 시각과 의문점의 화두를 들고 문제 해결을 위해, 자연 의학에 입문하게 되었다. 그 이유는 서양의학과 한의학이 해결하지 못했을 뿐만 아니라 한계가 있었기 때문이다. 노벨상을 2번씩이나 수상한 미국 '라이너스 폴링 박사'의 '분자교정의학'을 배우고, 한의학의 근간이 되는 '사상의학', '동의 부항 의학' 등의 세계적으로 유명한 자연 의학을 마스터했다.

물은 그 자체로서 생명이며 모든 생명 창시의 원천이다. 생명을 유지하고 발전하는데 핵심 작용을 하는 물질이 바로 물이다. 김영귀환원수는 "물은 능히 질병도 만들 수 있고, 물은 능히 건강도 만들 수 있다"는 생명의 원리와 자연 현상의 진리를 스스로 터득했다. 처음에는 건강하기 위해서는 피가 깨끗해야 한다고 생각했고, 깨끗한 피를

198

프랑스경제사절단 MOU체결

만들기 위해서는 깨끗한 물이 필요하다고 생각했다. 지구상에서 가장 깨끗한 물은 공해가 전혀 없는 매우 청정한 지역에 여름날 아침에 풀잎에 맺히는 이슬 물이다. 김영귀환원수는 이 이슬 물을 건강용으로 활용하기 위해서 과학 기술을 통해 청정 지역의 아침 이슬 물과 똑같은 이슬 물을 만들어냈다. 이 이슬 물을 가족과 동호회 회원들이 함께 음용하고 식생활에 활용했다.

김영귀환원수는 '이렇게 깨끗한 물로 콩나물을 기르면 얼마나 잘 자라고 맛도 좋고 영양가도 많을 것인가?'라는 호기심과 재미있는 아이디어로 콩나물을 직접 길렀다. 콩나물이 길게 올라오긴 올라왔는데 이 콩나물이 점차 가느다란 실처럼 가늘어지더니만 죽어서 썩어 버린 현상이 나타난 것이다. 정말로 참 황당한 일이 아닐 수 없었다.

김영귀환원수는 이러한 자연 현상의 원리에 대해 계속 연구하고 고민했다. 결국 답을 찾아냈다. 답은 다름 아닌 그 물속에는 콩나물이 먹고 자랄 수 있는 영양소가 없었다는 사실을 알아낸 것이다. 그리고 또 하나의 괴이한 현상을 발견 했다. 오염물질이나 이물질이 전혀 없는 그야말로 그 초순수 물속에서 쇠가 녹스는 현상을 발견한 것이다. 상식적으로는 도저히 이해가 가지 않는 현상이 바로 현실로 나타났기 때문에 황당하기 이를 데 없었다.

김영귀환원수는 이 괴이한 현상에 대해서 또 연구하고 고민하기 시작했다. 계속 연구와 고민 끝에 결국은 답을 찾아내고 말았다. 답인즉슨 물의 종류는 수백 가지에 이르지만 환원력과 산화력이 존재하고 있으며, 물은 이 환원력과 산화력의 두 가지로 크게 나누어진다는 사실을 알아낸 것이다. 이 지구상에서 가장 깨끗한 물인 이슬 물은 환원력이 아닌 산화력이 있는 물이라는 사실이었으며, 그 산화력에 의해 쇠가 녹스는 자연 현상이 나타난 사실까지도 충분히 터득하게 되었다.

김영귀환원수는 이러한 과정을 통해서 자연의 원리와 작용과 실체에 대해 정확하게 터득하게 되었다(이에 관한 재미있는 스토리가 많이 있다). 그리고 초순수 이슬 물은 실험용이나 공업용으로는 사용할 수는 있어도 식물이나 사람에게는 맞지 않는다는 자연의 이치를 깨닫게 되었다.

이후 김영귀환원수는 《동의보감》의 33가지 물을 비롯해서 전 세계 수백 가지 물을 조사하고 연구한 끝에, 생명 본질적 기능과 원리에 합치하고 건강증진에 좋은 환원력 에너지가 있는 물을 발견하게 되었다. KYK는 이 물을 세상 사람들이 실용적으로 활용할 수 있도록 기술과 제품을 개발하게 되었으며, 이러한 과정을 통해서 깊이 있고 폭넓은 전문 학술과 기술을 축적하게 되었다.

김영귀환원수는 2004년 한국 과학기술원 한림원의 전국 과학 기술 대회에 출전하여, 일본 물 과학 연구 분야에서 유명한 큐슈대학원 시라하타 박사와 함께 물 과학 학술발표를 했으며, 독자적인 물 과학 학술을 높이 평가받아 대상을 수상했다. 김영귀환원수는 2006 서울대학교 자연과학대학에서 〈알칼리이온수에 관한 연구〉 논문을 발표하여 장영실 과학 문화상을 수상하였으며, 2015 세계 물의 올림픽(World Water Forum)의 운영위원으로서 물 과학 연구 학술을 발표하여 높은 평가를 받았다.

또한 김영귀환원수는 2018 세계 물의 날에 '한국물기업협회' 회장사로서 '물과 수소의 국제학술대회'를 개최했다. 독일 마일 교수, 미국 폴락 교수, 일본 켄지 교수, 중국 리프싱 교수 등의 국제 석학들이 참가하여 학술발표를 했다. 미국에서는 수소로 암을 치료하고 있고, 일본에서는 방사능 물질에 오염된 환자를 수소로 치료하니 효과가 좋았다는 학술 논문을 발표 했다.

김영귀환원수는 2019 대한민국 지식경영 노벨 물 과학 대상을 수상했다. 김영귀환원수는 전문 학술과 과학기술인으로서 KBS, SBS, MBC, 채널A, OBS, SBS Biz, CBS TV 등 수많은 TV 방송 출연을 하였고, 조선일보, 매일경제신문, 중앙일보 등 수많은 신문 매체에 보도가 되었다. 김영귀환원수는 물의 세계 칼럼 등을 통해 물에 대한 올바른 정보와 지식을 제공하는 등 1980년부터 물 과학 연구 44년의 노하우가 축적된 전문 학술과 기술을 보유하고 있다.

세계 최초 유일 IRB 승인 서울대 병원 임상 완료

김영귀환원수는 세계 최초로 IRB(Institutional Review Board/생명윤리 및 안전에 관한 법률에 의한 독립된 합의 심의 기구)의 승인을 받아 임상을 완료했다. 제약회사에서는 이 IRB 승인을 받는다는 게 얼마나 어려운 일인지에 대해 잘 알고 있다. 그리고 한국 최고의 병원 서울대 병원에서 임상을 완료한 일은 역사적인 일이며, 획기적인 일이 아닐 수 없다. 국내뿐만 아니라 세계에서도 김영귀환원수가 최초이자 유일하다. 의약품도 아닌 주변에 흔한 물을 가지고 그것도 동물도 아닌 사람을 상대로 한 임상에 대해서 승인을 받기란 극히 어려운 일이다. 그러나 KYK는 IRB 승인을 정식으로 받았다. 그것도 극히 예민하고 과민하기로 유명한 '과민성 장 증후군' 질환에 대한 임상이었다.

'과민성 장 증후군' 환자들은 기분은 물론이거니와 음식과 물 등에 매우 민감해서 조금만 더 먹거나 맞지 않은 음식을 먹으면

배가 부글거리고 설사를 하거나 배가 아프다는 등 여러 가지 불편하고 불쾌한 증상이 나타난다. 그래서 인지는 모르지만 이 분야의 약의 효과는 10% 미만이라고 한다(임상팀). 임상 방법(프로토콜)은, 사전에 '플래시보' 현상을 철저히 배제한 방법과 조건으로 실행했다. 환자가 전혀 알지 못한 상태의 조건하에서 환자를 A그룹과 B그룹으로 나누고, 가짜 제품과 진짜 제품으로 임상을 진행한 것이다. 환자 대상은 사전 진료와 검사를 통해서 선정하였으며, 정기적 검사와 진료 상담 등의 프로토콜 과정을 통해 임상 결과치가 나왔다.

A그룹과 B그룹의 차이가 확실하게 나타났다. 의약품도 아닌 KYK 과학 기술에 의해 만들어진 자연의 물을 마시고 임상 결과가 무려

서울대병원-임상시험-논문발표

85.7%의 고효과가 나타난 것이다. 해당 분야의 약효가 10%에 비하면 엄청난 효과다. 이에 대한 임상 논문은 국제학술지 〈힌다위 (Hindawi)〉에 발표가 되었다. 이와 함께 KYK 물에 대한 의학적인 효과와 신뢰성이 정식 IRB를 통한 의학적인 검증이 공식적으로 완료됐다.

김영귀환원수 제품에서 출수 되는 물은 물이기는 하지만 어떤 면에서는 부작용도 없으면서 약보다 더 우수하다는 임상 결과가 나왔기 때문에, 김영귀환원수 물은 일반 물과는 차원이 다른 정말 몸에 좋은 물이라는 게 의학적으로 밝혀진 것이다. 김영귀환원수는 이를 통해서 제품의 우수성과 의학적인 효과가 객관적으로 검증되고 입증되었으며, 회사와 제품에 대한 신뢰성과 공신력을 확보하게 되었다.

김영귀 대표는 단순히 공산품 등을 제조하거나 유통하여 돈을 버는 장사꾼 차원이 아니다. 소비자의 건강을 증진하고 나아가 글로벌 인류의 건강증진에 기여하기 위하여 불철주야 끊임없이 연구하고 노력하여 기술을 개발하고 해당 분야의 전문 학술을 갖췄다.

세계 발명대회 금메달 16개 수상 세계발명왕

김영귀환원수는 1980년부터 인류 건강증진을 위한 사명과 철학, 홍익인간 정신과 장인의 정신으로 무장하고 물 과학 44년을 정진해 왔다. 마치 신선과도 같이 알코올 및 니코틴, 카페인, 게임, 도박 등으로부터 몸과 뇌세포를 일체 오염시키지 않고 선한 마음과, 맑은 정신과 영혼으로 자연의학과 물 과학 연구에 불철주야 정진해 오면서 세상에 없던 기술들을 개발해 왔다. 김영귀환원수는 수돗물, 지하수, 생수 등 일반 물이, 의학적인 효과가 있는, 안전하고 유효성이 있는 물로 전환되는 독보적이고 혁신적인 발명특허 기술을 다수 개발했다.

김영귀환원수는 2008년 처음으로 독일 국제발명 대회에 출전했다. 세계에서 가장 기술이 우수한 독일의 나라에서 세계적으로 우수한 발명품들이 모인 대회였다. 이러한 기라성 같은 국제 발명대회에 한국의 조그마한 김영귀환수의 한 중소기업이 출전한다는 일은 일찍부터 마음속으로 주눅(?)이 들기 시작했다. 그런데 대회가 끝나고 나중에서야 안 일일지만 심사 방법이 참으로 감탄을 자아내게 했다. 참관객들이 많았는데, 김영귀환원수 발명품에 대해 구경 온 참관객들이 실물에서 출수되는 물이 일반 물과의 차이가 어떻게 있으며 원리가 무엇인지 등에 대해서 상당히 세밀하게 질문하는 사람들이 많았

독일 등 국제발명전 16관왕

다. 그때 당시에는, '과학이 많이 발달한 나라이기 때문에 참관객들도 이렇게 과학적으로 질문을 하는구나'라고만 생각했다. 그런데 나중에 알고 보니 참관객으로 가장한 심사위원들이였던 것이다. 나름 성실하게 구체적으로 설명했던 일이 다행이었다고 생각했다.

　독일 국제발명대회는 역사가 깊고 심사가 까다롭기로 유명하다. 김영귀환원수는 이 어려운 관문을 뚫고 독일 국제 발명 대회 역사상 처음으로 금메달을 2개나 따냈다. 하지만 김영귀환원수의 이 같은 쾌거에 대해 한국에서는 방송으로 다루지도 않았는데, 독일에서는 김영귀환원수가 뉴스에 보도가 되었다.　김영귀환원수는 이를 계기로 자신감을 얻고 스위스, 홍콩 등의 세계 여러 나라 발명대회와 일본 세계 천재인 대회에 출전했다. 금메달 15관왕에 오른 데 이어 2022년 타이완 국제 발명대회에서 금메달을 또 수상했다. 김영귀환원수만의 혁신적인 발명특허 기술을 통해서 금메달을 무려 16개를 수상하였으며, 오늘날 세계 발명왕이 됐다.

김영귀환원수는 그 어떤 재산적 가치보다도 소중한 사람의 건강을 증진시켜서 무서운 질병에 이르지 않게 하는 일은, "인간이 할 수 있는 모든 일 중에서 가장 의롭고, 가장 고귀하며, 가장 위대한 일"이라는 올곧은 사명과 위대한 철학으로 평생을 일관하였으며, 혁신적인 발명특허 기술을 탄생시켰다. 이렇게 탄생한 KYK의 혁신적인 발명특허 기술은 세계무대에서 인정을 받았으며, 국위를 선양했다.

김영귀환원수의 우수한 품질

세계 발명대회 금메달 16개 수상 발명왕의 기술로 빚은 KYK제품은, 일반 물을 안전하고 의학적인 효과가 있는 물로 만드는(전환) 의료기기 제품으로 KFDA 허가를 받았다. 선진국의 의약품 품질관리 시스템 GMP 품질관리 적합 인증을 받았으며, 매 3년마다 정규적으로 갱신 인증을 해왔다.

KYK 원스톱 시스템에 의해 제조된 제품은 ISO 13485 (국제 의료기기 인증), 미 FDA (미국 의료기기 등록), NRTL (미국 안전 인증), CE (유럽 안전 인증), LOHAS(건강과 친환경의 제품과 서비스 인증), HALAL (이슬람 율법에 어긋나지 않은 제품임을 인증), KAA (대한 아토피 안심마크인증), EAC (유라시아 적합성인증), FCC (미국 전자파 통신규격 인증), C-Tick (호주전자파/통신적합성 규격 인증), KC(전기용품안전 인증) 등 국내와 세계의 품질 및 안전에 관한 수많은 인증, 허가 등을 확보하여 보유하고 있다. KYK 제품은, 제품의 성능 및 기능, 디자인, 물맛, 효과, 품

대만 카오슝전시회 상장, 금메달2022

질 등 모든 면에서 차별성과 우위성을 갖추고 있으며, 세계 58개국 소비자들로부터 검증을 받은 우수한 품질의 제품이다.

　여기서 소개하는 치유 및 체험사례는, 실제로 순수한 소비자가 김영귀 대표가 직접 개발한 알칼리이온수기, 수소수기를 구매 설치하여 장기 또는 단기간 사용을 해보고 스스로 감동을 하고 나서 너무도 감사한 나머지, 직접 김영귀 대표에게 그 감동적인 치유 및 체험사례를 보내온 편지들이다. 하지만 많은 소비자들의 편지를 지면 관계상 다 소개할 수는 없어서 몇 사람만 그것도 요약된 내용만 소개한다.

소비자 김*문. 010-**33-**25 경남 하동*

　무릇 인간의 삶이란 기본적으로 건강을 갖춘 다음에 비로소 유지해 나갈 수 있는 대장정의 총칭이라는 생각을 합니다. 김영귀 선생은 일찍이 이같은 자연의 원리에 바탕한 인간의 존엄성을 보았으며, 이는 건강이라는 기본을 바탕으로 할 때만 현실적으로 의미가 있다는 것을 말하고 있습니다. 그렇기에 반세기 가까운 오랜 시간을 한길로만 정진하여 오늘날 생명수의 비밀을 밝히는 위대한 업적을 이루었다고 생각합니다. 김영귀 선생은 이같은 물의 의미와 역할을 명확히 밝혀내며, 홍익인간을 넘어 인간 생명의 존엄성을 고양시키는 철학적 문화적 업적을 남겼습니다.

선생의 물에 대한 사명감과 진정성으로, 깊고도 명쾌하게 일구어낸 업적은, 두고두고 우리 삶의 질을 높이는 위대한 자양분이 될 것입니다. 앞서도 말했지만 김영귀 선생은 천성이 철학적이라는 생각을 지울 수가 없습니다. 선생은 인간이라는 생명체의 인격적 존엄함과 신체적 존귀함을 깊이 통찰하였기에 건강의 소중함을 알았을 것입니다.

또한 우리 몸의 7할을 차지하는 물의 비중이 의미하는 바를 알았을 것이기에 그 물이 우리의 건강에 미치는 영향에 관심을 가질 수밖에 없었을 것입니다. 이 같은 철학적 과학적 신념을 지니고 있었기에 선생 자신이 책에 적은 것처럼 '누가 뭐라든 흔들림 없이 한길로 일관하여 연구에 정진'할 수 있었을 것입니다.

김영귀 선생의 업적이 국내외적으로 검증된 사실을 제가 잘 알 수는 없지만, 그동안 선생의 국내외적 수상 내역, 활동경력만으로도 물 과학 연구에 대한 검증은 충분하지 않을까 생각됩니다. 좋은 물 많이 마시고 건강하게 살기를 권하는 김영귀 선생의 충고 말씀이 설득력을 갖는 까닭입니다. 김영귀환원수는 단지 오염물질을 걸러낸 깨끗

208

한 물의 차원을 넘어, 물의 구조 자체를 바꾼, 우리의 건강에 가장 바람직한 과학적 자연수, 기적의 생명수라 불리는 '전해 환원수'인 것입니다. 전해 환원수는 일반 자연수에는 거의 없는 활성 수소를 다량 함유한 과학적 자연수입니다.

우리의 몸은 몸속에 쌓여 있는 활성 산소 때문에 각종 질병과 노화의 촉진에 시달리고 있습니다. 우리가 김영귀환원수를 마셔서 다량의 활성 수소를 몸속에 보내면, 수소와 산소가 만나면 물(H_2O)이 되듯이, 활성 수소는 몸속의 활성 산소와 결합하여 물이 되는 것입니다. 그렇게 몸속에서 생성된 물은 땀이나 소변을 통해 몸 밖으로 배출되는 것입니다.

김영귀환원수는 일반 물과는 다른 또 하나의 특장점을 가지고 있습니다. 다량의 활성 수소를 함유하는 특성 말고도, 물 분자(H_2O)들이 뭉쳐서 된 물 덩어리의 크기가 일반 물의 절반 정도로 작아, 지구상에서 가장 작은 물 덩어리라는 특장점을 가지고 있습니다.

우리가 일반 물을 마시면 위장을 지나 소장 대장에서나 흡수된다는 것이 일반적 상식입니다. 하지만 김영귀환원수는 일반물에 비해 그 덩어리가 절반 수준으로 작기 때문에 위장에서부터 바로 흡수되므로 물을 마신 뒤의 효과도 훨씬 빠르고 강력하며 위장에 미치는 부담도 생기지 않는다는 것입니다.

우리 몸속에 들어가 세포 하나하나에 신속히 침투하여 세포를 젊고 건강하게 만드는, 이상적이고 강력한 항산화제 역할을 하는 것입니다. 요즘 세간에는 활성 산소로 인한 산화 작용 때문에 우리 몸에 각종 질병을 일으키고 노화를 촉진시킨다는 사실을 널리 알려져 있습니다. 이와 같이 우리 건강의 장애물이자 노화 촉진의 주범인 활성 산소라는 독소를 신속하게 제거하는, 물과 수소에 관한 건강 과학의 산물인 김영귀환원수야말로 기적의 생명수라는 호칭이 조금도 지나치지 않다는 생각을 하게 합니다.

저는 앞에서 김영귀환원수가 우리 체내에서 가장 이상적인 항산화제 역할을 한다고 말했습니다. 겉으로는 똑같아 보이는 물이라도 일반 물과 김영귀환원수가 우리 몸속에서 이루어내는 의학적 효과는 크나큰 차이를 보일 수밖에 없는 까닭입니다. 일반 물을 마셨을 땐 위장을 지나 소장 대장에서나 흡수되는 것이 일반적이지만 김영귀환원수는 위장에서부터 곧바로 흡수된다는 점입니다.

저는 젊은 시절 '아메바성 대장염'이라는 질환으로 거의 절망 상태의 힘든 시간을 보낸 경험이 있습니다. 의사 말로는 당장의 치료 방법은 없고 체질을 알카리성으로 바꾸는 것이 길게나마 기대할 수 있는 방법이라 했습니다. 많은 시행착오를 겪던 중 일본 제품인 알칼리수 정수기를 알게 되었고, 알칼리수를 마시고부터는 따끈히 데운 우유 반 잔 정도를 마실 수 있을 만큼 장 상태가 나아졌던 기억이 있습니다. 당시 저는 날 것이나 찬 음식은 전혀 먹지 못했었습니다. 얼마 뒤 정수기의 수명이 다한 뒤에는 매 순간을 살얼음 위를 걷듯이 조심스러운 식생활을 했던 일을 잊지 못합니다.

한참 뒤 이곳 시골에 정착하면서 김영귀 알칼리 정수기를 알게 되었고 이어서 김영귀환원수 정수기를 그리고 3년 전에는 김영귀 수소수 정수기 KYK 김영귀 제품을 설치하여 이제껏 사용하고 있습니다. 요즘 완전히 정상으로 돌아온 건강 생활을 누리면서 지난날의 아픔을 보상받는다는 생각을 하게 됩니다. 저의 신체적 건강 회복은 정신적인 건강으로 이어져서 좋아하는 독서와 글쓰기 등 문화생활을 즐기면서, 김영귀 수소수 정수기가 있어 건강 걱정 없는 말년을 누리게 되었다는 자부심에 젖어 들기도 합니다.

다른 제품과의 차별성을 굳이 말한다면, 사오십년 전에 사용했던 일본제 알칼리 정수기는 제가 가장 힘들 때 잠시 숨이라도 돌릴 수 있도록 큰 힘이 되었으나 그 효과의 깊이에 있어서는 극히 제한적이었던 기억입니다. 그리고 이제 김영귀 수소수 정수기 KYK 김영귀 제품까지 사용하면서부터는, 완벽을 추구하며 날로 발전하는 건강지킴이를 바라보는 즐거움 또한 적지 않다는 말을 하고 싶습니다. 우리 가족의 삶을 한차원 고양시키는 문화적 삶에로 이끌어준다는 보람을 매순간 느끼게 해주기 때문입니다. 힘내라! "KYK김영귀환원수!"

부산 화명동 김** 소비자 010-8***-5***

내가 처음 김영귀환원수를 만난 건 15년 전 남편이 통풍으로 많이 힘든 시기였다. 의사인 남편은 본인이 의학적으로 치료를 하는 과정에서 약의 부작용을 많이 겪고 있었지만, 다른 치료 방법은 인정하지 않으려 했기에, 나 혼자, 대체의학 쪽으로 통풍에 대해 많이 찾아보고, 통풍 환자들의 카페도 가입하여 다른 이들의 통풍 치료 사례들을 알게 되었고 통풍에 좋다는 호호뜸이나 개다래 열매, 옥수수수염차 등 남편을 설득하여 이런 저런 방법을 시도해보고 있었다.

그러던 중 통풍 치료에 물이 가장 중요하다는 사실을 알게 되었고, 당시에는 생수 종류가 그렇게 많지 않았기에 좋은 물을 찾아 강원도 춘천까지 찾아갔다. 물을 주문해서 남편에게 약을 먹듯이 하루에 물 2L를 마시게 하자 통풍의 발병 빈도가 낮아지는 것을 느꼈다.

통풍은 유전적인 요인이 많은지라 시아버님과 시숙께서도 통풍을 앓고 계셔서 좋은 물을 보내드리고 싶었지만, 경제적인 부담이 되었기에 좀 더 저렴하면서 좋은 물이 없을까 해서 찾아보고 있던 중이었다. 이때 방송을 통해 물 박사 김영귀 박사의 환원수기에 대해 알게 되었고, 인터넷을 뒤져서 김영귀환원수에 대해 깊이 있게 조사하고 난 후 나는 "유레카!"를 외쳤다. 환원수기는 물통 없이 직수형으로 전극에 의해 물이 수소와 산소로 나뉘면서 입자가 작아져서 체내 흡수가 빨라진다. 이게 산성화되어 건강을 잃어가는 몸을 약알칼리성으로 중화시켜 건강을 유지할 수 있게 하는 것이다.

… 온 가족이 저렴하게 생수를 마음껏 마시게 되어 기뻤고, 밥을 지을 때나 차, 국을 끓일 때 알카리수로 사용하니 맛이 너무 좋아서 놀랐다. 시골에서 보내온 같은 쌀로 밥을 하는데 왜 숙모집 밥이 더 맛있냐고 하는 조카도 있었고, 같은 브랜드의 인스턴트커피를 마시면서 우리집 커피 맛이 유난히 좋다는 언니에게 물 때문이라고 김영귀환원수기 자랑을 했었다. 이제는 김영귀환원수기가 없는 우리 집을 생각할 수도 없게 되었다.

산성수로는 야채, 과일을 세척하고 세안에도 사용하면서 또, 김영귀 박사님께 감사했다. 시아버님도 좋은 물을 먹어야 한다는 생각에, 경제적 부담은 되었지만 시댁에 김영귀환원수기를 놓아드렸고, 남편 병원을 찾는 환자들에게도 좋을 것 같아서 병원에도, 환자용과 직원용으로 두 대의 환원수기를 설치했다. 통풍은 나이 들수록 더 심해질 수도 있다는데, 남편의 통풍 증상은 많이 완화되었고, 전에는 매일 먹던 약도 이제 가끔씩 먹게 되어 부작용에 시달리는 일이 거의 없어졌다.

김영귀환원수에 대해 지인들에게 항상 자랑했지만, 환원수기 가격에 경제적으로 부담을 느껴서 망설이는 경우가 있었다. 10년쯤 전인가 친언니가 루프스에 걸려 몸이 많이 안 좋았다. 사는 곳의 수돗물이 지하수였는데 물이 안 좋다 하는 말을 듣게 되었다. 아픈 언니를 위해서 내가 할 수 있는 방법은 바로 김영귀환원수기라 생각되어 김영귀환원수기를 선물해드렸다. 다른 약을 사주는 것보다 훨씬 잘한 일이라는 생각은 변함없다. 그 사이 친한 친구에게도 권하여 그친구가 김영귀 환원수기를 설치해서 사용한 지 10년이 다 되어 가는데 잘 사용하고 있다고 항상 얘기한다.

… 김영귀환원수기를 사용한 지 15년, 김영귀환원수기를 만나서 감사하며, 앞으로 남은 시간도 이 좋은 물과 함께 건강하게 살게 될 것이라 믿어 의심치 않는다.

양주시 **동 심** 010-8***-***2

나는 혈액암 3기 환자다. 혈액암 중에서도 완치가 불가하다는 다발성골수종 3기 판정을 2019년 6월에 서울성모병원에서 진단받았다. 그때 당시 골수 내 70% 이상 형질세포가 발견된 것으로 기억이 든다. 우리 암은 다른 병과는 다르게 발병된 곳을 자르거나 수술로 치료하는 것이 아니기 때문에 더욱 막막한 마음으로 항암을 시작하게 되었고, 하루에도 몇 번씩 죽음을 생각하며 고통의 나날을 보냈다. 그래도 다행히 예후가 나쁘지 않아 조금씩 기력도 차리고 정신을 잡게 되었다. 그때부터인가 미친 듯이 이 병에 대해 찾아보고 어떻게 이겨내야 할 것인지 고민하기 시작했다. 두 달이 지날 때쯤 어느 정도 목표가 생기기 시작했다.

혈액암은 혈관을 통해 암세포들이 돌아다니는 것 아닌가! 그렇다면 혈관을 관리하면 되지 않을까? 맞다. 우리 몸은 70%가 물로 이루어져 있고 특히 혈관은 80%가 물로 이루어져 있다고 한다. 그렇기 때문에 더욱 확실해졌다. 병원 약, 기능지원 영양제는 내 몸에 흡수되는 데 어느 정도 한계가 있다는 생각이 들었다. 답은 나왔다. 가까이에서 쉽게 접할 수 있는 좋은 물을 마시면 되는 것 아닌가! 첫 번째 목표가 생겼기에 병원에서 다른 분들은 일반 생수를 먹을 때 나는 그때부터 알칼리수 생수를 마시기 시작했다. 하지만 시중에 시판되는 알칼리수 생수는 함유량이 극히 적어 더욱 신뢰감이 있는 알칼리수를 찾게 되었고 드디어 김영귀환원수를 만나게 된 것이다. 더욱 김영귀 알칼리 환원수에 관심이 깊어지면서 내게 가장 중요한 건 내 몸에 발생하는 유해 활성산소를 막아내는 것이며, 많은 독한 약품들을 해독해야 한다는 해답이 나왔다

더군다나 내 경우 일상 혈당수치가 130~150 사이였기에 혈당약을 먹고 있었다. 아무리 야채나 좋은 음식에 알칼리 성분이 있다고 한들 너무 소량이기 때문에 한계가 있다는 것을 깨닫고 바로 집에 2020년 4월경 알칼수환원수를 설치하게 되었다. 그때부터 김영귀환원수와 인연을 맺게 되었다. 하루에 2L의 알칼리수를 마시는 건 어렵지 않았다. 정말 우리 식구들은 알칼리수 활용을 잘했다. … 이렇게

알칼리수만 사용하다 보니 노즐에 흘러나오는 산성수도 활용하게 되었다. 항상 알칼리수를 뽑을 때 노즐에 통을 연결해 산성수를 받아놓았다가 가족들이 목욕 및 세안 시 마지막 헹굴 때 사용했다. 특히 땀이 많은 나는 두피염증이나 땀띠에 탁월한 효과를 볼 수 있었다.

이렇게 알칼리수에 관심을 갖다 보니 자연스럽게 수소수에도 관심을 두게 되었다. 수소수에 대해 알아보고 우리는 바로 수소수를 아내 미용실에 설치하게 되었다. 아내 미용실에서도 수소수를 이루 말할 수 없이 잘 활용하였다. 염색약 등 산성이 강한 약품들을 주로 사용하는 곳에서 수소수는 생명수 같은 존재였다. 불규칙한 식사와 많은 손님을 응대하며 받는 스트레스 그리고 끊이지 않는 샴푸작업 때문에 아내와 미용실 식구들은 변비를 달고 살았지만, 이제는 거기에서도 해방되었다. 수시로 수소수를 섭취하고 활용했다. 이렇게 알칼리수와 수소를 모두 활용했다. 우리 집은 아이들이어려 외부나들이를 자주 가는데 그때마다 일반 생수를 먹는 게 조금 망설여졌다.혹시 몰라 김영귀환원수에 알아보니 휴대용 제조 알칼리수가 있는 게 아닌가! 주저할 것도 없이 구매하여 외부 외출 때 항상 챙겨나간다. 다른 사람들이 봤을 때는 조금 지나친 것으로보일 수 있지만, 우리 건강을 지키기 위해서라면 그 정도는 자신 있게 넘어갈 수 있었다.

이렇게 건강한 물을 마시다 보니 주변인들이 보이기 시작했다. 특히 우리 회사는 방역업무를 담당하고 있는 곳이다. 정문 출입구에 소독기가 설치되어 있고 대부분의 직원들이 연구실에서 연구를 하거나 축산농가에 나가 작업을 한다. 그렇다면 이 분들 또한 얼마나 열악한 환경 속에서 근무하는 것인가? 다행히 내가 지원팀에 근무하고 있었기에 김영귀 알칼리수 2대를 회사에 설치하고 널리 홍보하게 되었다.

처음에 직원들은 별 관심 없어 보였지만 향후 본인들이 소화가 잘 되니 피부염증이 사라졌다는 등 몸소 체험한 이야기를 해주었다. 지금은 아침마다 1L의 통을 들고 알칼리수를 받아 가는 모습 또한 익숙해졌다. 이렇듯 나는 알칼리수, 수소수를 정말 잘 사용하고 있고 그 결과 현재 완전히 관해 상태이다. 물론 병원도 꾸준히 다니고 식단 조절도 열심히 했다고 하지만 무엇보다도 내가 가장 많이 섭취하고 내게 가장 가까이 있었던 건 수소수와 알칼리수였다. 혈액암 환우들은 100이면 100이 모두 조혈모세포이식수술을 해야 한다. 무조건 그게 정답이다. 하지만 난 수술 날짜까지 잡아놓고 도망치듯 수술을 거부하게 되었다. 병원과 주변에서는 정말 어리석은 행동이라 했지만 나 또한 살아보려 택한 길이다. 무조건 혈관부터 살려야 했다.

이에 김영수환원수를 진실하게 알리고 싶은 마음에 이 글을 쓰게 되었고 난 언제나 자신 있게 말한다. 당신이 먹고 있는 물부터 바꾸시라! 그러면 당신과 가족의 미래도 바뀔 것이다!

서울시 강남구에서- **숙 010-9***-***5

저는 80세이며 물을 많이 마시지 않아 고생한 경험이 있어 제 모든 질병의 원인이 체내의 수분 부족이었다는 것을 되새기게 됩니다. 위염, 신우염, 방광염, 편도선비대증, 단백뇨, 갑상선 저하증을 경험하며 인체에 물이 중요하다는 것을 알고 2007년부터 김영귀환원수를 마시기 시작했습니다. 제가 매일 정성껏 마시는 따뜻한 알칼리수, 수소수가 염증치료에 탁월한 효능이 있다고 생각됩니다. 물을 잘 마시니 혈압은 늘 정상이고 피부건조증상도 완화된 것을 느낍니다. 2015년경 무렵에 관절염이 왔었는데 현재는 양쪽 무릎 모두 회복되었습니다. 이것은 제가 재활운동을 꾸준히 지속하며 염증치료에 최고인 수소수를 잘 마신 덕분이라고 생각합니다.

… 모든 질병으로부터 우리 몸을 정상으로 되돌리는 핵심 요소인 좋은 물을 잘 선택하여 마시는 것입니다. 저는 수소수가 '위대한 물'이라고 감히 단언할 수 있습니다. 수소를 마신 후 저하증으로 생긴 종양을 제거한 후 체중변화도 없고 다른 질병에 노출되지도 않았고 안정된 생활이 유지되고 있습니다. 60대 이르러 중이염수술, 탈장수술, 전립선수술로 우울증이 시작되면서 제 배우자에게 여러 질병이 생겨났습니다. 그러다가 2021년 11월 중순부터 서서히 우울증이 증세가 호전되었으며 다른 병들도 호전되기 시작했습니다.

이런 신체 변화는 모두 물 덕분이라고 생각합니다. 물이 혈액의주 성분이 되기 때문에 물을 바꾸는 것이 치유를 위한 진리라고 생각합니다. 수소수를 계속 잘 마시며 세월이 흐르면서 서서히 체질이 바뀐 것입니다. 수소수를 매일 정성껏 마신 결과라고 생각합니다. 친구들은 저에게 인생 후반이 더 활기 있다고 부러워합니다. 그 원인은 좋은 물을 선택하고 물을 잘 마시는 습관을 지속했기 때문입니다. 김영귀환원수가 널리 알려지고 보편화되어 많은 분들이 수소수를 음용하여 건강의 축북을 누리시기를 기원드립니다. 건강과 행복을 주시는 김영귀환원수를 위해 노고가 많으신 박사님과 연구진분들께 진심으로 감사드립니다.

대표

김정인

Hyperlounge_____.

하이퍼라운지

김정인대표

학력

1990	영동고등학교 졸업
2002	서울대학교 기계공학 박사 졸업

경력

2023~ 현	SKC사외이사
2021~현재	Antler(글로벌VC) Advisor
2020 현	주식회사 하이퍼라운지 창립 및 대표
2019~2021	AffinityEquityPartners 글로벌 운영 총괄
2016~2018	현대카드 사업총괄 부사장
2011~2016	현대카드/캐피탈/커머셜전략 및 운영 총괄
2002~2011	McKinsey&Company 파트너

lıılll Hyperlounge_____.

중소기업 데이터 경영의 파트너, 하이퍼라운지

하이퍼라운지는 중소중견기업을 위한 데이터 플랫폼 및 분석서비스를 전문으로 하는 B2B SaaS 기업으로, 2020년 설립 이래 풍부한 경험의 리더와 유수의 투자사들과 함께 성장하고 있는 스타트업이다. 하이퍼라운지가 개발한 서비스인 '하이퍼리포트'는 매출 200억~2,000억 원의 중소기업 경영진을 위해 특화된 경영분석 리포트 App이다. 기업의 핵심 데이터를 추출해서 사업지표로 표출하고, 가시성 높은 차트 형식으로 구성하여 최고경영진의 의사결정을 돕는다. 하이퍼리포트를 구독하면 기업 경영에 핵심적인 경영 데이터와 분석 리포트를 매일 모바일 애플리케이션으로 한눈에 볼 수 있다.

중소기업의 경우 자체 전사적자원관리(ERP) 시스템이 제대로 갖춰지지 않아 경영 성과가 보통 월·분기 단위로 한 박자 늦게 집계·보고되는데 하이퍼리포트는 이 점에 착안해 중소기업 경영진을 위해 매일 갱신되는 데이터와 분석 서비스를 제공한다.

하이퍼리포트가 제공하는 데이터는 실적(매출·이익 등)은 물론이고 재고, 가용자금, 미수·연체금액 등 다양하다. 중소기업은 데이터 수집·분석을 위해 별도로 가공 작업할 필요 없이 기존에 기업이 보유한 데이터(엑셀 파일 등)를 원본 그대로 하이퍼리포트 측에 공유만 해주면 된다.

무엇보다 도입의 간편성을 도모하여 별도의 초기 구축비용과 공수 없이, 최소 4주 만에 서비스를 제공한다. 또한, 사업별 라이브러리 및 템플릿을 Database로 구축하여 빠르게 확장이 가능하며 고객 데이터는 별도 분리된 Storage에 저장·관리하여 운영해 보안 이슈까지 잡았다는 것이 특징이다.

하이퍼리포트는 출시한 지 약 10개월 만에 락앤락, 맘스터치, 교원투어, 그린제약 등 30개 업체가 회원으로 가입하는 등 중소기업 경영진의 빠른 호응을 얻고 있다. 성장 가능성을 인정받아 지난해 11월 싱가포르 알타라벤처스 등 투자사에서 총 106억원 규모 시리즈A 투자를 유치하기도 했다.

하이퍼리포트의 탄생

김 대표는 스타트업 유클릭에서 경력을 시작해 맥킨지 파트너, 현대카드 사업총괄 부사장, 어피너티에쿼티파트너스 글로벌 운영총괄 등을 역임하면서 기업 투자, 경영 개선 분야에만 20년 이상 몸담아온 베테랑이다. 수많은 회사와 경영진들을 만나오면서 그들의 고민과 경영 노하우들을 함께할 수 있었고 이를 기반으로 자연스럽게 쌓인 인사이트로부터 사업 구상이 시작되었고 결국 창업을 결심하게 되었다.

무엇보다 기업 경영성과 턴어라운드(Turn-around)와 같은 경영 개선 경험과 더불어 데이터 및 디지털 사업 구축, DX를 통한 기업가치 제고, 데이터 자산 기반의 사업 창출 등 DX 분야의 다양한 사업 및 컨설팅 경험에서부터 사업의 영감을 받았다. 특히, 대기업의 CIC(Company In Company) 방식의 사업 인큐베이션 경험과 다양한 투자자들의 투자 특성에 대응해온 노하우 역시 보유하고 있었기에 사업을 빠르게 시장에 안착시킬 수 있겠다는 자신감과 확신을 가질 수 있었다고 한다.

하이퍼리포트 앱

사업 구상뿐 아니라, 구체적인 서비스 설계 및 구축까지 빠르게 추진할 수 있었던 요인은 김 대표의 공학박사 배경과 다년 간의 경영 노하우가 접목되었기 때문이다. 데이터 구조, 플랫폼 아키텍처 구성의 기술적인 이해와 더불어, 중소기업 경영진에게 필요한 경영 콘텐츠에 대한 전문 지식이 결합되었기 때문에 서비스 구상부터 실질적인 구현까지 단번에 이어질 수 있었다.

또한 하이퍼라운지는 20·30대가 주축인 일반적인 스타트업과 달리 충분한 경력을 갖춘 40대 후반~50대 시니어가 핵심 경영진으로 포진해 있는 것이 특징이다. 김정인 대표 외에도 티맥스데이터 연구소장을 역임한 20년 이상 경력의 데이터솔루션 전문가 이용재 최고기술책임자(CTO, 48), 현대캐피탈 해외전략담당 상무를 지낸 도문주 최고재무책임자(CFO, 53) 등의 독보적 전문가 출신 경영진으로 구성되어 있다.

이러한 '경영'과 '기술'의 전문성과 20여 년의 노하우가 빚어낸 결과는 놀라웠다. 창업한 지 불과 1년 만에 70여 명의 조직을 구축하여 하이퍼리포트라는 상용화 서비스를 완성해냈고 영업 시작 1년 만에 30개 이상의 고객사들을 빠르게 확보했다. 무엇보다 스타트업 투자 환경이 가장 열악했던 2022년 하반기에 100억 원 이상 규모의 시리즈A를 성공적으로 수행하는 등의 초기 스타트업으로서의 주목할 만한 성과를 내며 무섭게 성장하고 있다.

민첩성과 유연함으로 무장한 실행 중심 조직

김 대표의 경영철학은 외국계 컨설팅사, 대한민국 3대 그룹사, 글로벌 사모펀드 등의 다양한 경영 환경과 조직의 리딩 경험에서 비롯되었다. 인재 및 조직 관리 노하우, 고성과 조직을 위한 비전 수립, 빠른 실행을 위한 조직 문화 구축 등을 중심으로 본인만의 경영 철학과 신념을 쌓아왔으며, 데이터 기반 사업 조직의 경영에 있어 4가지 핵심 철학을 바탕에 두고 하이퍼라운지를 이끌어가고 있다.

첫째, 깊은 전문성 위주의 리더십팀, 둘째, 다양한 구성원들 간의 극단적으로 수평적인 조직 문화, 셋째, 모든 구성원들의 실무적 역할과 책임 극대화, 넷째, 빠르고 유연하게 반복되는 의사결정이 바로 그것이다. 즉, 김 대표가 지향하는 조직은 어질리티(Agility)가 극대화된 조직이라 정의할 수 있다. 때문에 이러한 조직과 팀을 얼마나 빠른 시간 내에 얼마나 큰 규모로 구축할 수 있는가가 핵심이라고 판단

일하는 모습

했고 이 작업에 첫 1년의 사활을 걸 만큼 공을 들였다. 그리고 현재 하이퍼라운지는 빠르고 과감한 전략 수립과 일사분란한 실행, 그리고 빠른 피드백에 따른 전략의 재수정 등 민첩하게 대응하고 신속하게 실행하는 조직 문화를 공유하며 차근차근 앞으로 나아가고 있다.

무엇보다 하이퍼라운지가 주력하고 있는, B2B시장에서 공략이 가장 어렵다고 알려진 중소기업(SME)시장으로의 성공적인 침투를 위해서는 어질리티(Agility)가 필수라고 김 대표는 강조한다. '최고 경영진을 위한 데이터 SaaS' 시장이 아직 태동기라는 점 또한 고려한다면, 하이퍼라운지가 지향하고 있는 '빅데이터를 이용한 데이터 벤더(Data-Vendor) 사업'의 성공을 위해서는 무엇보다 민첩한 실행력으로 무장되어야 하기 때문이다. 이에 김 대표는 이러한 어질리티(Agility)를 구성원들의 핵심 역량으로 키워나가기 위해 조직의 모든 노력을 집중해나가고 있다.

데이터 경영은 철학의 문제, 작은 것부터 시작해야

최근 데이터 경영이 모든 기업들의 필수적인 과제로 부상하고 있다. 경영전략 전문가인 김 대표가 생각하는 중소기업의 '데이터 경영'은 무엇일까?

김 대표는 데이터 경영은 데이터 인프라나 솔루션 관점의 문제라기보다는 경영 철학의 문제이면서 동시에 경영자들의 역량, 경영 프로세스 등과 훨씬 더 큰 상관관계가 있다고 말한다. 데이터 기반의 의사결정, 문제해결을 위한 역량과 철학이 결여된 상태에서 단순히 인프라나 솔루션에 대한 투자에 의존하는 것만으로는 절대 실현될 수 없다는 뜻이다. 또한 스스로 위에서부터의 변화가 시작되어야 한다는 점을 강조한다. 경영진부터

디지털 환경과 데이터를 경영에 실용적으로 적용할 수 있는 역량과 조직 문화를 배양하는 것이 우선이라는 것이다. 더 이상 대기업만의 전유물이 아니라, 중소기업도 데이터 경영의 혜택을 충분히 누리기 위해서는 경영진이 꼭 기억해야 할 점이 있다고 김 대표는 강조한다.

첫째, 데이터로 해결하고자 하는 문제에 집중해야 한다는 점이다. 데이터 경영에 필요한 데이터와 인프라 그 자체에 집중하기보다는 "데이터 경영을 통해 경영진이 풀고자하는 문제가 무엇인지"에 대한 정확한 정의에 먼저 집중할 필요가 있다는 것이다. 문제가 정의되면 이를 풀기 위한 실용적이고 적절한 방안과 기술은 이미 충분히 나와 있기 때문이다.

사무실 전경

둘째, 소프트웨어적인 요소에 대한 투자이다. 데이터 경영에 필요한 보다 근본적인 투자는 인프라나 솔루션이 아니라 조직 문화와 성과 체계의 변화, 구성 인력의 변화, 의사결정 프로세스의 변화 등 비재무적인 소프트한 요소에 대한 투자에 의해 성패가 갈린다는 것이다. 결국, 데이터 경영에 있어 경영진이 풀고자 하는 문제를 먼저 정의한 후, 솔루션과 서비스 투자는 최소한의 실용적인 부분에 국한하고, 대신 이러한 조직의 소프트웨어적 요소들을 과감하게 혁신하는 쪽에 경영진의 노력을 집중하고 선제적인 투자를 고려할 필요가 있다고 말한다.

즉, 데이터 경영은 지금 당장, 가장 실용적이고 작은 부분에서 시작할 수 있다는 경영진의 마인드셋에서부터 시작되며 모든 경영진이 본인의 회사에서 당장 내일부터 시작할 수 있는 것이 바로 데이터 경영이라는 것이 다년간 경영 개선 분야 전문가로서 길을 걸어온 김 대표의 조언이다.

동남아 등 글로벌 중소기업 빅데이터 시장을 향해

대한민국에서 중소기업들이 차지하는 비중은 기업 수로는 98%, 종사자 수로는 67%, 매출액 규모로는 36%에 이를 정도로 그 비중이 높다. 그럼에도 대부분의 중소기업들은 열악한 환경과 예산 부족으로 인해 디지털 기술과 DX의 혜택을 온전히 누리지 못하고 있는 것이 현실이다.

이렇게 열악한 환경에 놓인 중소기업들에게 최적화된 서비스를 제공하고, 업계 데이터들을 축적하여 빅데이터 서비스를 제공할 수 있는 사업 모델을 만들어 나가는 것이 하이퍼라운지의 미션이다. 중소기업은 대기업과는 달리, 자체적인 경영 분석이 가능할 정도로의 충분한 업계 데이터가 축적되어 있지 못한 데다가 표준화도 되어 있지 않다 보니, 외감 데이터나 기업신용평가 데이터 등 매우 제한적인 데이터에 의존할 수 밖에 없고 업계 빅데이터를 활용한 서비스의 탄생 또한 근본적으로 불가능한 상황이기 때문이다.

이는 단지 국내에만 국한된 문제가 아니라 글로벌 시장 역시 공통적으로 안고 있는 문제이다. 특히 중소기업들이 산업의 근간을 이루는 동남아의 경우, 연 매출 100억 이상 중소기업은 약 10만 개에 달한다. 데이터 솔루션 시장 규모 또한 100억 달러 이상으로 매년 15% 이상의 가파른 성장세를 보이고 있다. 하이퍼라운지가 글로벌 시장에서도 동남아 시장을 주목하고 있는 이유이다.

향후 김 대표는 확보된 다양한 중소기업 관련 빅데이터를 활용해 데이터 분석·제공 분야로 사업을 확장한다는 계획이다. 나아가 국내외 시장에서 '중소기업 빅데이터 서비스'의 성공 가능성을 증명함

사무실 전경

으로써 글로벌 기업들도 이러한 사업 모델에 함께 뛰어들게끔 마중물 역할을 하겠다는 확고한 비전을 가지고 있다.

동남아 시장을 시작으로, 전 세계의 중소기업들의 데이터 역량을 극대화하는 파트너로 성장하고, 데이터 경영과 관련된 새로운 사업 모델을 정착시키겠다는 포부 또한 밝혔다. 가까운 미래, 글로벌 중소기업 빅데이터 시장을 향해 나아갈 하이퍼라운지의 앞날이 기대된다.

대표
노현준

TSF

(주)더스킨팩토리

더스킨팩토리

노현준 대표

학력

1993	잠실고등학교 졸업
1997	고려대학교 산림자원학과 졸업
2008	KDI School 한국개발연구원 (MBA) 졸업

경력

2001~2021	유한킴벌리 본부장 상무이사
2021~현재	㈜더스킨팩토리(쿤달) 대표이사 사장
2023~현재	㈜에이빌코리아/㈜에이빌인도네시아(네시픽) 인수, 대표이사 사장

상훈

2021	벤처 천억기업(중소벤처기업부)
2021	퍼스트 브랜드 대상(한국 소비자포럼)
2021	KCIA 한국소비자평가(대한소비자협회&한국소비자평가)
2021	글로벌 파워 브랜드 대상(GPBA 대상 선정 위원회)
2021	히트상품 대상(머니투데이)
2021	소비자가 뽑은 가장 신뢰하는 브랜드 대상(디지털조선일보)
2022	퍼스트 브랜드 대상(한국 소비자포럼)
2022	KCIA 한국소비자평가(대한소비자협회&한국소비자평가)
2022	글로벌 파워 브랜드 대상(GPBA 대상 선정 위원회)
2022	국회 보건복지위원장상-화장품부문(복지 221219-172호)
2022	소비자가 뽑은 가장 신뢰하는 브랜드 대상(디지털조선일보)
2022	대한민국 소비자 브랜드 대상(한국소비자협의회)
2023	퍼스트 브랜드 대상(한국 소비자포럼)
2023	소비자가 뽑은 가장 신뢰하는 브랜드 대상(디지털조선일보)
2023	대한민국 소비자 브랜드 대상(한국소비자협의회)

TSF

(주)더스킨팩토리

건강하고 기분 좋은 일상을 위한 끝없는 도전

(주)더스킨팩토리는 2016년 한국에서 설립된 기업으로, 헤어 케어와 바디 케어 카테고리에 탄탄한 제품력을 가지고 있는 '쿤달(KUNDAL)' 브랜드를 기반으로 빠르게 성장하고 있다. 쿤달은 경쟁이 치열한 우리나라 헤어 트리트먼트·샴푸 시장에 2016년 진출해 빠르게 성장해왔다.

특히, 설립 초기부터 조직 내 '향기 연구소'를 운영하며 다양한 시그니처 향기들을 연구 개발하고 직접 조향하는 등 향기에 대한 진정성으로 소비자들과 소통해왔다. 이를 통해, 현재는 약 80개의 향기를 다양한 카테고리에 접목시켜 소비자들에게 사랑받고 있으며, 대표적으로 사랑받는 향기로는 베이비파우더향, 화이트머스크향, 체리블라썸향, 일랑일랑향, 블랙체리향, 클린숍향, 허브민트향 등이 있다.

향기브랜드로의 포지셔닝과 카테고리 확장

쿤달은 소비자들의 다양한 니즈에 부합하는 기분좋은 '향기' 브랜드로 빠르게 자리매김하며 인지도를 상승시켰고, 이와 함께 제품군을 다양한 퍼스널 케어 카테고리로 확장시켜 나갔다. 쿤달의 제품군은 크게 △헤어 케어(트리트먼트, 샴푸 등) △바디 케어(바디워시, 로션 등) △페이스 클렌저(오일, 폼, 워터 등) △핸드케어(워시, 크림 등) △스킨케어(자외선차단제) △립 케어(립밤 등) △펫 케어(샴푸 등) △리빙 케어(디퓨저, 캔들 등) 등으로 구성돼 있다.

압구정 쿤달카페 내 시향 및 제품 전시판매

'쿤달'은 7년째 뛰어난 품질과 탄탄한 제품 라인업으로 소비자들에게 호평을 받으면서 고속 성장을 이어가고 있다. 올해 매출 1,000억 원 고지를 넘어설 전망이며, 수출국도 늘고 있어 앞으로도 성장세는 계속될 것으로 예상된다.

천억 매출 돌파와 6대륙 51개국 해외진출

금융감독원에 따르면 더스킨팩토리의 2022년 매출액은 965억 원으로 전년(831억 원) 대비 16% 신장했으며, 영업이익도 116억 원으로 16.5% 증가했다. 2016년 10월 설립된 이 회사는 2017년 56억 원의 매출을 올린 뒤 2019년 318억 원, 2021년 831억 원에 이어 지난해 965억 원까지 5년간 꾸준히 성장하며 매출이 17배 이상 뛰었다.

2020년 코로나19 영향으로 일회성 손 소독제 판매(619억)가 폭증하면서 매출 1200억 원을 기록한 바 있으나, 일회성 성격이 강하다는 점을 고려하면 순수 브랜드 상품만으로는 올해 매출 '1,000억 원 돌파'가 가능할 것으로 보인다.

국내를 넘어 해외에서의 성과도 괄목할 만한 성장을 보여주고 있다. 2년 전 24개국이던 쿤달의 수출국은 2023년 현재 51개국까지 늘었다. 쿤달은 현재 일본, 동남아시아, 미국, 유럽 등에 제품을 수출 중이며, 2022년 11월 아프리카 모잠비크에 수출 판로를 개척하면서, 전 세계 6개륙에 모두 진출하게 되었다. 쿤달은 모잠비크 발주를 시작으로 남아프리카 공화국에도 온·오프라인 매장을 확대해 나갈 예정이며, 포르투갈 시장까지 진출할 계획에 있다.

또한 쿤달은 지난 3월 '2023 아시아·태평양 지역 고성장 상위 500개 기업'에 선정되기도 했다. 경제지 파이낸셜타임즈(FT)와 글로벌 리서치 전문기관 스태티스타(Statista)는 매년 아·태 지역 13개 국가에 본사를 둔 약 1만 500개 기업을 조사해 높은 성장세를 보인 상위 500개 기업을 선정하고 있다. 올해는 아시아·태평양 지역 내 기업 중 2018년부터 2021년 사이 혁신성을 기반으로 고성장한 기업들을 발표하였으며 해당 조사에서 쿤달은 500개 기업 중 136위에 선정되었으며, 국내 기업 중 유일한 '제약 및 화장품' 브랜드로 이름을 올렸다. 2018년 대비 2021년 매출성장률 426.5% 증가, 3년간 연평균 성장률 74%를 기록했고 특히 해외를 중심으로 8,638.7%의 매출 성장율, 124.8%의 영업이익을 증가시키며 빠른 성장을 이루어 내고 있다.

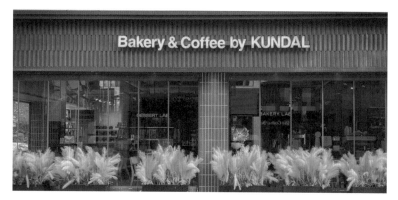

쿤달 카페 'Bakery & Coffee by KUNDAL' 압구정 로데오점

브랜드와 제품을 체험할 수 있는 베이커리&카페 운영

또한 더스킨팩토리는 플래그십 스토어형 카페 매장 '베이커리 앤드 커피 바이 쿤달(Bakery & Coffee by KUNDAL)' 압구정로데오점을 운영하고 있다. 2020년 10월 문을 연 압구정로데오점은 사회관계망서비스(SNS)를 중심으로 이색적인 카페라고 입소문 나면서 코로나19 여파에도 문제없이 운영해왔다. 매장 한쪽에는 쿤달의 여러 제품이 진열되어 있는데, 매장을 방문한 고객에게 자연스럽게 제품과 브랜드를 알리기 위한 쿤달의 전략이다. 압구정로데오점의 한 달 매출은 약 6,000만원으로, 올해 카페 예상 매출은 약 7억 원이다. 올해 2호점 출점을 추진 중에 있으며, 2호점은 포장 중심 매장이면서 압구정로데오점보다 더욱 다양한 쿤달 제품을 선보이는 공간으로 꾸며질 예정이다.

자회사 에이빌의 네시픽 허브 크림, 토너, 세럼

'네시픽' 인수와 사업영역 확장

더스킨팩토리는 2023년 1월 '욕세럼'으로 유명해진 화장품 브랜드 '네시픽'을 보유하고 있는 기업 에이빌코리아를 인수했다. 기존에 강점이 있는 샴푸·생활용품 분야 외에 색조·기초화장품 시장으로 사업 영역을 확장하고 관련 해외 매출도 끌어올리려는 계획이다. 네시픽은 지난해 기준 전체 매출액 168억 원 중 148억 원(88%)이 해외에서 발생하는 대표적인 수출기업이다. 동남아, 러시아, 일본, 중동 등 다양한 해외 온라인 마켓을 중심으로 매출을 견인해왔다.

에이빌코리아는 해외에서 쌓은 인기를 토대로 2019년 인도네시아에 진출해 현지직원 20명가량이 상주하는 현지 법인을 보유하고 있다. 노현준 대표는 "이번 인수·합병을 통해 쿤달은 인도네시아 등 네시픽이 진출한 국가에서 힘을 받고, 네시픽은 쿤달이 터를 다져 놓은 일본, 싱가포르, 말레이시아 등으로 시장을 넓히는 계기가 될 것"이라고 설명했다. 이러한 전략을 통해 2024년부터는 더스킨팩토리의 해외 매출을 국내 매출 이상으로 끌어올리겠다는 것이 더스킨팩토리 측 목표다.

지속가능한 기업으로의 도약과 사회 책임 활동

또, 노현준 대표는 사회적 책임을 실천하는 것이 글로벌 기업으로서의 최우선 과제라고 말한다. 이에 더스킨팩토리는 사회적 책임을 실천하고 일자리 창출 활성화를 통한 안정적인 생활 지원을 위해서 장애인 체육선수(종목 수영, 사격) 2명을 2021년 정식 채용하였다. 전국장애인체육진흥회와 협약을 통해 진행된 채용은 장애인 운동선수가 기업에 취업해 훈련 및 대회 참가를 근로로 인정받아 급여를 받는 것으로, 더스킨팩토리는 취업 취약계층인 장애인에게 일자리 제공을 통해 사회참여 확대 및 소득 보장을 지원해 줌으로써 선수들의 자립을 도모하고 각종 대회 참가 활동 및 훈련 활동에 적극 후원하고 있다.

노현준 대표는 "비장애인에 비해 상대적으로 취업이 어려운 장애인 체육선수의 일자리 활성화에 기여하는 일은 굉장히 중요하고 가치 있는 일이라고 생각한다. 선수들이 운동에만 전념하여 좋은 성과를 낼 수 있도록 모든 적극적인 지원을 아끼지 않겠다"며 "ESG 경영 원칙을 기반으로 다방면의 사업을 추진하여 착한 소식을 지속적으로 전할 수 있도록 노력하겠다"라고 전하며 장애인 스포츠 선수 채용을 시작으로 사회적 기업 활동을 확대할 방향을 언급하였다.

사내 라운지 카페 쿤토피아

　더스킨팩토리는 이에 그치지 않고 펫 제품 개발에 '동물실험을 하지 않았다'는 것을 밝혔으며, 유튜브 '이웃집의 백호'와 함께 유기 동물 보호소에 고양이 모래 3톤가량을 기부하고 7개 유기동물보호소에 7,000만 원 상당 펫 살균 탈취제를 기부하는 등 유기동물의 실태에 많은 관심을 가지며 다방면의 사회적 책임을 다하는 데 힘쓰고 있다.

　아울러 플라스틱을 줄이기 위한 노력으로 리필팩 제품을 지속적으로 개발하여 출시하였고, 포장재 절감 대용량 제품을 적극적으로 공급했다. 또한 지역 사회 내 취약 계층에 2억 원 상당의 생필품 기부, 한국YMCA 전국연맹을 통한 여성과 청소년들에게 2만 5,000여 개 생리대 기부, 장애인자립생활센터에 생필품을 전달하는 등 지속 가능한 환경을 위한 노력과 도움이 필요한 여러 계층에게 전하는 기부 활동도 꾸준히 진행 중이다.

더스킨팩토리가 글로벌 기업으로서 자리매김한 것은 평균 연령층이 30대 초반으로 젊은 직원들의 창의적인 혁신을 바탕으로 브랜드를 성공적으로 이끌었음을 의미하는 것이며, 더 나아가 브랜드가 소비자에게 전하는 제품의 경험이 시장에서 인정받았다는 점에서 의미가 크다. 노현준 대표는 "글로벌 기업으로서 해외 수출 국가 및 채널 확대로 더 큰 성장을 도약 중에 있다. 앞으로도 더스킨팩토리의 제품을 통해 소비자들의 일상을 더욱 건강하고 기분 좋은 경험으로 채워나가기 위해 노력하겠다"고 전했다.

회장
박인주

ZENIEL

제니엘그룹

박인주 회장

학력

한국방송통신대학교 경영학과

한국외국어대학교 세계 경영대학원(경영학
석사)

고려대학교 노동대학원 졸업

서울대학교 행정대학원 최고경영자과정

서울대학교 경영대학원 최고경영자과정

KAIST AIM과정

통일부 통일교육원 통일정책 최고위과정

경력

전   한국아웃소싱협회장 역임

전   서울상공회의소 서초구 상공회
       회장 역임

현재   서초구 장학재단 이사장

현재   서울상공회의소 감사

현재   제니엘그룹 회장

상훈

2022   일자리창출 유공 정부포상 국무
       총리 표창

2021   11회 행복더함 사회공헌 부총리
       겸 기획재정부 장관상

2020   일자리창출 사회공헌 유공 고용
       노동부장관상

2013   40회 상공의날 은탑산업훈장

2007   34회 상공의날 동탑산업훈장

2002   29회 상공의날 대통령 표창
       (일자리창출)

제니엘그룹은 1996년 설립한 이래 불모지나 다름없던 아웃소싱 산업을 개척하고, 한 차원 높은 서비스를 제공하고 있는 종합인재고용서비스 기업이다. 우리나라 아웃소싱의 모델을 제시하며 '일하고 싶은 사람이 일할 수 있는 행복한 사회 구현'에 앞장서온 제니엘그룹은 단순한 인력 파견에 멈추지 않고, 분야별 전문가들이 고객의 업무 프로세스와 직무에 대한 이해를 바탕으로 효율적인 인재 활용 시스템을 제시했다.

제니엘그룹은 현재 콜센터, 판매 · 유통, 제조 · 생산, 항공기 정비, 전투기 수리, 병원업무, 물류, 카드배송, 일반사무, 급여, 시설관리 등의 사업영역에서 500여 개의 고객사와 협력 관계를 유지하고 있다. 차별화된 인사 시스템을 구축으로 1만 4천 명의 인재들이 함께 일하는 국내 최고의 NO.1 아웃소싱 기업으로 성장한 것이다.

2004년 제니엘시스템의 법인화를 시작하다

제니엘그룹은 2004년 제니엘시스템의 법인화를 시작으로 현재까지 제니엘시스템, 제니엘휴먼, 제니엘이노베이션, 제니엘메디컬, 제니엘텍, 이엠룩, 제니엘플러스 등의 계열기업을 설립하여 운영하고 있다. 아웃소싱, 인재파견, 채용대행, 교육컨설팅 분야에 이르기까지 아웃소싱의 영역을 넓혀가면서 각 분야별 특화되고 차별화된 서비스를 위해 계열 기업들을 의욕적으로 신설, 확장하고 있다.

모회사인 "제니엘"은 아웃소싱, 인재파견, 채용대행, 헤드헌팅, 교육컨설팅 등의 서비스를 제공하고 있으며, 공공기관 취업지원 사업인 청년내일채움공제, 국민취업지원제도 등 정부 취업지원 사업을

제니엘 컨택센터

운영하고 있다.

'제니엘시스템'은 전국 21개 지사를 중심으로 구축된 전국적 네트워크를 기반으로 특송·물류사업 위주의 신용카드/상품권/티켓/고급사업서류, 퀵서비스, 물류사업, 공유자전거 위탁운영, 창고보관업, 전국 꽃배달 등 종합 네트워크 서비스 기업으로 성장하고 있다.

'제니엘휴먼'은 'Human'이라는 인간 중심의 키워드가 합쳐진 이상적인 브랜드를 가진 종합 아웃소싱 전문 기업이다. 물류, 유통, 인재파견, HR컨설팅 등 아웃소싱을 주력 사업으로 하고, 맞춤형 인재선발, 교육 후 현장배치 등 차별화된 서비스를 제공하고 있다.

'제니엘이노베이션'은 인재파견, 채용대행 사업을 중심 축으로 인적자원 서비스 전문기업을 추구하고 있다. 특히 최근 이슈가 되는 공공기관 채용대행 사업에 진출하여 채용부터 면접, 선발에 이르기까지 전체 채용과정을 운영하며 사업 확장을 시도하고 있다.

'제니엘메디컬'은 의료분야의 전문 아웃소싱서비스를 제공하고 있다. 안내, 예약 및 콜센터, 병동/외래 보조, 환자이송 등 전 과정에 대한 전문화된 서비스와 홈케어 및 개인/공동간병 분야에 대한 선진서비스 제공 등 종합서비스를 제공하고 있다. 특히 미국 GSC사와의 협력으로 홈 케어 및 개인, 공동간병 분야에 대한 선진 서비스 제공과 요양보호사 교육 사업 등 의료분야 종합서비스기업으로 성장하고 있다.

'제니엘텍'은 생산라인 및 자동차 분야에서 차체, 도장, 조립, 미화 등의 업무와 부품제작 업무 등을 제공하고 있으며 제안제도를 통한 경비절감과 안정, 보안, 5S, 불량률 평가 등에서 우수서비스기업으로 평가받고 있다.

'이엠룩'은 모바일기반 업무 관리 솔루션 서비스 전문기업이다. 이엠룩은 전자근로계약, 근태관리, 영업관리, 환자이송시스템, 일용직 관리 등 고객의 경험과 가치를 향상시키는 핵심 솔루션 시스템을 공급하고 있다.

'제니엘플러스'는 사회적 소외계층인 장애인과의 상생을 통한 사회적 기업으로서의 기여를 위해 설립된 '자회사형 장애인 표준 사업장'이다. 장애인이 근무할 수 있는 카페 설립을 시작으로 장애인에게 적합한 일자리를 발굴하고, 장애인들의 고용을 확대하기 위해 노력하고 있다.

중증장애인이 직접 운영하는 카페 '헤이듀'는 100여 명의 장애인들에게 일할 수 있는 즐거움과 행복을 제공하고 있다. (부천, 가산, 영등

헤이듀카페

포 등 4개 카페 운영 중) 뿐만 아니라 연간 장애인 우수사원 20명을 선발해 일본 등으로 해외 연수를 지원하고 있다.

아웃소싱 혁명을 일으키다

제니엘그룹은 단순 인력파견 및 일자리 알선에 머물렀던 아웃소싱 산업을 혁신했다. 우선, 한정된 영역에서만 이뤄지던 아웃소싱 사업 분야를 의료, 금융, 제조, 유통, 물류, 콜센터 등으로 폭 넓게 확장하며 종합 아웃소싱 업계를 선도했다.

더 나아가 아웃소싱 업무를 시스템화하여 체계를 구축하는 등 단순 아웃소싱 사업에서 탈피한 전문성을 확보했다. 그 중 특히 '제모스', '데이싸인', '세일즈룩', '환자이송시스템' 등은 제니엘그룹의 전문성을 한 층 더 향상시켰다.

제모스

첫 번째, 종합 HR 모바일솔루션으로 자체 개발한 '제모스'는 근무자에게 전자근로계약, 전자사직서, 연차, 출퇴근관리, 교육 등의 서비스를 제공하고, 고객사에게는 기업 실적을 회사에서 자체적으로 관리할 수 있는 서비스를 제공하고 있다. 또한 최근 이슈가 되는 안전보건관리 기능을 시스템에 탑재하여 보다 나은 서비스를 제공하고 있다. 두 번째, 일용직 근태관리 및 근로계약 서비스인 '데이싸인'은 고객에게 법적 RISK를 감소시키고 보다 나은 관리 서비스를 제공하고 있다.세 번째, 비대면 협업 솔루션인 '세일즈룩'은 시공간 제약 없이 근태체크와 실적관리 등을 실시간으로 공유 받을 수 있다. 네 번째, 업계 최초로 특허를 획득한 '환자이송시스템'은 병원에서의 환자 이송과정에서 진행상황을 실시간으로 체크하고 관리하여 의료분야 업무에서 보다 전문적인 아웃소싱을 제공하고 있다.

제니엘그룹은 이 같은 산업 혁신으로 탄탄한 재무구조를 확보하여 연간 매출액의 지속적인 성장세를 이어가고 있다(2020년 3,828억 원, 2021년 4,289억 원, 2022년 4,936억 원). 이에 따라 업계 최초 ISO 9001 인증, 고용서비스 우수기관 인증을 비롯하여, 고용창출 우수기관 대통령 표창, 은탑산업훈장 등 수 많은 수상을 통해 대외적으로 그 신뢰성과 건실성을 인정받으면서 국내 아웃소싱산업을 선도하는 기업으로 우뚝 서게 되었다.

완벽한 펜데믹 위기 극복 사례

제니엘그룹은 코로나 펜데믹 위기에도 전략적 사업 포트폴리오 확장으로 성과를 창출해, 예측 불가한 경영 환경 변화에도 흔들리지 않는 저력을 보여줬다. 코로나19 사태 이후 항공과 의료 분야 매출액의 소폭 하락은 불가피했다. 그러나 제니엘그룹은 오히려 이 위기를 기회삼아 기존 물류, 제조, 생산 분야 사업 포트폴리오 강화에 나섰다.

CJ대한통운, 판토스, BGF 등 국내 굴지의 물류회사와 협력하며, 전문적인 노하우와 시스템으로 물류 사업의 기반을 제공했다. 또한,

LG화학과 두산전자의 제조/생산분야 아웃소싱 공정을 맡아 운영하며, 과거 단순 업무 위주의 아웃소싱을 탈피하여 오랜 노하우가 담긴 인력을 제공했다. 생산 공정에는 제니엘그룹 자체 MES를 개발하여 전문성 있는 서비스를 제공할 예정이다.

이 같은 활동 결과 코로나 펜데믹 위기에도 결국 물류, 제조, 생산 분야의 유의미한 매출 증가를 이끌며 전체적인 사업 확장을 이루고, 종합 아웃소싱 분야의 완벽한 극복 사례를 남겼다.

종합 HR컨설팅 및 솔루션 기업으로의 도약

제니엘그룹의 다음 목표는 종합 HR컨설팅 및 솔루션 기업으로 도약하는 것이다. 제니엘그룹은 여전히 단순 인력파견 및 일자리 알선에 머문 아웃소싱에 대한 인식을 탈피하고, 고객의 성장과 더불어 지속 가능한 협력을 위해 종합 HR컨설팅과 솔루션 기업으로 탈바꿈을 진행하고 있다. 인재 파견의 가치를 넘어 고객의 이익을 극대화하고 전문화된 서비스를 제공해, 오로지 고객 관점에서의 최고 성공 파트너가 되는 것이다.

이를 위해 금년도 제니엘그룹은 가치의 중심이 물질에서 정보로, 사물에서 연결로 바뀌는 '오가닉 비즈니스'를 경영 방향으로 설정했다. 즉, 정보가 세상의 중심이 되고 연결이 세상을 지배하게 된다는 가치하에, 제니엘그룹 서비스 상품의 데이터를 분석하고 고객이 필요한 서비스로 올바르게 연결시켜주는 '오가닉 비즈니스'를 실현하는 것이다. 또한 제니엘그룹이 보유한 프로세스의 노하우와 IT솔루션을 접목하여 서비스의 상품화를 완성시킬 예정이다.

적극적 사회공헌 활동에 앞장서다

(1) 일자리창출

제니엘그룹은 창립 이후 법과 원칙을 준수함은 물론이고 사회적 책임을 다하는 윤리경영으로 회사를 추구해 나가고 있다. 단순한 고용 서비스 기업이 아닌 일자리 창출에 앞장서며 사회와 국가에 기여하는 기업이 되는 것이다. 이에 아웃소싱 업계 최초로 고용노동부, 각 지방자치단체의 일자리 사업을 운영하여 전국 25개 센터를 통해 연간 20만 명 이상의 일자리를 직·간접적인 일자리 창출을 기여하고 있다.

제니엘의 잡스카이컨설팅센터는 취업 컨설팅 사업에 역점을 둬 개인의 적성검사부터 경력관리, 은퇴 후 설계 관리까지 인생의 라이

국방전직교육원 취업사관학교

프 스타일까지 설계함으로써 일하는 사람들의 직업 생활 전반을 돌보는 평생 파트너 역할을 톡톡히 하고 있다.

현재는 고용노동부의 청년내일채움공제, 시니어인턴십, 국민취업지원제도, 지자체 일자리센터, 청년일자리도약장려금 등의 사업을 위탁 운영하여 직업훈련, 직장체험, 취업컨설팅을 거쳐 취업할 수 있도록 지원하고 있다.

잡스카이컨설팅센터는 지방자치단체 일자리센터를 8개 위탁 운영하여 각 지자체의 시민들의 일자리를 책임지고 있다. 각 지역의 구인구직 서비스 및 취업박람회, 취업프로그램을 운영하고 있다.

이와 더불어 기업의 사회적 책임을 다하기 위해 전역 예정 장병들의 취업 및 군부대에서 필요한 부분을 지원하고 있다. 국방부 전직지원사업, 국방부 취업사관학교 사업을 운영하며 전역장병 및 장기제대군인의 새로운 전직을 위해 노력하고 있다.

(2) 푸른꿈일자리재단 설립

제니엘그룹은 이에 그치지 않고 제니엘그룹이 가장 잘할 수 있는 분야에서 보다 전문적인 형태의 사회공헌 확장을 위해 '일자리' 관련 활동에 주력한 '일자리재단'을 설립하기로 하였다.

이에 지난 2014년 7월 재단법인 '제니엘푸른꿈일자리재단'이 출범하였다. 재단은 취업애로계층의 취업과 실업극복 지원 등을 위한 사업을 포함하여 실업난 해소를 위한 다양한 지원사업을 계획하고 실행하는 것을 목적으로 한다.

주요 사업으로는 기본적인 취업알선 지원을 포함하여, 안정적인 사회진입을 유도하기 위한 멘토링 서비스, 취업애로 계층의 취업 시장 진입을 위한 진로적성검사 및 상담, 직업탐색 및 취업역량 제고를 위한 직장체험, 실업문제 극복을 위한 연구 및 학술 세미나 등을 진행한다. 제니엘그룹은 재단에 기금을 출현하는 한편, 재단이 운영하는 각종 사업에 멘토링서비스, 진로적성검사 및 상담 등 그동안 쌓아온 노하우를 재능기부 형태로 제공하고 있다.

지난 2015년에는 김포제일고등학교, 부천정명정보고 등 특성화고 취업특강을 시작으로 용인삼성간호직업학교 재학생 취업특강, 고양시 청년드림 잡콘서트, 청년층 대기업 입사 실전면접 등이 제니엘푸른꿈일자리재단의 지원으로 이루어졌다.

최근에는 '푸른꿈일자리재단'을 통한 아산여성새로일하기센터 운영으로 경력단절여성의 일자리 창출에 앞장서고 있다. 또한 매년 일자리 학술세미나 및 취업취약계층을 위한 해외연수를 진행하고 있다. '푸른꿈일자리재단'에서 운영하는 유튜브 채널 '잡토피아'는 취업, 일자리, 노무 등을 주제로 50여개의 영상을 업로드하며 구직자에게 양질의 정보를 제공하고 있다.

(2) 나눔실천

제니엘그룹은 일자리 관련 사회공헌 외에도 다양한 나눔실천 활동에 앞장서고 있다. 다수의 교육기관 및 학교와의 결연을 통해 청소년들의 취업교육을 지원하고 있고 다양한 장학금 지급, 불우이웃돕기, 경영지도자 후원, 서초구 사랑의 고리 결연, 사내 동아리 '봉사랑' 활동 지원 등 사회공헌 활동을 다방면에 걸쳐 전개하고 있다.

봉사랑

특히 창업 때부터 시작된 사내 봉사 동아리 '봉사랑' 활동은 전 직원들의 자발적인 참여로 이뤄졌으며, 사회 취약 계층을 위한 많은 도움을 펼쳐 왔다. 창업 이듬해부터는 매월 사원들이 성금을 모아 분기마다 한 차례씩 봉사활동에 힘을 쏟고 있으며, 현재는 제니엘을 비롯한 제니엘휴먼, 제니엘시스템 등 계열사 직원들 모두가 뜻을 모아 참여하고 있다.

활동에 필요한 기금은 회원의 급여나 성금모금, 각 현장에서 자진모금을 통해 이뤄지고 있었으며, 어려운 사정이나 형편이 발생한 제니엘 및 그룹사 직원이나 어려운 이웃을 선별해 분기별 1회 봉사활동 및 각종 물품, 식음료품 등도 지원하고 있다.

또한 코로나로 인한 사회적 이슈가 대두되었을 때 대구지역에 임

나눔명문기업 가입식

직원의 마음을 모은 성금활동과 포항 지진 및 강원·삼척 산불사태
에도 기부활동을 하는 등, 국가적 위기 상황에도 회사의 지원과 직원
들의 자발적인 동참으로 적극 참여하고 있다.

아울러 제니엘그룹은 지난 2003년 지역연계모금에 참여해 사랑의
열매 사회복지공동모금회와 처음 인연을 맺은 것을 시작으로 따뜻한
겨울나기 캠페인 참여, 노인보행보조기 현물 기부 등 꾸준히 나눔활
동을 실천해왔다.

이에 금년도 2월에는 사랑의열매 사회복지공동모금회에 1억 원을
기부하며 '나눔명문기업'에 이름을 올렸다. 제니엘그룹이 금번 기탁
한 성금은 도움이 필요한 저소득층의 생활비 및 의료비 등에 지원된

다. 제니엘그룹은 이번 기부를 시작으로 앞으로도 다양한 기부 활동을 펼칠 예정이다.

대표
백경수

라쉬반코리아

백경수대표

학력

1978	마산상업고등학교 졸업

경력

1990~2008	대우증권근무
2009~2013	라쉬반 대표
2013~현재	주식회사 라쉬반코리아 대표이사
2015	한국능률협회인증원 주최 대한민국 혁신상품 선정
2016	중소기업청장 표창장
2016	레알마드리드, FC바르셀로나 라이센스 체결 및 제품 출시
2017	수출 유망 중소기업 지정
2018	일본 총판계약, 싱가폴 법인설립
2019	CJ홈쇼핑 5년 연속 판매, 재구매율 1위
2020	전주, 포천 공장 설립
2020	토트넘 홋스퍼 라이센스 체결 및 제품 출시
2020	경상남도 스타기업 경남지사 표창
2021	중소벤처기업부 '성능인증'

상훈

2013	한국능률협회 이노스타 '브랜드 파워대상' 선정
2013	부산광역시 장애인 정보화협회 표창
2015	한국능률협회인증원 주최 대한민국 혁신상품 선정
2016	중소기업청장 표창장
2017	중소벤처기업부장관 올해의 벤처상
2020	경상남도 스타기업 경남지사 표창
2021	대한민국 브랜드 대상
2021	KPC 경영대상
2021	중소기업 IP경영인 대회 우수상 (특허청장 표창)
2021	산업통상자원부장관 표창장

라쉬반의 탄생과 기술력

라쉬반을 창업하기 전 증권회사에서 근무했다. 앉아서 하는 업무가 많다 보니 하체에 땀과 습함, 냄새 등의 불편함이 많았다. 특히 남성의 그곳의 건강과 위생상태는 자신뿐만이 아닌 가족들의 건강과도 직결되는 부분이라, 걱정이 많이 되었다. 이러한 문제는 나뿐만이 아닌 모든 남성들의 고민일 거라는 생각이 들어, 남성의 건강과 가족의 행복까지 고려한 속옷을 개발하게 됐다.

남성의 고환은 정자와 남성의 엔진이라 불리는 남성 호르몬 테스토스테론을 만드는 중요한 역할을 한다. 체온보다 낮은 33.3도씨가 유지될 때 가장 왕성한 활동을 하며 그 온도가 약 2도씨 오르면 기능이 마비되고, 그 상태가 두 시간 이상 지속되면 정자가 전멸한다는 보고서를 프랑스 툴루즈 남성불임연구소가 발표한 바 있다. 기존의 속옷은 나일론, 폴리에스터 등 화학 섬유로 점점 더 화려하게 만들어지고 있다. 하지만 화학섬유로 만든 속옷은 치명적인 결함이 있다.

팬티 속 온도가 오르고 세균이 번식하기 쉬우며, 땀이 많이 차고 피부질환이 생기기도 한다. 그래서 많은 사람이 통풍이 잘돼 시원함을 느끼는 트렁크 속옷을 착용한다. 하지만 앉아서 많은 시간을 보내는 현대인들에게는 온도 변화에 큰 영향이 없다. 또한 중력으로 인한 음낭의 처짐은 물론 여러 비뇨기과적 문제를 발생시킨다. 화학섬유 속옷과 트렁크 속옷은 원래 입기에는 적합한 속옷이 아니며, 개선이 필요한 속옷이다. 예전 할머니들께서 손자 기저귀를 갈 때 항상 하시던 말씀이 있다 "애미야, 기저귀 갈 때 고추 올려 채워라" 살과 살이 맞닿아 있으면 아무래도 온도는 올라간다.

2021년 섬유최초 성능인증서 획득 외 특허증

라쉬반은 3D 입체 분리 기술로 음경과 음낭을 분리했다. 또한 여성들의 브래지어처럼 남성의 중요 부위를 부드럽게 받쳐줘 처짐 현상을 방지했고, 원단도 나무를 가공한 천연 섬유를 사용한다. 최첨단 스피드업 드라이 가공 기술로, 적정 수분 함수량을 유지하고 나노기술로 피톤치드와 와사비를 원단 에 첨가해 남성의 최적의 온도인 33.3도는 물론 땀, 냄새, 세균을 방지해 중소벤처기업부 성능 인증을 받았다.

라쉬반은 남성용 기능성팬티, 기능성(천연 항균, 소취) 마이크로캡슐을 함유하는 흡한속건 조성물 및 흡한속건성 원단 등 국내 14개, 해외(미국, 중국, 유럽EU, 일본 등)특허를 보유하고 있다. △2021대한민국 NO.1 브랜드 대상 △산업통상자원부 장관상△경남스타기업 경

2020년 경상남도 스타기업 선정 경상남도 도지사 표창

남지사 표창 △제13회 중소기업 IP 경영인대회 특허청장상등을 받았다. 임직원 모두 한마음으로 최선을 다한 결과다.

라쉬반이 갖고 있는 기능적 장점도 이유가 되겠지만, 디자인도 큰 역할을 한다고 생각한다. 세계적인 디자인 공모전인 '레드닷 디자인 어워드'의 심사위원이자 인체공학박사 나건 교수를 모셔 디자인 작업을 진행하고 있다. 동서양의 다양한 색채를 조화롭게 속옷에 담았으며, 남성의 인체에 최적화된 핏(fit)까지 고려했다. 덕분에 중년층뿐만 아니라 젊은 층에게도 선호도 높은 디자인을 선보이고 있다. 인체공학적으로 디자인되다 보니 착용감 또한 우수하다. 먼저 입어본 사

세계 글로벌 축구 구단(토트넘, 레알마드리드, fc바르셀로나) 라이선스 체결

람은 편안함으로 인해 자연스럽게 주변 남성들에게 추천하게 된다.

스포츠를 활용한 마케팅 그리고 글로벌진출…

라쉬반 속옷은 모든 남성들에게 도움이 되지만, 특히 스포츠 분야에서 라쉬반이 가진 장점을 가장 잘 보여 줄 것이라 생각했다. 스포츠는 역동적인 신체활동과 고도의 집중력이 요구된다. 선수가 가진 능력을 발휘하기 위해서는 스포츠 경기 중 발생하는 불편함이 빠르게 해소돼야 한다.

라쉬반은 편안한 착용감과 빠른 땀 흡수, 냄새 억제 등의 장점이 있어 선수들의 경기력 향상에 도움이 된다고 판단했다. 라쉬반이 스포츠 분야에 관심을 갖고 꾸준히 교류하는 이유다.양용은 골프선수 후원부터 KPGA 파트너십 체결, 대한씨름협회, LG세이커스, 포항스

대한민국 잠수함사령부 후원

틸러스의 공식 스폰서, 레알마드리드, FC바르셀로나, 토트넘 홋스퍼 등 해외 유명 축구클럽의 공식 라이선스 상품 출시를 진행했다.

소비자의 관점에서 좋은 제품, 건강을 생각하는 제품을 만들고자 합니다. 기술력을 바탕으로 한 기능성에 많은 공을 들이는 것도 이러한 철학이 있기 때문이다. 만드는 사람이 수고스러우면 쓰는 사람이 편하고, 만드는 사람이 편하면 쓰는 사람이 수고롭다는 말이 있다. 라쉬반코리아는 항상 소비자의 건강과 편안함을 생각하며 제품을 만든다.

라쉬반이 앞으로 이루고자 하는 것은 해외시장으로 진출해 남성 속옷의 패러다임을 바꿔 보는 것이다. 라쉬반의 속옷은 기존 남성 속옷이 가지고 있던 문제를 상당수 해결한 모델로 외국에서는 찾아볼 수 없다. 그만큼 희소성이 있고, 경쟁력이 있다고 본다. 건강은 만국

공통의 관심사다. 외국 남성들도 기존의 남성 속옷에 대한 불편함을 느끼고 있다고 생각한다. 미국, 중국, 유럽 등으로 진출해 라쉬반 속옷의 우수성을 알리고 싶고, 향후 라쉬반 속옷이 세계 남성 속옷의 기본형으로 자리 잡게 되기를 희망하고 있다.

　백경수 대표의 인생철학은 '인류의 건강과 행복을 위하여'와 '한 사람의 꿈은 꿈이지만, 만인의 꿈은 현실이 된다'이다. 라쉬반코리아 직원들과 함께 노력하다 보면 이뤄질 수 있다고 생각한다. 관심을 가지고 라쉬반의 성장을 지켜보시기 부탁드린다.

사장

백경훈

제주특별자치도개발공사
Jeju Special Self-Governing Province Development Co.

제주특별자치도개발공사

백경훈 사장

학력

명지고등학교

동국대학교(회계학과 학사)

경력

1990   한국토지주택공사 입사

2011~2014   한국토지주택공사 기획조정실 부장

2015   한국토지주택공사 재무처 처장

2016~2017   한국토지주택공사 기획조정실 실장

2018   한국토지주택공사 서울지역본부 본부장

2018~2020   한국토지주택공사 주거복지본부 이사

2020   한국토지주택공사 기획재무본부 부사장

2023   제주특별자치도개발공사 사장

상훈

2012   국토해양부장관 표창

2017   대통령권한대행 표창

제주특별자치도개발공사
Jeju Special Self-Governing Province Development Co.

제주의 미래를 선도하는 행복 파트너

　제주의 성장 발전을 이끄는 글로벌 창의기업 제주특별자치도개발
공사가 올해로 창립 28주년을 맞았다. 제주개발공사는 제주의 개발
사업 주체로서, 제주의 자원인 청정 지하수를 국내 최고의 생수로 만
들어 제주의 브랜드 가치를 크게 키웠다. 리딩 브랜드로 우뚝 선 제
주삼다수를 생산하는 먹는샘물사업 외에도 제주의 생명산업인 감귤
산업 발전을 위한 감귤가공사업, '마음에 온' 통합 브랜드를 통해 도
민의 주거안정에 기여하는 공공 주택사업 및 주거복지센터 운영, 어
려운 이들이 기댈 수 있는 버팀목으로써 다양한 사회공헌사업까지
제주의 발전과 도민의 복지 증진에 이바지하고 있다.

제주삼다수 25주년 '한라산 에디션' 출시

제주삼다수, '이유 있는 1등'의 비결

1998년 첫 출시된 이래 올해로 창립 25주년을 맞은 제주삼다수는 시장점유율 40%대를 꾸준히 유지하며 대한민국 대표 먹는샘물로서의 명성을 이어가고 있다.

제주삼다수는 한라산 국립공원 해발 1,450m 높이에 스며든 강수가 천연 필터인 화산송이층을 통과하며 18년 동안 정화된 결정체이다. 화산층 특유의 천연 자정작용으로 별도의 정수 과정이 필요 없을 만큼 원수의 수질이 깨끗하며, 중금속, 방사능 등이 전혀 검출되지 않은 안전한 물이다.

제주삼다수의 품질관리는 환경을 깨끗하게 관리하는 데서 시작된다. 제주개발공사는 한라산 단일수원지에서 생산되는 제주삼다수의 잠재오염원을 원천 차단하고 취수원을 보호하기 위해 축구장 면적 약 100개 규모의 토지(70만㎡)를 매입해 관리해왔다. 또한 1시간 간격으로 지하수위와 수온, 전기전도도, pH 등 4개 항목을 모니터링 및 분석하며 취수원 관리에 힘쓰고 있다.

이외에도 일반적인 국내 먹는샘물은 대개 OEM 생산방식으로 한 제조업체가 여러 브랜드에 생수를 납품하거나, 한 브랜드에서 여러 수원지를 사용하고 있어 취수원 관리가 어려운 경우가 많다. 반면, 제주삼다수는 하나의 수원지에서 오직 한 제품만 생산하고 있어, 더욱 엄격하게 수질과 품질 관리에 집중할 수 있다. 지난 2021년에는 업계 최초로 환경부가 지정하는 '먹는 물 수질검사기관'의 자격을 얻으며 제주삼다수의 품질신뢰도를 더욱 높일 수 있게 되었다.

제주삼다수는 2019년부터 아이유를 브랜드 모델로 발탁하며 제주의 청정 이미지에 더해 맑고 깨끗한 이미지를 더욱 강조했으며, 젊은 세대까지 소비자층을 확대하는 데 성공했다. 제주삼다수는 아이유와 4년 연속 인연을 이어가면서 긍정적인 시너지를 만들어가고 있다.

지난해 11월에는 플래그십 스토어 '카페 삼다코지'를 오픈해 고객과의 접점을 확대하고 제주삼다수의 뛰어난 맛과 풍미를 소비자들이 직접 체험해볼 수 있는 이색적인 공간을 마련했다. 삼다코지는 오픈 100여 일 만에 누적 방문객 2만 5,000명을 기록하는 등 많은 MZ세대들의 관심을 모았다.

또한 제주삼다수는 미래 핵심 고객인 Z세대를 겨냥해 차별화된 브랜드 경험을 제공하기 위해 메타버스 가상공간인 '제주삼다수 월드'를 선보였다. 제주삼다수 월드는 제주도의 자연경관을 담은 세계관 속에 삼다수 브랜드를 녹여낸 가상공간으로, 가상의 캐릭터 '쿠아(QUA)'와 함께 쉽고 재미있게 제주삼다수의 여러 콘텐츠를 경험할 수 있다.

제주삼다수, 친환경의 기준이 되다

제주개발공사는 지난해를 'ESG(환경, 사회공헌, 지배구조) 선도 공기업'으로 자리매김하기 위한 원년으로 선포하고 생산부터 수거, 재활용까지 제품 생애 전 과정을 포괄하는 친환경 사업 모델인 '그린 홀 프로세스'(Green Whole Process) 경영의 시작을 알렸다.

공사가 발표한 '그린 홀 프로세스'(Green Whole Process) 경영은 친환경 포장재 개발, 생산시설 내 신재생에너지 사용 등을 통해 2030년까지 플라스틱 사용량을 50%까지 감축하고 2025년까지는 이산화탄소를 50% 절감하는 내용을 담고 있다.

고객접점 강화 – 카페 삼다코지

'그린 홀 프로세스'의 첫 시작으로 같은 해 레벨 없는 제품인 '제주삼다수 그린'을 출시하면서 음용 후 그대로 순환시킬 수 있는 3無(무라벨, 무색캡, 무색병) 시스템을 완성, 한국환경공단으로부터 재활용 최우수등급을 취득했다.

국내 생수업계에서 처음으로 재활용 페트(CR-PET)를 적용한 화학적 재활용 페트 '제주삼다수 리본(RE:Born)'을 개발하는 등 소재혁신을 통한 친환경 라인업도 확대하고 있다.

친환경 제품 확대뿐만 아니라 제주삼다수는 지난 2003년부터 제주삼다수 용기 경량화를 지속적으로 진행해왔다. 지난해에는 330mL와 500mL 제품의 용기를 추가로 경량화해 환경부로부터 저탄소 제품 인증을 취득한 바 있다.

또한 제주도와 함께하는 자원순환 프로젝트, 전문기업과 함께하

제주삼다수 친환경 성과 공개

는 업사이클링 등을 통해 자원 순환시스템을 구축하고 있다. 공사는 제주도와 함께 투명 페트병 전용 수거시설을 마련하고, 음용한 삼다수병을 '페트병 자동수거보상기'를 통해 수거하고 있다. 이렇게 모인 플라스틱은 2021년부터 지난해까지 약 9,900만 개로 이산화탄소 약 6,000톤 감축 효과를 거두기도 했다.

이렇게 다양한 자원순환 노력으로 지난 3년간 플라스틱 사용량 약 2,570톤을 감축했으며, 이를 통해 2020년 대비 플라스틱 사용량을 약 9% 절감했다.

제주개발공사는 오는 2025년까지 무라벨 제품 생산량을 50%로 확대하고 경량화를 위한 R&D혁신을 지속할 계획이다.

친환경 포장재 라인업 확대

제주개발공사는 최근 친환경 제품 전용 생산라인인 '친환경 스마트팩토리' 건립에 돌입하며 친환경 제품 생산 시스템을 확대 구축하는 데 박차를 가하고 있다. '친환경 스마트팩토리'는 무라벨 제품 및 리사이클 페트 등 친환경 제품을 본격적으로 생산하기 위한 시설이다.

제주개발공사는 온실가스 배출량 및 플라스틱 사용량 저감을 위해 신재생 에너지 전환 및 친환경 소재 개발 등에 지속적으로 투자해 왔으며 물리적 · 화학적 재활용 페트 및 바이오 페트 개발에 연이어 성공했다. 작년 9월에는 리사이클 페트(CR-PET)를 적용한 '제주삼다수 리본(RE:BORN)' 제품 개발을 완료하고 약 78만 병 한정 판매를 진행한 바 있다. 2025년 '친환경 스마트팩토리'가 완공되면, 날로 높아지고 있는 친환경 제품 수요에 더욱 선제적으로 대응할 수 있을 것으로 보인다.

제주삼다수 그린

제주삼다수 친환경 캠페인 보틀 투 썸띵 굿즈

　　제주삼다수 RE:Born은 제주개발공사와 SK케미칼이 공동 개발했으며, 식품 접촉면에 사용해도 안전성에 문제가 없고 반복 재활용에도 품질과 기능을 유지할 수 있다. 환경부와 미국 식품의약국(FDA) 수질 및 용출 기준 적합 여부를 국내외 공인기관에 분석 의뢰한 테스트에서도 모두 적합한 것으로 인정받았다. 현재 식품위생법상 식품 용기로 사용할 수 있기 때문에, 원료의 대량 공급 체계만 갖춰지면 연내에 지속적인 재활용이 가능한 재생 페트병에 담긴 제주삼다수를 만나볼 수 있을 전망이다.

　　이로써 제주삼다수는 그린 홀 프로세스를 선포한지 6개월 만에 '제주삼다수 그린', '제주삼다수 바이오', '제주삼다수 RE:Born', 물리적 재활용 페트까지 총 4종의 친환경 포장재 라인업을 구축했다. 친환경 포장재가 적용된 제품들은 원료 공급 체계 구축이 완료되거나 관련 법령이 정비되는 등 생산 환경이 안정화된 후 본격 생산에 들어간다는 계획이다.

'내가 Green 제주 찾아가는 환경캠페인-에코붕붕'을 추진해 도내 행사장, 관광지 등을 방문해 도민 및 관광객들이 직접 쓰레기 분리배출에 참여하는 프로그램을 운영해 재활용 인식 개선 환경 캠페인도 진행했다. 또한, 초등학생 대상 업사이클 자원순환 체험교실, 관광지에 에코붕붕 캠페인, 수중정화 환경캠페인 등을 추진해 ESG경영 및 자원순환 경제 활성화에 앞장서고 있다.

한편 제주삼다수는 2021년 2월 친환경 경영 비전인 '그린 홀 프로세스'를 선포하고 2030년까지 이산화탄소 50% 절감을 목표로 친환경 제품 생산, 자원순환 시스템 구축, 신재생에너지 확대 등의 세부 과제를 추진하고 있다.

특히, 제주인사회적협동조합 등과 손잡고 제주에서 다 마신 생수병 등 투명 페트병을 수거하고, 새로운 자원으로 순환하는 데 앞장서고 있다.

생수병 등 투명 페트병은 의류는 물론 산업용 원자재로 활용할 수 있을 만큼 부가가치가 높은 데도 불구하고, 여러 플라스틱과 뒤섞여 수거되는 탓에 실제 재활용 비율은 10% 정도로 낮았기 때문이다.

이에 공사는 제주도와 함께 71개 재활용도움센터와 공동주택 등 125개의 투명 페트병 별도 수거시설을 마련했고, 유동인구가 많은 지역에 16대의 페트병 자동수거 보상기도 운영하고 있다.

나아가 폴리에스터 섬유를 친환경 재생 원사인 '리젠 제주(regen-ⓡjeju)'로 대체함으로써 석유 사용을 줄이고 이산화탄소 배출량도 최대 50% 줄이는 효과도 거뒀다.

또, 제주의 청정한 바다를 지키기 위해 시작한 '해양쓰레기 업사이클 프로젝트'를 진행하고 있다. 이 프로젝트는 수거사각지대에 놓인 제주도 근해에서 발생되는 해양쓰레기를 줄이기 위해 어선들을 대상으로 투명 페트병을 회수하는 사업이다. 2020년 서귀포수협을 시작으로 2021년에는 모슬포수협, 성산포수협, 한림수협과 협약을 맺어 적용 범위를 제주 전역으로 확대했다. 제주개발공사는 전 세계 화두인 해양 환경오염 문제를 제주를 중심으로 해결해나가기 위해 카카오 판교 아지트에서 카카오와 '제주 해양 폐플라스틱 자원순환을 통한 ESG경영 실천' 업무협약을 지난 4월 체결했다.

이번 협약을 통해 양사는 제주 해양 폐플라스틱을 수거 및 업사이클 제품 제작, 업사이클 제품 판매 수익 통한 취약계층 지원, 환경의식 고취 도모 해안정화 활동 및 자원순환 교육 등 ESG실천을 위한 협력을 약속했다.

카카오는 제주 해양의 폐플라스틱을 재활용하는 생산 체계를 구축하고, 이를 활용한 업사이클 제품을 개발해 카카오메이커스에서 판매할 계획이다. 제주개발공사는 제주 해양 폐플라스틱 발생 저감을 위한 분리배출 및 수거체계를 구축하고, 업사이클 제품 제작을 위한 협력에 나선다.

양사는 환경의식을 고취하고 주민 참여를 독려하기 위한 첫걸음으로 6월 환경의 날을 맞아 '해안가 플로깅'을 펼칠 계획이다.

수거한 페트병은 페트병에서 원사를 뽑아내는 기술을 가진 효성티앤씨, 패션기업 두 곳과 손잡고 친환경 패션 아이템으로 만들고 있

제주개발공사-카카오 업무협약 체결

다. 특히 영원아웃도어가 전개하는 노스페이스를 통해 출시된 'K에
코 삼다수 컬렉션'은 친환경 소비와 맞물려 출시 초기부터 높은 판매
율을 기록하기도 했다.

이 밖에 재활용 사각지대에 놓인 '병뚜껑'에 재활용 비율을 높이기
위해 '작은 플라스틱이 다시 태어나는 병뚜껑 Re-born' 캠페인도 진
행했다. 이 캠페인은 순환 경제 시스템이 갖춰진 페트병과 달리 병뚜
껑처럼 관리 사각지대에 놓인 작은 플라스틱을 패션 아이템이나 소
품으로 업사이클링해 자원순환을 확대하는 사업이다.

이를 위해 제주개발공사는 지역 주민과 함께 제주도에 버려진 병뚜
껑을 수거하고, 제주삼다수 소셜미디어 계정을 통해 병뚜껑을 모아 '삼
다수 ECO 책 선반'을 만드는 '삼다수 에코 굿즈 이벤트'도 진행했다.

이 이벤트는 친환경 생활을 추구하는 1020세대 고객들로부터 뜨

거운 관심을 받았다. 수거 캠페인에 수십만 명이 참여해 400만 개의 병뚜껑을 수거했다. 일렬로 줄세울 경우 그 길이가 63빌딩 544개에 달한다. 수거된 병뚜껑은 모자(병뚜껑 12개 사용), 책 선반(병뚜껑 100개 사용) 등 새로운 가치를 갖는 상품으로 업사이클링되었다.

가치 있는 일에 후원 및 기부하며 힘 싣기도

제주삼다수는 더불어 사는 사회를 만들어가는 다양한 활동에도 후원과 기부를 실천하며 뜻을 함께했다. 제주개발공사는 지난해부터 '옥스팜 트레일워커'의 공식 파트너사로 참여해 제주삼다수를 후원하고 있다.

옥스팜 트레일워커는 4명이 한 조를 이뤄 38시간 이내에 100km를 완주하는 도전형 기부 프로젝트다. 물과 생계를 위해 매일 수십 km를 걸어야 하는 사람들의 삶을 간접 체험하는 대회로, 참가비는 기부 펀딩을 통해 마련된 기부금 전액을 가난으로 고통받는 전 세계인에게 물과 위생 · 생계 · 교육 프로그램을 지원하는 데 사용한다.

제주삼다수는 대회 참가자들의 성공적인 완주를 기원하고 페트병 배출을 최소화하기 위해 2L 제품을 제공했으며, 참가자들도 개인 텀블러 등을 이용해 삼다수를 음용하는 데 기꺼이 동참하며 환경 보호의 의미까지 더했다. 지난해 8월에는 국내 최초 루게릭요양센터 건립비 모금을 위해 개최된 '2022 Miracle365 아이스버킷 챌린지 런 in 제주'에도 참여했다.

'아이스버킷 챌린지 런'은 각자 정한 코스를 달린 후 얼음물을 뒤집어쓰는 아이스버킷 챌린지에 참여해 루게릭병 환우와 가족들을 응원하는 기부 캠페인이다. 2018년부터 온 · 오프라인으로 매년 이어오고 있다.

제주삼다수는 지난 2019년 열린 아이스버킷 챌린지 런에 500만 원 기부를 시작으로 올해는 루게릭 요양센터 건립을 응원하며 1,000만 원을 기부했다. 제주개발공사 관계자는 "제주삼다수는 복지 사각지대에 놓인 분들을 돕고 갑작스러운 피해에 어려움을 겪는 현장을 지원하며 사회적 책임을 이행하고 있다"며 "앞으로도 도움이 필요한 곳에는 언제나 함께 할 수 있도록 하겠다"고 말했다.

예기치 못한 피해 상황 속에 언제나 함께

제주삼다수를 생산, 판매하는 제주특별자치도개발공사가 지속적으로 폭염 등 기후환경에 취약한 계층을 지원하고 태풍, 산불, 폭우 등 자연재해로 인한 피해지역에 발 빠른 지원을 이어가고 있다.

완도, 통영 등 남부 도서지역에 지속된 극심한 가뭄에 따른 식수원 고갈로 제한 급수 지역이 확대되자 제주개발공사는 지난해 12월 제주삼다수 1만 4,000여 병을 우선 지원했으며, 가뭄이 지속되자 지난 2월 추가로 1만 병을 희망브리지 전국재해구호협회를 통해 피해 입은 남부 도서지역에 지원했다.

지난 4월 산불이 크게 발행한 강원도 강릉 지역에 삼다수 7,220병을 선제적으로 지원했으며, 필요한 수량만큼 지속적으로 추가 지원할 계획이다. 이와 함께 지난달 산불로 피해를 입은 경상북도 예천군과 경상남도 하동군에도 각각 제주삼다수를 지원하며 산불 피해 구호 활동에 앞장섰다.

제주개발공사는 전국 재난·재해 발생 시 선제적인 대응을 위해

제주삼다수 산불 피해 지역 지원

희망브리지 물류센터에 제주삼다수 약 8만여 병을 사전 입고하여, 향후 피해 지역 이재민 긴급 지원이 적시에 이뤄지도록 노력하고 있다. 이와 함께 제주개발공사는 올해 발생한 튀르키예 대지진 피해 지역을 위해 피해 복구성금 1,000만 원을 대한적십자사를 통해 기부해 국내외 재난·재해 지역에서 꼭 필요한 생명수 역할을 하고 있다.

이외에도 공사는 폭염과 가뭄 등 여름 기후변화에 능동적으로 대응하기 어려운 취약계층에게 매년 삼다수를 지원하고 있다. 2020년부터는 환경부의 취약가구 여름나기 지원사업에 함께 하며 독거노인과 저소득층 등에게 제주삼다수 그린(2L) 1만 4,000여 병을 지원했다. 또, 여름철 힘든 시기를 보내는 노숙인들에게 제주삼다수 500mL 1만 200병을 기부하기도 했다.

대표
손정현

스타벅스코리아

손정현 대표

학력

1991 고려대학교 무역학과 졸업

1999 The Wharton school, University of Pennsylvania 대학원 졸업

경력

2015 신세계아이앤씨 지원담당 상무

2019 신세계아이앤씨 IT사업부장 전무

2020 신세계아이앤씨 대표이사

2022 스타벅스 코리아 대표이사(現)

상훈

2022 한국서비스품질지수 커피전문점 1위(한국표준협회)

2022 함께하는 기업 어워드 건강한 사회 부문 산업통상자원부 장관상(산업통상자원부)

2022 동반성장대상 상생협력 부문 동반성장 최우수 기업상(동반성장위원회)

2023 국가산업대상 ESG 분야 조직문화 부문 수상(산업정책연구원)

사회적 책임과 성장을 동시에 추구하며 지역사회 기여, 세계 최고의 커피에 한국 감성을 입히다

24년간 고객들의 요구에 귀를 기울이며 세계 최고의 커피에 한국 감성을 입히고 새로운 커피 문화를 이끌어온 스타벅스 코리아는 커피를 판매하는 곳을 넘어 인간적인 관계와 감성이 소통하는 경험을 함께 제공하고자 노력하고 있다. 환경적, 사회적 문제 해결에도 적극적으로 동참해 ESG 경영을 강화하며 고객이 신뢰하는 사회적 기업으로 성장했다. 지속 가능한 미래를 위해 고객 및 지역사회와 교감하며 성장 발전하고 있는 스타벅스 코리아의 앞으로의 성장이 기대를 모은다.

취업 취약계층과 소상공인 재기 지원까지 생애주기별 일자리 창출 노력

스타벅스 코리아는 연령, 성별, 학력, 장애 여부에 차별 없는 채용을 통한 열린 직장을 추구하고 있다 1999년 1호점 오픈 당시 40명의 파트너로 시작해 현재 전국 1,800여 개 매장에서 500배 증가한 20,000여 명이 넘는 파트너를 모두 직접 고용하고 있다. 현재 진행 중인 장애인, 중장년, 경력 단절여성 등의 취업 취약계층 일자리 지원을 지속적으로 강화해나가며 취약 계층에서 채용에 앞장서고 있다.

2007년부터 장애인 바리스타 채용을 시작한 스타벅스는 2012년에는 업계 최초로 한국장애인고용공단과 고용증진 협약을 체결해 장애 유형과 정도의 구분 없이 매년 장애인 채용을 시행하고 있다. 현재 장애인 파트너 고용율은 전체 임직원 대비 4%를 넘어서는 업계 최고 수준이다.

또한, 2013년 여성가족부와 리턴맘 재고용 협약을 맺고 경력단절 여성의 재취업 기회를 지원하는 리턴맘 프로그램으로 총 250여 명이 리턴맘 바리스타로 복귀했다. 육아휴직 기간을 최대 2년까지 확대하는 등 일과 가정 양립을 위한 다양한 제도적 지원을 통해 모성보호제도를 강화하며 여성가족부의 가족친화인증 기업으로서 노력을 지속해나가고 있다.

스타벅스 재능기부 카페는 청소년, 다문화가족, 취약계층 여성들이 근무하는 지역사회 기관의 노후된 카페를 스타벅스와 협력사가 함께 시설 및 인테리어 리노베이션, 바리스타 교육, 매장 운영 지원 등의 재능기부 활동을 전개하면서 지역사회 고용 확산을 지원하는 사회공헌 프로그램으로 현재까지 13호점을 오픈하면서 지역사회 취업 취약계층의 일자리 창출을 위해 지원하고 있다.

스타벅스는 재기를 꿈꾸는 40대 이상의 소상공인 대상으로 재창업과 스타벅스 취업을 지원하는 상생 프로그램을 2020년부터 중소벤처기업부와 함께 운영 중에 있다. 스타벅스의 전문적인 바리스타 교육 진행과 함께 운영 노하우를 전수해 중년층 재기 소상공인의 취업이나 카페 재창업을 돕는 리스타트 지원 프로그램은 민관 협력을 통해서 기업의 특화된 장점과 아이디어를 활용해 소상공인 자생력과 재기 지원을 마련해 줄 수 있다는 점에서 큰 의미를 갖는다.

아울러 고용노동부의 9번째 '청년고용 응원 멤버십 기업'으로 인증을 받은 스타벅스는 '청년고용 응원 프로젝트'를 통해 다양한 커피 지식과 유용한 실습 과정을 제공하여 청년들이 사회 진출 이전에 경쟁력을 배가시킬 수 있도록 적극 지원하고 있다.

지속가능성 전략, Better Together '가치 있는 같이'

2022년에는 카페 업계 간의 지속적인 상생을 위한 소통과 협력의 기반을 마련하고자 중소벤처기업부와 함께 동반성장위원회, 전국카페사장협동조합 간 상생 협약을 체결했다. 스타벅스는 우리 농산물을 원부재료로 하는 상생 음료를 개발해 카페업 소상공인의 판매를 증진할 수 있도록 협력하며, 생계가 어렵거나 재난으로 인해 긴급 지원이 필요한 지역 소상공인 카페에 시설 보수 및 서비스 교육 등을 적극 지원해 나가며 소상공인 카페들의 물리적 어려움이 줄어들 수 있도록 협력하는 공익적 상생 프로그램을 진행하고 있다.

실제 2022년 8월 선보인 첫 번째 상생음료 '한라문경스위티' 5만 잔을 전국 100곳의 소상공인 카페에 기부했고, 이어서 겨울에는 두 번째 상생음료로 공주 밤을 활용한 '리얼 공주 밤 라떼' 총 6만 잔을 전국 120곳 카페에 기부해 상생활동을 더욱 확대했다. '한라문경스위티'에 이어 '리얼 공주 밤 라떼'도 출시 일주일도 안 되어 조기 완판 사례가 나오며 소상공인 카페에 새로운 활력을 불어넣고 있다.

스타벅스의 커뮤니티 스토어는 지역사회의 긍정적인 변화와 장기적인 발전에 기여하기 위해 개발된 스타벅스의 사회공헌활동 중 하나로 매장 수익금 일부를 지역사회로 환원한다. 커뮤니티 스토어 1호점(대학로점)과 2호점(성수역점), 3호점(서울대치과병원점), 4호점(적선점), 5호점(경동1960점)에서는 고객이 구매하는 모든 품목당 300원의 기금을 적립한다. 이 기금은 대학생 청년인재 양성 프로그램을 비롯

스타벅스 커뮤니티 스토어 4호점 적선점 오픈

해, 창업카페 활동을 통한 청년 창업 문화 지원 프로그램, 장애 인식 개선 활동, 자립지원청년 지원, 경동시장 지역 상생 활동 등을 위해 사용하고 있다. 2014년부터 현재까지 커뮤니티 스토어를 통해 8년 동안 전달된 기부금은 누적 24억 원에 달한다.

커뮤니티 스토어 1호점에서 진행하는 청년인재 양성 프로그램을 통해 2015년부터 현재까지 총 81명의 청년인재가 선발되어 2019년 첫 졸업생 2명을 배출한 이후 2023년 2월까지 누적 졸업생은 31명에 달한다. 1학년 2학기부터 학기당 300만 원의 장학금을 지원하면서 리더십 역량 강화를 위해서 다양한 활동을 연중 운영하고 있다. 이를 위해 리더십 역량 강화 세미나, 명사 강의, 직무 특강, 자율 동아리 활동, 지역사회 봉사활동을 지원하고, 연 2회 우수 활동자를 선발해 스타벅스 지원센터 인턴십, 스타벅스 글로벌 견학 참여 기회도 제공한다.

스타벅스가 2015년부터 국제 NGO인 JA(Junior Achievement)와 함께 하고 있는 청소년 진로교육 프로그램은 전국의 특성화고 학생들을 대상으로 취업 관련 강의와 면접 프로그램 등 교육 기부 활동으로 현재까지 교육 이수 학생이 2만여명을 넘어섰다. 발표 기술, 모의 면접, 관계 형성 기술, 갈등 해결 기술 등의 취업 연계 및 역량 강화 교육 과정을 통해서 특성화고 졸업을 앞둔 청소년들의 사회 진출을 돕고 있다. 지난 8년간 JA에 4억 6,000만 원의 스타벅스 재단 기금을 전달하며 청소년들이 사회구성원으로의 건강한 성장을 이어갈 수 있도록 지원하고 있다. 또한, 1,800여 명의 스타벅스 파트너들이 교육 연수 과정을 이수하고 전국 240여 개의 특성화고 학교 학생들의 취업 멘토로서 재능기부 활동에 참여했다. 스타벅스는 교육 이수자 중 희망자를 연계하여 346명을 바리스타로 채용했으며, 이 중 33명이 매장 관리자 직급으로 승격하며 무한한 잠재력을 보여주고 있다.

아울러 스타벅스는 보호종료 기간이 끝나는 자립준비청년의 성공적인 자립을 돕는 지원사업도 2020년부터 아름다운재단과 전개하며 실질적인 자립 역량을 키울 수 있는 지원 활동을 통해 안정적인 사회 진출을 돕고 있다. 청년자립정착꿈 지원사업은 자립준비 청년들에게 다양한 자기계발 기회를 제공해 안정적인 사회 진출을 돕는 사업으로 연간 최대 550만 원의 자립정착금을 지원하는 등 지난 3년간 75명의 자립준비청년에게 누적 9억 원의 자립기금을 전달했다. 아울러 매월 문화체험, 봉사활동, 국내여행 등의 희망별 프로젝트를 진행하고, 취업 특강과 진로적성검사 등의 자립역량강화 과정, 다른 자립준비청년과의 네트워킹을 통해서 정서적 지지 기반 마련을 위한 정보 교환을 지원하고 있다.

함께 성장하는 내일, 전문적 인재 양성에 앞장

스타벅스는 개인 역량강화에 맞는 다양한 교육 프로그램을 제공해 커피전문가 양성 및 차별화된 커피 문화를 선도하고 지속 성장을 위한 경쟁력을 강화하고 있다. 신입 바리스타는 입사 후 체계적인 교육과 내부 선발 과정을 거치며 부점장, 점장으로 승격하고 최종적으로는 매장을 총괄 관리하는 리더로 성장하게 된다. 커피전문가 양성을 위한 커피마스터 프로그램을 비롯해 커피기기, 서비스 등 분야별 전문성 함양을 위한 다양한 교육 과정을 온라인과 오프라인으로 제공하고 있어 원하는 직원은 참여할 수 있을 뿐만 아니라, 매년 선발되는 우수인원에게는 인센티브를 제공하고 글로벌 커피전문가로 성장할 수 있도록 커피 농가 및 본사 방문 등 다양한 국가의 스타벅스 파트너들과 교류할 수 있도록 지원을 아끼지 않고 있다.

스타벅스 코리아는 전 세계 스타벅스 최초로 임직원의 전문 지식 함양을 위한 온라인 교육 시스템 '스타벅스 아카데미'를 오픈하고 언제 어디서나 편리하게 학습이 가능하도록 모바일 애플리케이션도 개발했다. 또한, 2016년부터 등록금 전액을 지원하는 파트너 학사학위 취득 프로그램을 운영해 직원들이 경제적 부담 없이 학위를 취득할 수 있도록 돕고 있다.

입학 첫 학기는 학자금 전액을 지원하며 평균 B학점 이상이면 모든 파트너에게 다음 학기 등록금을 전액 지원한다. 전공 선택은 업무와 관련이 없어도 무방하며 대학 졸업 후에 스타벅스에 재직해야 하는 의무와 조건 없이 자유롭게 학비를 지원받을 수 있다. 2016년 2학기부터 시작한 대학교육 지원 프로그램은 현재까지 1,600여 명이 넘는 스타벅스 파트너들이 참여해 다양한 전공에서 학업과 경력 개발을 이어 나가고 있으며, 현재까지 315명의 학사 취득 졸업생을 배출했다.

또한, 지난 2011년부터 국내에 파트너 행복추진 부서를 설립해 파트너 복지와 권익 보호를 위해 노력해 오고 있다. 2014년부터 임직원들의 스트레스 해소를 돕기 위한 전문 심리 상담 프로그램을 도입해 전문기관과 협력해 운영 중이며, 연중으로 문화 충전 사내 캠페인을 통해 문화 공연 관람 기회를 제공하고 있다. 2018년 12월에는 고객 응대 파트너 보호를 위해 고용노동부 산하 비영리법인 단체인 직업건강협회와 감정노동 관리 및 교육 지원 협력을 위한 협약을 맺었다. 감정노동 수준에 대한 진단을 받고 예방·대응·관리 정책으로 구분한 파트너 보호 매뉴얼을 보다 체계적으로 수립해 감정 노동 직무 스트레스 예방교육과 건강보호, 감정 소진 극복 프로그램, 전문 심리 상담 등 파트너 권익 보호를 위한 다양한 지원 활동을 지속적으로 강화해 나가고 있다.

커피찌꺼기 자원선순환과 일회용컵 절감하는
지속가능한 성장 앞장

스타벅스 코리아는 탄소 배출량 감소를 위한 친환경 활동 경영을 강화하며 지역사회에 기여하는 지속가능한 성장을 이어 나가고 있다. 2018년부터 전국 매장에 빨대 없이 사용하는 리드(뚜껑)와 종이

개인 다회용컵 이용 건수 누적 1억 1,000만 건 돌파

빨대를 도입해 운영 중이며 이로 인해 일회용 빨대 사용량을 지속 감축시켜 나가고 있다. 이외에도 개인 다회용 컵을 사용하는 고객에게는 400원 할인 혹은 에코별 적립 등의 혜택을 지속해서 강화해 제공하고 있다. 개인 컵 관련 시스템 집계를 시작한 2007년부터 2022년까지 누적 1억 1,000만 건을 넘는 고객의 동참을 이끌어냈다. 이를 위해 다회용컵 이용 문화 확산을 위한 고객 참여 캠페인을 연중 진행하고 있다.

또한, 비닐과 플라스틱 사용을 줄이기 위해 포장재와 용기, 포크, 스푼 등을 다양한 친환경 바이오 소재로 제작해 사용하고, 우천 시 제공하던 우산비닐을 대신할 제수기(물기제거기)를 도입했다. 2021년 3월에는 폐플라스틱을 수거해 새로운 상품으로 재탄생시키는 '가치 위해 같이 버려요' 캠페인을 진행하며, 매장에서 수거된 투명 페트병과 일회용 컵을 활용해 새로운 스타벅스 상품으로 제작해 선보이기도 했다. 매월 10일에 진행하는 '일(1)회용컵 없는(0) 날' 캠페인을 통해 개인 다회용 컵 사용을 지속 권장하고 있으며 이를 통해 지역사회와 환경에 긍정적인 변화를 이끌고 있다. 또한, 다회용컵 사용 확대를 위해 제주와 세종, 서울 등에서 일회용컵을 사용하지 않는 에코매장을 시범적으로 도입해 운영하고 있다.

스타벅스는 2015년 경기도와 농산물 소비촉진 및 자원 재활용을 위한 협력을 맺은 이후 친환경 커피 퇴비 생산을 지원하고 있다. 매장에서 배출되는 커피찌꺼기를 자원으로 재활용해 생산을 지원한 친환경 커피 퇴비는 누적으로 1,000만 포대를 넘어섰다. 2016년에는 업계 최초로 환경부, 자원순환사회연대와 커피찌꺼기 재활용 활성화 시범사업을 위한 업무 협약을 체결해 커피찌꺼기를 재활용하는 프로세스를 구축한 바 있다. 스타벅스는 현재까지 40억여 원에 달하는 비용을 커피찌꺼기 수거를 위한 운송과 보관 등 재활용 운영 활동에 투입하고 있으며, 커피 퇴비 생산 지원 외에도 이를 재구입해 경기도, 보성, 하동, 제주도 농가에 9억여 원 비용의 커피 퇴비를 무상으로 지원하며 커피찌꺼기의 자원선순환 활용을 지속 추진하고 있다.

커피찌꺼기는 식물이 성장하는 데 필요한 질소, 인산, 칼륨 등이 풍부하고 중금속 성분이 없어, 병충해를 방지하고 유기질 함량이 높은 천연 비료의 역할을 할 수 있다. 실제 유기농 비료로 인정을 받은 친환경 커피 퇴비를 활용한 농가들의 긍정적인 인식과 경험 등을 통해 향후 생산량은 지속 증가할 것으로 예상된다. 현재까지 경기도,

보성, 하동, 제주도 농가에 커피 퇴비를 무상으로 지원하며 커피찌꺼기의 자원선순환 활용을 지속 추진하고 있다.

우리 농가에 기부한 커피 퇴비는 자원선순환 활동으로 이어지고 있다. 친환경 커피찌꺼기로 만든 퇴비로 재배한 농산물이 푸드 상품의 원재료로 사용되어 다시 스타벅스 매장에서 판매된다. 2015년부터 커피찌꺼기 퇴비로 농산물을 재배하기 시작해 이를 활용해 출시한 푸드는 전체 출시 상품 중 절반이 넘는다. 우리 농산물 제품들은 지역 특산물을 알리는 역할을 하는 한편, 국내 농가의 지역사회 소득 증대에도 일조하는 상생 모델로 자리잡고 있다.

2022년 10월에는 업계 최초로 재활용환경성평가 승인을 받은 커피찌꺼기로 제작한 업사이클링 제품인 커피박 화분을 선보였다. 이어서 2023년 3월에 환경부 소속 한강유역환경청으로부터 순환자원 인증을 업계 최초로 획득해 커피찌꺼기의 재자원화에도 앞장서고 있다.

재활용환경성평가 제도란 재활용 방법이나 기술의 환경적 영향을 평가함으로써 폐기물이 안전하게 재활용되도록 관리하기 위해 도입된 제도이다. 2016년 7월 재활용환경성평가 제도 시행 6년 만에 스타벅스가 제14호로 승인을 받게 되었으며 재활용 기준이 없는 식물성 잔재 폐기물인 커피찌꺼기의 업사이클링이 가능하게 되었다.

스타벅스가 자원선순환 캠페인을 전개하며 제공한 커피박 화분키트는 컵 모양의 화분과 커피찌꺼기 배양토, 허브류 씨앗으로 구성되어 있다. 커피박 화분 1개에는 스타벅스 아메리카노 톨 사이즈 6잔 분량 제조 후에 배출되는 커피찌꺼기 양이 활용되었다. 사용 중 파손되는 커피박 화분은 신청을 받아서 재활용환경성평가에 함께 참여했

스타벅스 사내 소통 활동인 디스커버리 프로그램에 참가한 스타벅스 파트너들

던 협력사가 회수를 하고 새로운 커피박 화분으로 재탄생시켜 자원 선순환의 의미를 이어나가게 된다.

또한, 스타벅스가 2023년 3월 한국환경공단 본사 내 스타벅스 재능기부 카페 13호점으로 오픈한 '카페 지구별'은 민관 협력 최초의 커피찌꺼기 재활용 시범 매장으로서 매장에서 배출되는 커피찌꺼기는 전량 회수되어 재활용되며 탄소 저감을 위해 일회용 컵 없는 매장으로 운영되고 있다.

매장 내부 인테리어는 스타벅스 커피찌꺼기를 재활용 꾸며졌다. 테이블, 전등갓, 아트월, 화분, 쟁반 등에 스타벅스 커피 3,782잔 분량에서 나온 커피찌꺼기 56.73kg이 사용됐다. 대형 테이블(1개)에는 커피 1,333잔 분량 19.9kg, 소형 테이블(2개)은 444잔 분량 13.3kg, 패널 테이블(3개)은 128잔 분량 5.7kg, 전등갓(3개)은 111잔 분량

4.9kg, 아트월(1개)은 380잔 분량 5.7kg이 재활용됐다.

스타벅스는 커피찌꺼기가 순환자원으로 인정된 2023년부터 커피 찌꺼기 재활용률 100%까지 점진적으로 높여 나가는 지속가능 경영을 더욱 강화해 나갈 방침이다. 새로운 가치를 부여하는 업사이클링 비율을 높이면서, 친환경 캠페인 전개를 통해 고객과 지역사회에 다양한 혜택을 제공할 계획이다.

또한, 국내외 인증을 받은 친환경 콘셉트 매장을 적극 도입하고, 소비전력 효율 개선 제품 및 대기전력 저감장비 도입을 전국 매장으로 확대하고 있다. 2021년 서울시 중구 퇴계로 스테이트타워 남산에 오픈한 '별다방'은 국내 카페 최초로 LEED 실버 등급 인증을 획득했다. '별다방'은 매장 내 센서 설치를 통해 고객이 없을 경우 조명 자동 차단, 채광에 따라 내부 밝기 조절 시스템 등을 통한 전기료 절감효과 및 다양한 친환경 내장재를 사용한 매장이다.

아울러 친환경 물류 시스템 구축을 위해 서울 일부 매장의 물류배송 트럭을 친환경 전기배송차량으로 전환하는 시범 운영을 2022년에 시작했다. 물류 전기배송차량 도입은 국내 커피업계 최초이며, 종합물류기업과 협력해 스타벅스 전용 전기배송차량을 도입한 것도 전세계 스타벅스에서 한국이 처음이다. 2022년에 오픈한 더북한강R점에는 스타벅스의 지속가능 전략에 맞춘 인프라 구축의 일환으로 주차 공간에 전기차를 위한 충전 시설을 마련했다. 스타벅스는 향후 전기차 충전 시설에 대한 지속적인 검토 및 확대를 통해 지속가능에 대한 고객 경험을 이어갈 예정이다.

전통문화 보전과 지역사회 공헌 활동 힘써

스타벅스는 지난 2009년부터 문화재청과 문화재지킴이 협약을 맺고 지역사회 전통문화 보존 활동, 주미대한제국공사관 복원 및 보존 후원, 독립문화유산 국가 기부 활동, 독립유공자 후손 대학생 장학금 후원, 고궁 문화 행사 후원 등 다양한 활동을 진행하며 우리 문화재 및 독립문화유산 보존을 적극적으로 실천하고 있다. 국가보훈처와 사회복지공동모금회와 함께 2015년부터 매해 독립유공자 후손 대학생 장학금을 후원하며 2022년까지 333명에게 장학금 6억 6,600여 만 원을 지원했다.

스타벅스는 2015년부터 3.1절, 광복절 등을 기념하여 출시한 전통문화 디자인을 담은 상품의 판매수익금을 조성해 백범 김구 선생의 '존심양성〔存心養性〕(어린아이와 같은 순수한 마음을 보존하고 선량한 심성을 기른다)'과 '광복조국〔光復祖國〕(자주독립을 염원하다)', '천하위공〔天下爲公〕(천하가 개인의 사사로운 소유물이 아니라 모든 이의 것)', '유지필성〔有志必成〕(뜻이 있으면 반드시 이룬다)', 도산 안창호 선생의 '약욕개조사회 선자개조아궁〔若欲改造社會 先自改造我窮〕(만일 사회를 개조하려면 먼저 스스로 자신의 부족함을 개조하여야 한다)', 만해 한용운 선사의 '전대법륜〔轉大法輪〕(거대한 진리의 세계는 머무르지 않고 끊임없이 변화한다)' 등의 친필휘호를 문화유산국민신탁에 기증해 왔다.

2022년 4월에는 매헌 윤봉길 의사 상하이 의거 90주년을 기념해 매헌윤봉길의사기념사업회와 매헌윤봉길월진회에 독립문화유산 보존 기금과 함께 의사가 남긴 '장부출가생불환〔丈夫出家生不還〕(사나이가 뜻을 세워 집을 나가니 살아 돌아오지 않겠다)' 문구와 윤봉길 의사의

광화문 광장에서 부산세계박람회 유치 기원 행사 동참

모습을 표현한 팝아트 작품을 함께 담은 기념 텀블러를 제작해 전달한 바 있다.

　지난 2017년에는 대한제국 당시 유일한 해외 외교건물인 주미대한제국공사관의 복원과 보존비용 등 총 3억 원을 후원한 바 있으며, 2020년에는 중구 소공동에 환구단점을 개점하고 환구단과 황궁우 등 우리 문화유산 건축물의 주요 요소를 주제로 한 인테리어를 구현해 친근하게 우리 문화유산을 접하고 경험할 수 있도록 했다. 이러한 공로를 인정받아 2019년 12월에 문화유산보호 유공자 포상 대통령 표창과 함께, 2021년 12월에 문화체육관광부의 문화예술후원우수기관으로 인증을 받은 바 있다.

　스타벅스는 국내 협력사와 함께 다양한 제품 현지화 노력을 지속적으로 전개해 음료와 원부재료의 자체 개발을 확대하고 있으며 친환경 경기미와 국내 특산물을 활용한 다양한 지역상생 제품을 소개하고 있다. 문경 오미자 등 로컬 식자재와 특성을 빅데이터로 분석해 시장 트렌드에 맞춘 제품 개발로 연결해서 농가에 안정된 판로와 수익을 제공하고 국산 농산물의 상품 가치를 높여 농가 소득 증대로 이어지는 성과를 통해 상생 활동을 꾸준히 전개해오고 있다.

메탄가스를 유발하지 않는 식물 기반의 대체 상품과 이동 거리 단축 등으로 탄소 배출량을 줄이고, 지역과의 상생이 가능한 국산 재료 기반 제품의 범위를 확대해나가고 있으며, 다양한 지역의 특산물을 이용한 제품 라인업 강화를 통해 우리 농가와의 협업을 통한 상생을 강화해 이미 2016년 문경 오미자 피지오를 필두로 광양 황매실 피지오, 공주 보늬밤 라떼, 이천 햅쌀 라떼 등의 신토불이 음료를 현재까지 꾸준히 개발 출시해오고 있다. 음료 분야에서 오트 음료를 선택 옵션으로 도입한 것에 이어 앞으로도 식물 기반 음료 및 푸드 제품과 대체육 원재료 등을 지속 개발해 관련 제품 카테고리를 확장해 나갈 예정이다.

스타벅스는 2019년에 고객 서비스 향상 노력을 비롯해 환경과 지역사회 공헌 활동 등 소비자 중심의 경영문화를 구축한 노력을 인정받아 공정거래위원회와 한국소비자원이 주관하는 '소비자중심경영 우수기업 인증서'를 취득했다.

감성적인 스타벅스 문화를 입힌 디지털 경험

혁신적인 디지털 마케팅과 모바일 기기를 통해 고객과 소통하는 것 또한 스타벅스 경험의 핵심이다. 스타벅스에서는 진동벨을 찾아

볼 수 없다. 스타벅스 코리아는 이름을 호명하는 감성적인 소통을 만들어 나가기 위해 2014년부터 '콜 마이 네임' 서비스를 전 세계 스타벅스 최초로 제공하고 있다. 또한, IT서비스 노하우와 기술을 집약해 2014년 전 세계 스타벅스 최초로 혁신적인 주문 결제 서비스인 '사이렌 오더'를 자체 개발했다. 매장 방문 전에 주문과 결제를 할 수 있어 혼잡한 시간대에 주문 대기 시간을 줄일 수 있으며 주문 메뉴가 준비되는 진행 과정을 실시간으로 확인하고 음료가 완료되면 콜 마이 네임과 연동해 등록한 이름을 바리스타가 앱 화면에서 안내해준다.

사이렌 오더를 통한 주문은 음료뿐 아니라 매장의 실시간 재고 상황에 맞춰 푸드와 병 음료, 원두까지 가능하며 다양한 개인맞춤 기능으로 이용자에게 최적화된 서비스를 제공한다. 드라이브 스루 이용 고객은 메뉴 수령방식을 매장 안과 차량으로도 구분해 주문할 수 있다. 사이렌 오더는 론칭 이후 지속적으로 사용 편의성과 기능을 강화하며 빅데이터를 활용한 추천 기능 도입과 음성 주문 서비스 등 이용자 중심의 맞춤형 서비스로 진화하면서 지금까지 누적 주문 건수가 2억 건이 넘을 정도로 뜨거운 호응을 얻고 있다.

2018년 6월 선보인 드라이브 스루 전용 서비스인 'My DT Pass'는 차량 정보를 등록하면 매장 진입 시 자동 인식을 통해 별도의 결제 과정 없이 자동 결제되어 바로 출차가 가능하며, 차량 정보 등록 이후 사이렌 오더로 주문 시 대기 시간을 더욱 획기적으로 단축하며 이용 고객 수가 꾸준히 증가하고 있다.

2011년 9월부터 서비스를 시작한 '스타벅스 리워드'는 스타벅스 카드 사용 고객들에게 다양한 혜택을 제공하는 로열티 프로그램으로

100년 한옥에 담긴 스타벅스 대구종로고택점

회원 수 1,000만 명을 돌파했다. 1,000만 명 회원들이 적립한 리워드 별의 개수는 누적으로 15억 3,000만 개에 달하며, 회원 전용 생일 음료 쿠폰을 비롯해, 별 12개 적립시마다 제공하는 쿠폰 등 리워드 회원에게 제공한 무료 음료 혜택은 누적 1억 9,000만 잔을 넘어섰다.

스타벅스는 지속적으로 업무 효율성을 위한 전사적 자원 관리시스템을 구축하고 있다. 또한, 디지털 설문 조사 프로그램인 마이 스타벅스 리뷰를 통해 수집한 다양한 고객 의견을 빅 데이터로 활용해 다양한 제품 개발과 서비스 개선에 적극 반영하고 있으며, 모바일 앱을 통해 방문 매장에서 즉시 처리할 수 있는 요청 사항을 등록하면 개선 후 답변을 받을 수 있는 스토어 케어를 선보이며 고객 만족도를 높여 나가고 있다.

회장

오원석

코리아에프티주식회사

코리아에프티

오원석 회장

학력

1971   경기고등학교 졸업

1975   서울대학교 기계공학과 졸업

경력

1974   현대양행(現두산중공업) 입사

1982   대우조선공업 부서장

1987   코리아에어텍(주) 부사장

1996   코리아에프티(주) 회장

상훈

2004   제31회 상공의날 표창

2009   제2회 범죄피해자 인권의날 표창

2009   세계일류상품 및 세계일류기업
        인증 수상

2010   관세청장상 수상

2011   글로벌 경영대상 수상

2011   제48회 무역의날 5천만불 수출의탑
        수상

2012   제9회 자동차의날 동탑산업훈장
        수훈

2012   제49회 무역의날 7천만불 수출의탑
        수상

2014   글로벌 전문 후보기업 지정서 수여

2014   춘계학술대회 글로벌경영대상'
        수상

2014   제51회 무역의날 1억불 수출의탑
        수상

2014   제51회 무역의날 산업통상자원부
        장관 표창

2015   2015 한국자동차산업 경영대상

2016   제50회 납세자의 날 기획재정부
        표창

2018   과학기술정보통신부 장관상 수상

2018   보건복지부장관상 수상

2018   안성상공회의소 창립 100주년
        공로패 수상(수출유공)

2019   고용노동부장관상 수상

2019   동반성장위원회 위원장상 수상

2019   SRMQ 최고경영자 대상(부총리
        겸 기획재정부 장관 표창)

2020   산업통상자원부장관상 수상

2021   환경부장관상 수상

2022   기획재정부장관상 수상

2022   행정안전부장관상 수상

코리아에프티주식회사

친환경으로 이룬 글로벌 경영 기업, 코리아에프티

최첨단 기술력으로 세계시장 공략

친환경 자동차 부품을 제조하는 기업 코리아에프티(주)는 1984년 창업, 1996년 법인 설립 이후, 카본 캐니스터 자체 개발로 국내 업계에 모습을 드러냈다. 이후 혁혁한 기술력 향상 및 인재양성으로 국내 자동차산업에서 연료 시스템 관련 부문 전문업체로 크게 성장했다. 현재 카본 캐니스터뿐만 아니라 플라스틱 필러넥, 차량용 선셰이드를 포함한 의장부품 등을 개발하고 국산화에 성공해 국내 자동차산업 발전에 큰 힘을 보태고 있다.

최근 세계적으로 환경 규제가 강화되고 있는 가운데 세계의 수 많은 국가가 탄소중립 선언을 하면서 친환경화의 가속화가 이뤄지고 있다. 이에 코리아에프티(주)는 미래 환경규제 강화에 선제 대응하며 고부가가치 제품을 생산할 수 있는 최첨단 기술력으로 미래 대비에 나선다.

최첨단 자동차 산업 겨냥

ESG경영이 세계 기업경영의 중요한 부분으로 떠오르고 있는 가운데 코리아에프티(주)의 대표 제품인 '카본 캐니스터'는 강화된 환경 법규에 맞는 친환경 자동차용 가열방식 캐니스터이다. 코리아에프티(주)가 세계 최초로 개발한 카본 캐니스터로 미국과 국내에서 특허를 취득했으며, 하이브리드 차량 같은 증발가스 저 탈착 조건에서의 캐니스터 성능 한계를 극복하는데 이미 성공했다. 현재 카본 캐니스터 시장 점유율은 국내 1위, 글로벌 4위를 기록하고 있으며 이는 끊임없

사진은 오원석 회장이 제9회 자동차의 날 기념행사에서 당사 제품에 대한 설명을 하고 있는 모습

는 연구개발로 일궈낸 결과이다.

기존 소재에 나노클레이를 첨가한 신제품 '플라스틱 필러넥'은 연료 주입구로부터 연료탱크까지 연료를 이동시키는 주유관으로 증발가스 차단성이 기존의 12배 이상 우수하다. 또 스틸과 다층구조 대비 각각 약 45%, 32%의 경량화 효과가 있어 연비효율도 뛰어난 제품이다. 2018년부터 시장에 공급 중인 이 제품의 우수성을 인정받아 2019년에는 IR52 장영실상을 수상하기도 했다.

또 태양광을 차단해 탑승객의 편의성과 안락함을 제공하는 차량용 선셰이드를 비롯한 각종 필러 및 글로브박스 등 의장부품을 개발해 국내외 완성차에 공급하고 있다. 2022년 출시한 폭스바겐의 전기차 전용 MEB 플랫폼 차량 ID BUZZ의 의장부품 공급업체로 선정되는 등 유럽 친환경 자동차 부품 공급 파트너로서의 입지를 구축하고 있다.

코리아에프티(주)의 활발한 개발 행보는 여기에서 그치지 않는다. 첨단화되고 있는 세계 자동차 산업에 발맞춰 자율주행 자동차 등 차세대 스마트카에 공통적으로 적용해 악천후 상황에서도 객체 검출성능을 극대화할 수 있는 딥러닝 기반의 ADAS(지능형 운전자 보조시스템) 소프트웨어(SW) 알고리즘도 개발했다. 이스라엘 '모빌아이' 제품이 석권하고 있는 ADAS 시장도 충분히 경쟁력이 있다고 판단, 하드웨어를 넘어 소프트웨어 개발이 필요하다고 본 것이다. 현재 주야간 모든 상황에 사람, 차량, 표지판 등 다양한 객체를 정확하게 인식하는 카메라센서 기술의 신뢰도를 100%에 근접하는 데 집중하고 있다.

최근에는 어지럼증 없이 고화질 대화면 영상을 감상할 수 있는 개인용 엔터테인먼트 기기인 VIM(Visual Image Monitor)을 개발, 코리아에프티(주)의 또 다른 성장 동력이 될 것으로 기대되고 있다. 오원석 회장은 "친환경을 위한 세계 최고 수준의 부품을 개발하고, 자율주행 시대를 대비한 최첨단 신제품으로 매출 1조 원 시대를 열겠다"며 "기업 성장을 위한 수치적인 목표도 중요하지만 무엇보다 100년, 200년 후 우리 직원들의 후손들도 함께 일하는 장수기업으로 만드는 것이 최종 목표"라고 전했다.

친환경 제품으로 대비하는 미래 시장

코리아에프티(주)는 세계 자동차 업계의 재편과 세계화 · 전문화에 따른 경영 환경의 변화에 발맞춰 1999년 이탈리아 에르곰 그룹

(ERGOM Holdings S.p.A)과의 자본 합작을 추진했다. 이와 함께 국내 법인은 R&D기지, 해외 법인은 생산기지로 발전시키는 글로벌 경영 전략에 따랐다. 그 결과 국내에는 R&D 센터와 3곳의 공장과 함께 중국, 인도, 폴란드, 슬로바키아, 미국 등 5개국에 9개 해외 사업장을 보유하고 있다.

매출처로는 국내 5개 완성차 업체는 물론 GM, 르노 글로벌, 닛산, 폭스바겐, 볼보, 포르쉐, 스코다, Lynk&Co, HOZON 등을 확보해 글로벌 자동차 부품 메이커로서의 위치를 확고히 하고 있다. 이는 매년 발표되는 매출액으로도 확인할 수 있다. 2017년 3,481억 원, 2018년 3,880억 원, 2019년 4,387억 원, 2020년 4,097억 원, 2021년 4,657억 원 2022년 5,610억 원 등 글로벌 매출 증대 및 친환경 캐니스터(HEV, PHEV) 성장으로 꾸준한 성장세를 이어나가고 있다. 그 결과 2014년 무역의 날 '1억불 수출의 탑'을 수상하고, 2020년에는 '산업통상자원부장관 표창'을 수상하는 등 자동차 부품 사업 및 국가 경제발전에도 기여하고 있다.

주요국의 탄소중립 선언 등은 자동차 분야에도 큰 변화를 가져왔다. 이들은 자동차 제조, 연료생산, 주행 그리고 폐기, 재활용까지 자동차 전주기적 평가(LCA, Life Cycle Assessment) 제도 도입을 검토하고 있다. 유럽은 2019년부터 검토를 시작으로 중국도 2025년 이후 도입을 준비 중이며, 미국도 전기차(PHEV 포함) 세제 혜택 등 친환경 정책을 펼치고 있다. 한국자동차공학회의 'LCA 기준으로 온실가스 배출량을 비교'에 따르면 코나 전기차와 아이오닉 하이브리드 비교에서 아이오닉 하이브리드차의 탄소 배출량이 더 낮아 LCA가 도입되

폴란드법인을 방문한 오원석 회장이 관계자들과 함께 진지한 토론을 벌이고 있다.

면 하이브리드차가 더욱 부각될 예정이며, 친환경 차량(HEV, PHEV)
용 캐니스터도 성장할 것으로 보인다.

2022년 친환경차 누적 등록대수가 150만 대를 돌파했고 친환
경차에 대한 관심이 높아지고 모델도 다양화되며 높은 성장률을 보
이고 있다. 친환경차 가운데 하이브리드차는 117만 대로 전년 대비
28.9% 증가했다. 2022년 친환경차 수출량 또한 38.6% 증가한 55만
4,000대로 역대 최고치를 기록했으며, 하이브리드차는 34.5% 증가
한 28만 5,000대로, 전체 친환경차 수출 비중에서 가장 큰 비중을 차
지했다. 이는 세계적으로 친환경차에 대한 비중이 늘어남을 증명하
고 있다.

미래 친환경 방안으로 LCA뿐만 아니라 탄소중립 연료로 불리는

'e-fuel(수소와 이산화탄소를 합성해 만든 e-가솔린, e-메탄 등 합성연료)' 적용도 확대될 전망이다. 유럽과 일본에서는 이미 e-fuel 연구에 나섰으며 우리나라도 2021년 초부터 연구위원회를 창설해 중장기기술 로드맵 마련에 나서고 있다.

현재 코리아에프티(주)의 카본 캐니스터에 대한 수요는 꾸준히 늘고 있다. 2021년에도 포르쉐, 상하이GM, 중국 친환경 자동차 전문 브랜드인 HOZON의 카본 캐니스터 공급 업체로 선정됐다. 이중 상하이GM과 HOZON에서 수주한 캐니스터는 HEV, PHEV 차량용 제품이다. 뿐만 아니라 폭스바겐, 르노, GM, 지리차 산하 LYNK&CO 등과 협력 관계도 유지하고 있으며 스텔란티스, FORD 등을 목표로 적극적인 마케팅을 펼치고 있다.

오 회장은 "미래 친환경차에 대한 세계적 확대 국면에서 코리아에프티(주)는 현실적인 대안이 될 수 있다"며 "이미 e-fuel용 카본 캐니스터와 연료 계통 부품의 선행 연구개발도 진행 중"이라고 밝혔다.

사람에서 시작해 제품으로 발전하는 기술력

코리아에프티 오원석 회장은 "코리아에프티의 기술력과 성과는 모두 '사람'에게서 나온다"며 "언제나 사람이 곧 경쟁력이라고 강조해 왔고, 논어의 학이시습 품격고양(學而時習 品格高揚)을 경영철학으로 삼아왔다"고 늘 강조했다.

학이시습(學而時習)은 듣고, 보고, 알고, 깨닫고, 느끼고 한 것을 기회 있을 때마다 실제로 실행해보고 실험해본다는 뜻으로, 직접 몸으로 실천해봐야 새로운 지식이 자신의 지식으로 체화될 수 있다는 것

7천만불 수출의탑 수상

이다.

코리아에프티는 외국에서 전량 수입하던 제품을 자체개발을 통해 생산하고 있기에 외부에서 기술을 습득하거나 배우는 게 불가능했다. 따라서 내부교육을 통해 인재를 양성해왔다. 현재 코리아에프티의 모든 직원은 선배로부터 습득한 기술과 지식, 정보를 반복·실행해보고 연습함으로써 자기 지식을 쌓고 있다. 이렇게 모든 직원들이 배우고 개선해 나감으로써 제품의 품질도 더불어 향상될 수 있는 것이다.

또한 품격고양(品格高揚)은 이렇게 모든 직원이 서로에게서 좋은 점을 흡수하고 나쁜 점을 개선해나갈 때, 사람의 품격 뿐 아니라 제품의 품격도 동시에 향상되고 발전한다는 것을 의미한다.

아울러 사람을 중요시하는 스킨십 경영을 앞세운 오 회장은 일과 가정의 조화로운 병행과 직원의 이직률을 낮추고 만족도를 높이기 위해 복리후생에도 적극 힘쓰고 있다. 원만한 노사관계는 생산성 향상과 직원이 자기 능력의 100% 이상을 발휘할 수 있게 하며, 이를 통해 회사도 지속적으로 발전하기 때문이다.

동반성장 문화조성 확산과 상생협력을 통해 사회에 환원

"코리아에프티의 오원석 회장은 동반성장 문화조성 확산과 상생협력을 통해 경영문화 발전에도 적극적으로 나서고 있다.

자동차부품산업진흥재단 이사장인 오 회장은 자동차부품사업의 국제 경쟁력 확보를 위해 완성차 임원 출신으로 구성된 경영컨설팅, 품질마인드 고양을 위한 품질학교, 경영일반 교육의 개설에 이르기까지 부품업계의 품질 및 기술력 향상과 인재육성을 위한 다각적 지원 사업을 펼치고 있다. 또 현대기아자동차 협력회 회장으로서 완성차사와 협력사 간의 원활한 협력 관계를 유지하고, 기술정보 교환 등 상호 이익을 증진하며 완성차 업체의 부품 조달 체계와 구조 변화에 능동적으로 대처해 글로벌 경쟁력 강화를 위해 헌신하고 있다.

이에 2016년 공학계 명예의 전당이라고 불리는 공학 한림원 정회원으로 선정, 현재는 원로회원으로서 자동차 부품 산업 발전을 위해 끊임없이 공헌하고 있다. 2019년에는 고용노동부장관상과 동반성장위원회 위원장상을 수상하기도 했다.

기업 간의 상생과 협력을 위한 활동뿐만 아니라 사회로부터 받은

코리아에프티 오원석 대표는 범죄피해자들에 대한 다각도의 지원을 통해 조기 회복과 자립 등을 돕고 있다. 이 사진은 범죄피해자들을 위한 사회적 기업인 '무지개공방' 모습

혜택을 사회로 환원하는 일에도 적극적으로 나서고 있다. 투철한 사회봉사 정신에 입각하여 자동차 산업 발전뿐만 아니라 지역사회 발전을 위해 헌신하겠다는 오 회장의 의지에서 시작된 일들이다.

현재 (사)평택 · 안성 범죄피해자지원센터 이사장으로 활동하며 범죄피해자발생 시 전문 상담 및 자립, 의료 지원, 법률 지원, 재정적 지원, 신변보호 등 다각적인 각도에서 필요한 지원이 효율적으로 이루어질 수 있도록 원스톱 지원시스템을 지원하고 있다. 90여 명의 전문위원, 150명의 무지개서포터를 대상으로 정기 월례회 및 전문교육을 실시해 신속한 피해 회복을 돕는다. 또 전국범죄피해자지원연합회 부회장으로도 활동하고 있다.

코리아에프티 안성본사

아울러 2011년에 범죄피해자 취업 지원 및 피해자 중심의 고용창출과 복지향상을 도모하고 심리 및 미술치료 효과를 볼 수 있는 고용노동부 사회적기업 ㈜무지개 공방을 설립, 매년 기부를 통해 인적·물적 네트워크 구축을 위해 지대한 공헌을 하고 있다.

이외에도 지역 내 교육 환경 개선을 위해 고등학교 및 대학교에 장학금도 후원하고 있다. 또 낙도 및 시골학교 학생들에게 소년한국일보 보내기 사업에 참여하고 있으며, 지역 초등학교에 도서후원금 지원으로 교육환경 개선에도 적극 나서고 있다.

사회 환원 활동에는 코리아에프티㈜ 직원들로 구성된 자원봉사단 활동도 정기적으로 진행하고 있다. 안성지역 내 사회복지기관인 동부 무한돌봄센터와 연계해 지역 독거노인 주거환경 및 개선 활동과 소외계층을 대상으로 약 25명의 직원이 정기적으로 봉사 활동을 전개하고 있다.

회장
윤홍근

제너시스BBQ그룹

윤홍근회장

경력

1995	제너시스BBQ 그룹 창립
1995	BBQ 1호점 오픈
1996	BBQ 100호점 오픈
1999	BBQ 1000호점 오픈
1999	한국 유통대상 국무총리상 수상(1회)
2000	치킨대학, 물류센터 개관
2003	BBQ 중국 진출(해외시장 진출 시작)
2003	대한상공의날 동탑산업훈장 수훈
2003	한국 유통대상 국무총리상 수상(2회)
2005	공정거래위원회 대통령상
2005	BBQ 올리브유 개발
2007	BBQ 카페 런칭
2007	스페인 시민 십자대훈장 수훈
2009	대한상공의날 은탑산업훈장 수훈
2009	한국능률협회(KMA) 최고경영자상 수상
2009	인적자원개발 우수기관 인정(치킨대학)
2009	창조경영인 마케팅 분야 한국경제 CEO 대상 수상
2010	2010 Korea CEO Summit 창조경영 대상 수상
2011	한국마케팅관리학회 마케팅 대상 수상
2011	소비자 품질만족 대상
2011	(사)한국취업진로학회 주관 "제1회 고용창출 선도 대상" 수상
2011	BBQ 프리미엄카페 런칭
2012	글로벌 마케팅 대상 최고경영자상
2012	제17회 유통대상 대통령상
2013	BBQ 교육과정(치킨대학) 22,000명 수료
2014	일자리창출 정부포상 대통령상 수훈
2015	대한민국 식품대전 금탑산업훈장 수훈
2015	2015 요우커 만족도 치킨부문 1위
2016	12년 연속 브랜드스탁 선정 치킨업계 1위
2016	대한민국 100대 CEO 10년 연속 선정
2017	대한민국 100대 CEO 11년 연속 선정

상훈

2018	BBQ, 포항지진 지원 유공 '행정안전부 장관상' 및 '경상북도 도지사 감사패' 수상
2018	매일경제 '2018 대한민국 글로벌 리더'
2018	2018년 대한민국 고용친화 모범경영 대상
2019	'2019 대한민국 브랜드스타' 치킨 부문 브랜드가치 1위
2019	'2019 대한민국 100대 브랜드' 29위
2019	2019년 국가브랜드대상 '브랜드치킨 전문점 부문' 대상
2020	2020 대한민국 100대 브랜드 28위
2020	대한민국 창업대상 국무총리 표창
2022	국민훈장 모란장 수훈
2022	2022 대한민국 100대 브랜드 24위

글로벌 경제위기 해법으로 新인재경영 선언

2023년의 경영목표로 △국내시장 독보적 1위 달성 △글로벌 시장 진출 확대 △IP(Intellectual Property, 지적자산)·콘텐츠 기업으로 확장 △기민한 조직문화(Agile BBQ) 개선하겠다고 밝혔다.

이어, 세계 및 국내의 경기침체가 전망됨에 따라 국내 유수의 기업과 금융사들이 구조조정, 인력감축을 단행하고 비상경영체제로 전환하는 현 상황에서 타 기업들과는 달리 파격적인 인재경영 및 위기 속에서 새로운 기회를 찾기 위해 윤홍근 회장은 新인재경영을 선언했다.

업계 최고의 대우를 제공함으로써 구성원들이 세계 최대, 최고의 외식 프랜차이즈 기업에 근무한다는 자부심을 갖고 최고의 성과를

글로벌 경제위기 해법으로 新인제경영 선언을 하는 제너시스BBQ 그룹 윤홍근 회장

낼 수 있는 근무환경 조성을 조성함으로써 개인 역량 강화와 성과 달성 중심의 조직문화로 완전히 개편하고 능력 있는 인재에게 합당한 보상을 제공하는 등 新인재경영을 통해 기하급수 기업으로 나아가겠다는 계획이다.

BBQ는 작년 기준 3,400만 원이었던 대졸 신입사원(운영과장, 영업과장)의 연봉을 최대 33.5% 대폭 인상했다. 이에 따라 대졸 초임 연봉은 약 4,540만 원이 된다. 이는 평균 3,300만 원의 치킨 프랜차이즈를 훌쩍 뛰어넘는 외식 프랜차이즈 업계 최고 수준으로, 국내 대기업 신입사원 평균 연봉에 육박하는 파격적인 대우다.

글로벌 인플레이션, 금리인상 등 국내외 경제 위기 상황을 돌파하기 위해, 더욱 과감하고 새로운 혁신경영을 통해 앞으로 나아가기 위해 잠재력을 갖춘 우수한 인재확보가 무엇보다 중요하다고 판단했기 때문이다.

BBQ는 현재의 상황이 위기라 여기고, 모든 것을 바꾼다는 자세로 국내시장 독보적 1위 유지해 'Again Great BBQ'을 달성하겠다고 밝히고 올해 업계 최초 구독서비스 도입 및 차별화된 멤버십 혜택 제공 등 철저하게 소비자 편의 중심의 앱·웹 전면 리뉴얼을 통해 최고의 서비스를 제공할 계획이다.

'건강한 치킨'으로 '행복한 세상'을 만드는 기업

윤홍근 제너시스BBQ 그룹 회장은 어린 시절부터 장래희망을 묻는 질문에 '기업가'라고 답했다. 윤 회장이 학교에 다니던 시절은 보자기에 책과 공책, 연필 등을 싸서 허리에 동여매고 고무신을 신고 뛰어다니던 때였다. 그러던 어느 날 여수시내에서 경찰공무원으로 일하시던 아버지가 선물로 책가방과 운동화를 윤 회장에게 건넸다. 당시 윤 회장은 매끈한 가방과 튼튼한 운동화에 감탄하며 누가 이런 제품을 만드는지 아버지에게 여쭈었다. '기업'이라는 답을 들은 그는 그 자리에서 바로 결심했다. 어른이 되면 기업을 만들어 사람들을 행복하게 해주겠노라고.

시간이 흘러 윤 회장은 미원그룹에 입사해 평범한 샐러리맨으로 사회생활을 시작했다. 직원이었지만 뜨거운 피가 끓었고 'CEO처럼 일하는 직원'이 회사생활의 모토가 됐다. 그는 최고경영자의 눈으로 없는 일도 만들어서 했고, 동료들 사이에서 일벌레로 소문이 났다. 직장생활을 시작한 이후 밤 12시 이전에 귀가한 적이 없을 정도였다. 윤 회장은 지금도 신입사원을 채용할 때 항시 "CEO처럼 일할 준비가 되어 있는가"를 묻는다. 주인의식을 가지고 임할 때 안 될 것은 없다는 것이 그의 지론이다.

회사 생활을 하던 어느 날이었다. 윤 회장은 길을 걷던 중 담배 연기가 자욱이 밴 허름한 통닭집에서 엄마와 아이가 통닭을 먹고 있는 모습을 봤다. 그때 불현듯 어린이와 여성을 타겟으로 깨끗하고 건강에도 좋은 치킨을 만들어서 팔면 좋겠다는 생각이 그의 머릿속을 스쳤다. 지금은 누구나 생각할 수 있을지 모르지만 치킨집은 곧 호프집이었던 당시에는 획기적인 발상의 전환이었다.

윤 회장은 1995년 7월 회사에 사표를 제출하고 같은 해 9월 1일 자본금 5억 원으로 BBQ를 설립했다. 전셋집을 월세 집으로 옮기고 통장을 탈탈 털어 1억 원을 마련했지만 나머지 4억 원이 문제였다.

지인과 선후배를 찾아다니며 십시일반 투자를 받았다. 그를 믿고 당시 집 한 채에 해당하는 큰 돈을 선뜻 투자해준 지인들을 생각하며 윤 회장은 악착같이 일했다. 사무실에 야전침대를 갖다 놓고 밤낮으로 일하며 시간과 비용을 절약하기 위해 라면으로 끼니를 때우기 일쑤였다. 무엇보다도 어린이와 여성이 좋아하는 깨끗하고 건강한 치킨을 만들기 위해 가장 큰 공을 들였다. 사업을 시작한 이후 하루도 닭을 먹지 않은 날이 없고 최상의 치킨 맛을 내기 위해 생닭을 먹는 일도 있었다.

'올리브유'로 치킨의 '고품격' 시대를 열다

BBQ는 2005년 '세상에서 가장 맛있고 건강한 치킨'을 고객들에게 선보이겠다는 목표로 전세계 최초로 엑스트라 버진 올리브유를 원료로 한 BBQ 올리브오일을 도입해 모든 치킨 메뉴를 올리브유로 조리하고 있다. 올리브유는 엑스트라 버진(Extra Virgin), 퓨어(Pure), 포마세(Pomase) 등 세 가지로 나뉜다. 그 중 BBQ가 사용하고 있는 엑스트라 버진 올리브유는 세계 최고 등급인 스페인산 올리브유로 맛과 향, 지방구조 측면에서 여타 식용기름보다 월등한 품질을 자랑한다.

BBQ는 지난 2005년 3년여에 걸친 기술 개발과 실험을 거쳐 명품 올리브 오일 개발에 성공했다. 'BBQ 올리브 오일'은 토코페롤, 폴리페놀과 같은 노화방지 물질이 풍부하며, 나쁜 콜레스테롤은 낮추고 좋은 콜레스테롤을 높여주는 등 트랜스지방과는 반대의 기능을 갖고 있다.

일반적인 올리브유는 발연점이 낮아 후라잉 시 쉽게 타거나 검게

윤홍근 회장이 2007년 11월 30일 신라호텔에서 후안 카를로스1세 국왕을 대신해 스페인 델핀 꼴로메 대사로부터 스페인 시민 훈장을 수여받고 있다.

변해 튀김유로 적합하지 않다고 여겨지기도 했다. 하지만 BBQ는 자체 R&D 기관인 세계식문화과학기술원(중앙연구소)이 (주)롯데푸드와 함께 진행한 오랜 연구 끝에 물리적 방식의 여과와 원심분리 기술을 적용해 과육 찌꺼기를 걸러내 튀김 온도에 적합한 오일을 발명해 특허를 취득했다.

올리브유가 인체 건강에 유익하다는 연구 결과는 많다. 지난 3월 7일 미국 휴스턴에서 열린 미국심장학회(AHA) 총회에서 발표한 연구 결과(Eating olive oil once a week may be associated with making blood less likely to clot in obese people)에 따르면 비만 단계의 사람들이라도 올리브오일을 자주 섭취하면 심장 건강에 좋고, 뇌졸중을 막는 데에도 도움이 되는 것으로 나타났다.

특히 최근에는 지중해 연안 국가 국민들의 장수의 비결이 올리브유를 기본으로 한 '지중해식 식단'으로 알려지면서 우리나라에서도 올리브유의 판매량이 폭발적으로 늘어나고 있다. 올리브유를 기본으로 과일과 생선, 채소, 견과류를 즐기는 지중해식 식단은 수많은 연구에서 심장 질환과 뇌졸중 위험을 낮추는 데 도움이 되는 것으로 나타났다.

실제로 미국의 석유 재벌 존 록펠러는 97세 장수의 비결을 '매일 한 스푼의 올리브 오일을 먹는 것"이라고 밝힌 바 있다.

실제 BBQ 올리브유는 타 치킨 업체에서 사용하고 있는 대두유, 옥수수유, 카놀라유, 해바라기유 등과 비교할 때 원가가 4~5배 이상 차이난다. 그럼에도 불구하고 엑스트라 버진 올리브유를 도입한 것은 국민 건강을 최우선으로 생각하는 제너시스BBQ 그룹의 경영철학이 담긴 결정이었다.

프랜차이즈 교육과 연구의 산실, 치킨대학

황금 올리브 치킨과 함께 BBQ의 '성공'을 견인한 다른 한 가지를 꼽으라면, 단연 '치킨대학'이다. 윤 회장은 평소 "프랜차이즈 사업은 곧 교육사업"이라 말하며 프랜차이즈 사업을 함에 있어 교육에 대한 굳은 신념을 갖고 있었다. 1995년 창업 초기에도 윤 회장은 임대 건물의 2개 층 중 1개 층을 교육장으로 사용하는 등 초기 자본금의 60% 가량을 교육에 투자했을 정도로 각별한 공을 들였다. 2000년 경기도 이천시 설봉산 자락에 세계 최초로 설립한 BBQ '치킨대학'은 교육에 대한 윤 회장의 확고한 철학이 빚어낸 결과물이다.

경기도 이천에 위치한 제너시스BBQ 그룹이 운영하는 프랜차이즈 교육과 연구의 산실인 치킨대학의 전경

치킨대학은 약 330,578㎡ 중 26만 4,462㎡ 부지에 4층 규모의 충성관, 5층 규모의 혁신관으로 조성되어 있으며, 총 7개의 강의시설과 11개의 실습시설, 40개의 숙소시설로 구성된 국내 최대의 외식 사업가 양성 시설이다. 제너시스BBQ 가맹점을 계약한 사람이라면 모두 치킨대학에서 2주간 점포 운영과 더불어 경영자적 마인드를 함양하기 위한 합숙 교육을 받아야 하며, 본사 직원들을 최고의 외식산업전문가로 양성하기 위한 교육 역시 이곳에서 이뤄진다. 이와 더불어 학생과 일반인들을 대상으로 치킨을 직접 조리하고 맛보며 다양한 강연과 체육활동, 레크리에이션도 함께 하는 'BBQ치킨캠프'를 운영해오며 이천교육청으로부터 평생교육시설로 지정되었으며, 2023년 12월엔 교육부로부터 교육기부 진로체험 인증기관으로 인증 받았다.

제너시스BBQ그룹이 여의도 콘래드 호텔에서 수도권 지역의 패밀리들과 함께 BBQ 전국 패밀리 간담회를 개최했다.

또한 치킨대학에는 BBQ가 자랑하는 R&D 센터 '세계식문화기술원'이 함께 있다. 40여명의 석박사급 전문 연구진들이 '최고의 맛을 찾아 새로운 제품을 개발하기 위한 끊임없는 연구가 이뤄지고 있는 곳이다. 신메뉴로 접목 가능한 세계각지의 음식과 재료를 찾아 프랜차이즈로서의 상품성을 판단하고 제안하며, 제품조리에 맞는 주방설비의 개발까지 맡아 진행한다. 기업이 발전함에 있어 가장 중요한 '교육'과 '연구'를 책임지는 치킨대학은 세계 최고의 프랜차이즈 기업으로 비상을 꿈꾸는 제너시스BBQ의 든든한 두 '날개' 역할을 충실히 수행하고 있다.

BBQ의 '가맹점주'가 아닌, '패밀리'인 이유

프랜차이즈 사업에 있어서 가맹점과 본사의 신뢰는 그 무엇보다 중요하다. '가맹점이 살아야 본사가 산다'를 경영이념으로 삼는 BBQ는 가맹점주라는 말도 사용하지 않고 '패밀리'라고 칭하며 상생의 가치를 실천하고 있다.

가장 대표적인 상생제도가 패밀리 자녀 학자금 지원이다. 10년 이상 패밀리 자녀들에게 장학금을 지급하고 있는데 현재까지 지급한 장학금 액수만 총 17억 원이 넘는다. 장학금 수여제도는 10년을 이어온 BBQ만의 전통으로, 사회 구성원으로 성장한 패밀리 자녀들이 편지나 메일을 통해 취업 및 결혼, 유학 소식 등을 전해 올 때 윤 회장은 기업가로서 가장 큰 보람을 느낀다고 한다.

또한 BBQ는 패밀리가 '동' 위원, 본사 담당자가 '행' 위원이 되어 본사 정책과 관련된 모든 것을 논의하고 토론하는 '동행위원회'를 발족했다. 동행위원회를 통해 본사와 패밀리 간 상생 및 동반성장을 실천하기 위함이다.

특히, 2020년 8월부터 한 달간 '네고왕'을 통해 최단기간 내 자체 앱 가입자 수가 약 8배가 증가한 260만 명을 돌파했으며, 자체앱 주문 시 7천 원 할인된 금액으로 제공했다. 이 행사를 2회 진행했으며 할인된 1만 4,000원은 패밀리 부담없이 본사 약 360억 원의 마케팅 비용을 전액 부담하여 패밀리와 상생경영에 대한 윤홍근 회장의 의지도 담았다. 현재는 가입자 350만 명을 돌파하며 업계 최대 자사앱 규모를 운영하고 있으며, 자사앱 마케팅 활성화를 통해 패밀리의 수수료 부담은 절감하고 고객의 만족도를 높여 상생경영에 앞장서고 있다.

'가맹점이 살아야 본사가 산다'라는 제너시스BBQ 그룹의 경영철학을 담은 프로모션으로 패밀리의 부담 금액은 '0'으로 본사에서 할인된 금액을 전액 부담했다. 어려운 경제 환경 속에서 유례없는 매출

상승을 이룬 패밀리들은 본사와 패밀리 간 소통창구인 BBQ 내부 온라인 게시판을 통해 호평을 전하고 있으며, 향후 매출과 사업신장의 기대감을 표출하고 있다. BBQ는 이번 마케팅을 통해 전 년 대비 2배 이상의 기하급수적인 매출상승을 경험하고 있다.

사회적 책임에 앞장서는 선진형 기업

BBQ는 아프리카 구호단체인 '아이러브아프리카'와 업무협약을 체결하고 아프리카 어린이 돕기에 앞장서고 있으며 세계적인 빈곤과 기아 문제 해결을 위해 '제로 헝거(Zero Hunger, 기아 없는 세상) 협약식'을 갖고 후원활동에 앞장서고 있다.

BBQ는 패밀리와 함께 고객이 치킨을 주문할 때마다 본사와 가맹

제너시스BBQ와 아이러브아프리카가 함께 탄자니아 지역 학교에 식수 우물개발 사업을 개진하고 있다.

BBQ, 패밀리와 함께 하는 아이러브 아프리카 아름다운 '동행'을 하고 있다.

점이 마리당 각각 10원씩, 총 20원을 적립해 기금을 모으는 매칭펀드 방식으로 아이러브아프리카와 연간 약 4억 원을 전달했으며 현재까지 약 19억 원을 기부해오고 있다.

이외에도 BBQ는 릴레이 형식으로 지역아동센터 및 노인복지관 등에 치킨을 지원하는 치킨릴레이, 착한기부, 찾아가는 치킨릴레이, 치킨캠프 등 나눔행사를 매주 활발히 진행하고 있다. 이밖에 패밀리와 함께하는 치킨릴레이는 패밀리에서 재능기부 및 봉사활동 형식으로 매장 인근 지역아동센터, 노인복지관, 장애인복지관 등에 치킨을 조리해 나누어 주며 본사에서는 일부 원부재료를 지원하고 있다.

2021년에는 약 3억 5,000만 원 상당의 자사 제품을 광주중앙 푸드뱅크, 하남 푸드뱅크 등 총 13곳의 지역 푸드뱅크에 전달해오고 있으며, 대학생 봉사단 올리버스(Olive Us)는 2021년부터 환경정화를 위한 플로깅, 아동복지시설, 무료급식 봉사, 유기견 보호센터 돌봄 등 지역 사회공헌 활동을 통해 '선한 영향력 확산'에 앞장서고 있다.

윤홍근 선수단장, 프랜차이즈 업계 위상 높였다

윤홍근 회장이 선수단장으로 선임된 것은 대한빙상경기연맹과 서울시 스쿼시연맹 회장으로 활동하며 국내 스포츠 저변 확대에 기여한 공을 인정받은 덕이다. 선수단장 선임 이전부터 빙상경기연맹 회장을 맡아 일주일에 한 번은 꼭 진천 선수촌을 방문하여 선수들을 챙기고 스스럼없이 선수들과 이야기를 나누는 등 집안의 맏형 같은 모습이 있었기에 가능한 일이었다. 이번에 윤홍근 회장은 해외 시장에서 패밀리(가맹점주)를 아낌없이 지원하며 '글로벌 식품 기업'으로의 위상을 높였던 글로벌 경영 마인드를 바탕으로 현지에서도 선수들을 가족같이 여기며 편안하게 훈련에 임하고 기량을 마음껏 발휘할 수 있도록 선수단 안팎에서 환경 조성에 힘썼다.

특히, 금전적 지원 뿐 아니라 선수들의 생활에 있어서도 불편함이 없도록 세심하게 챙기는 모습을 보였다. 개막식 전에 선수들의 안녕을 기원하며 지낸 설 합동 차례를 시작으로, 타지에서 설을 맞이하는 선수들을 위해 세뱃돈을 전달하고 현지에서 생일 파티를 함께 하며 선물을 전하기도 했다. 또한, 선수들의 훈련에 지장이 없도록 주로 점심시간에 선수단과 점심식사를 같이 하며, 선수단의 균형 잡힌 영양 공급과 체력 증진을 돕는 식단을 체크하기도 했다.

급식지원센터가 위치한 장자커우, 옌칭 지역을 직접 방문하여 사

2022년 쇼트트랙 여자 3000m 계주 결승에서 은메달을 차지한 이유빈, 최민정, 서휘민, 김아랑 선수의 메달 세레모니 이후 기념사진을 촬영하고 있다.

소한 것 하나까지도 직접 챙기며 선수들의 맏형을 자처하면서 부드러운 분위기로 선수들에게 다가갔다. 또한 윤홍근 회장은 선수촌에만 머무르지 않고 박병석 국회의장 등 국내 주요 정부 인사 방문 시 현지 호스트 역할을 자처하기도 하며 바쁜 일정을 소화했다.

윤홍근 회장은 2022 베이징 동계올림픽에서 편파판정으로 인한 선수들이 받은 부당한 대우에 두 팔을 걷고 나서는 모습을 보였다. 2월 6일, 쇼트트랙 남자 1,000m 경기에서 편파 판정 논란이 일었다. 당시 경기에서 1등으로 결승점을 통과한 황대헌 선수와 함께 출전한 이준서 선수가 레인 변경 반칙으로 실격처리 된 것이다.

윤홍근 회장은 "선수단장으로서 정당하고 공정한 경기환경을 만들지 못하여 5,000만 국민들에게 스포츠를 통한 행복과 기쁨을 지켜주지 못하고 선수들이 4년간의 젊은 청춘을 바쳐 피 땀을 흘린 노력을 지켜주지 못해 죄송합니다"라는 말을 시작으로 현지 기자단을 대상으로 긴급 기자회견을 열었다. 심판의 편파판정에 대해서 부당성을 제기했으며, "경기장에 있었던 심판이 전부가 아니라 이 경기를 지켜본 전 세계 80억 인류가 이 경기의 80억 심판은 모두 같은 마음으로 이 경기를 심판했을 것입니다. 대한민국의 승리이자 메달을 이미 획득한 것이나 다름없습니다"라고 확신에 찬 말로 선수들의 사기를 진작시켰다. 국제적인 경기에서는 스포츠맨십이 공정하게 담보되어야 하는데 담보되지 않는 경기에 대해서는 강력한 항의를 통해 CAS에 제소하고 ISU, IOC 회장 면담을 통해 공정한 스포츠맨십을 바탕으로 남은 경기를 치를 수 있도록 보장 받겠다고 말했다. "경기 초반이기 때문에 철수는 안 되었습니다. 4년 간 피와 땀을 흘린 우리 젊은 선수들의 청춘을 박탈할 수는 없습니다"라고 심지를 굳히며 심판의 공정성을 보장 받기 위해 '강력한 항의'를 했고 다음날 분위기는 반전되었다.

윤홍근 회장은 제너시스BBQ 그룹을 통해 지속적인 ESG 활동으로 지역사회공헌과 청년 일자리를 창출하고, 한국식 치킨을 K-FOOD의 대명사로 전 세계에 널리 알리는 등의 공로를 인정받는 동시에 세계적 무대에서 한국 빙상 스포츠의 저변을 넓힌 점을 높이 평가받아 훈장을 수훈했다.

통 큰 지원, 치킨연금 행복 전달식

'치킨연금'은 스포츠 분야에 대한 통 큰 지원을 이어오던 윤홍근 회장이 베이징 동계올림픽 대회 초반 개최지인 중국의 노골적인 편파 판정에 불이익을 당한 국가대표 선수들의 평정심 회복과 사기 진작을 위해 꺼내든 또 하나의 통 큰 약속이었다.

윤홍근 회장이 선수단장으로서 황대헌 등 3명의 선수를 격려하는 과정에서 "어떻게 하면 이러한 충격에서 벗어나서 평상심을 찾을 수 있겠습니까"라고 묻자 황대헌 선수가 "저는 1일 1닭을 하는데 평생 치킨을 먹게 해 주면 금메달을 딸 수 있을 것 같습니다"라고 답해 평생 치킨을 먹게 해주겠다고 수락한 내용이 언론을 통해 알려지며 '치킨연금'이라는 신조를 만들어냈다. 다음 날 황대헌 선수는 쇼트트랙 스피드스케이팅 남자 1500m에서 금메달을 획득했다.

제너시스 BBQ 그룹 윤홍근 회장이 치킨연금 행복 전달식에서 황대헌 선수, 최민정 선수로부터 치킨연금 포상자들이 사인한 선수

금메달리스트인 황대헌(22)에게 38년 간 최민정(23)에게 37년 간 매월 또는 매 분기 초에 치킨연금에 해당하는 금액을 멤버십 포인트로 지급하고 차민규, 서휘민, 이유빈, 김아랑, 이준서, 곽윤기, 박장혁, 김동욱, 정재원 등 9명의 은메달리스트와 쇼트트랙 여자 3,000m 계주 멤버로 참가한 박지윤 선수도 주 2회 20년간 치킨 연금 혜택을 받게 됐다. 동메달리스트인 김민석, 이승훈 선수는 주 2회 10년간 치킨연금을 받게 됐고 빙상종목을 제외한 동계올림픽 5개 종목 각 협회에서 추천한 1명씩 5명의 국가대표 선수에게 격려상을 통해 주 2회 1년간 치킨 제공을 약속했다.

업계 1위를 넘어 이제는 세계 1위로

2003년 BBQ는 큰 결단을 내렸다. 국내 외식 프랜차이즈를 한 단계 발전시키고자 중국 진출을 강행했다. 여러 시행착오 끝에 현재 미국, 독일, 말레이시아, 대만, 중국, 인도네시아, 베트남 등 전 세계 57개국에 진출해 700여 개 매장을 보유한 글로벌 외식프랜차이즈가 되었다.

BBQ는 2017년 미국 프랜차이즈의 본고장이자 세계 경제의 심장부인 뉴욕 맨해튼에 맨해튼 32번가점을 오픈했다. 22년 간 축적된 프랜차이즈 시스템과 노하우를 전부 담아 직영점 형태로 진출했다. 이 매장은 일 매출 4만 불을 넘어서며 한식의 우수성 및 선진화된 대한민국 외식문화를 뉴요커 및 전세계 관광객들에게 널리 알리는 글로벌 플래그십 스토어가 되고 있다.

2023년 윤홍근 회장은 뉴저지주 경제 발전과 일자리 창출 공로를 인정받아 뉴저지주 상원의원 고든 존슨으로부터 공로장을 받았다.

BBQ는 글로벌 시장 진출 시 마스터프랜차이즈 형태로 진출한다. 제너시스 BBQ가 지향하는 마스터프랜차이즈 방식이란 글로벌 프랜차이즈 브랜드들이 공통적으로 적용하고 있는 최신 해외진출 방식으로 현지 상황에 대해 잘 알고 있고 경쟁력 있는 기업에게 상표 사용 독점권을 부여하고 사업 노하우를 전수하여 사업의 성공 가능성을 높이는 방식이다.

경우에 따라서는 직영 형태로 진출해 플래그십 스토어 역할을 하기도 한다. BBQ는 글로벌 진출 시 Kobalization(Korea+Globalization)을 추구, BBQ 고유의 한국적인 콘셉트를 유지하되 국가별로 차별화된 전략을 구사하고 있다.

글로벌 사업이 확장되면서 프랜차이즈 산업의 본고장인 미국에서부터 큰 성과들이 있었다. 지난 4월 제너시스BBQ 그룹 윤홍근 회장은 방한한 고든 존슨(Gordon M. Johnson) 미국 뉴저지주 상원의원으로부터 뉴저지주의 경제 발전과 일자리창출 등의 공로를 인정받아 뉴저지주 의회가 수여하는 공로장을 받았으며, 지난해 8월에는 뉴저지주 하의원 엘랜 박(Ellen ParK)이 뉴저지주 의회가 수여하는 표창장을 전달한 바 있다.

또한, 콜로라도 주지사 제라드 폴리스는 'BBQ가 콜로라도주 곳곳에 매장을 열며 지역 경제에 활력을 불어넣고 있다'면서 현재 (BBQ 미국) 본사가 뉴저지에 있지만, 콜로라도 주로 이전하고 덴버 국제공항에도 BBQ 치킨 매장을 추가로 오픈해 줄 것을 제안하기도 했다.

이밖에 BBQ는 지난해 6월에는 미국을 대표하는 글로벌 외식 전문지인 '네이션스 레스토랑 뉴스(Nation's Restaurant News)'가 선정한 '미국에서 가장 빨리 성장한 외식 브랜드'에 작년 대비 3계단 상승한 2위에 선정(한국 브랜드로는 유일)되었다. 또한 '네이션스 레스토랑 뉴스'에서 2022년 500대 브랜드를 선정하는 데 전년보다 43계단이 상승한 332위를 차지했다.

또한 미국 유명 방송사 'FOX 뉴스'의 플로리다주 'FOX 35 Orlando'에 현지인들이 즐겨 찾는 'K-치킨'으로 보도됐으며, 작년 7월 글로벌 외식 전문지 〈네이션스 레스토랑 뉴스(Nation's Restaurant News)〉가 발표한 '미국 내 가장 빠르게 성장한 외식 브랜드' 중 5위를 차지하며 미국 내 인기를 증명한 바 있다.

1997년에 발간돼 북미에서 식당 운영자가 읽어야 할 잡지 14선에 꼽히는 가장 영향력 있는 매체 〈QSR(Quick Service Restaurant) 매거진〉

에 미국 내 대형 프랜차이즈 기업으로 거듭 날 수 있는 대표 K-치킨 브랜드로 소개되기도 했다.

또한, 음식, 라이프스타일, 문화 등 다양한 주제를 다루는 콘텐츠 기업 '스태틱 미디어(Static Media)'의 음식 전문지 이자, 2,000만 명 이상의 월간 구독자 수와 100만 명 이상의 SNS채널 구독자 수를 보유한 공신력을 지닌 매체인 〈매쉬드(Mashed)〉는 최근 한류열풍의 성장세와 함께 놀라운 속도로 성장하고 있는 한국을 대표하는 외식 브랜드로 소개했다. 미국 성장세에 힘입어 BBQ는 지난 4월 일본은 21호점을, 대만에는 18호점을 오픈하면서 K-치킨을 통해 한국의 맛을 세계화 하는 데 앞장서고 있다.

윤홍근 회장의 비전은 뚜렷하다. 2030년까지 전 세계 5만 개 가맹점을 성공적으로 오픈해 맥도날드를 추월하는 세계 최대 최고 프랜차이즈 기업으로 성장하는 것이다. 윤 회장은 말하는 대로 이루어진다는 '시크릿 법칙'과 어떤 기대나 강력한 믿음을 가지면 실제로 이루어진다는 '피그말리온 효과'를 믿고 있습니다. 지나온 시간 동안 위기도, 실패도 종종 있었지만 항상 위기는 기회가 되었고, 실패는 다시 일어서는 밑바탕이 되었다. '맥도날드를 뛰어넘는 세계 최대 최고 프랜차이즈 기업'이란 목표에 대해 누군가는 허황된 꿈이라고 할지 모르지만 오늘도 제너시스BBQ그룹은 전 세계 5만 개 매장 개설이라는 구체적인 목표를 달성하고자 부지런히 전진하고 있다.

이동재

문구 Art 편의 Shop~
Alpha
www.alpha.co.kr

알파그룹

이동재 회장

학력

1996	중앙대학교 경영대학원 중소기업 경영자과정 수료

경력

1971	알파문구사 설립
1987	알파문구센터(주) 법인 전환 대표이사
1992	전국문구협동조합 이사
1997	알파 전국 체인점 협회 회장
1998	남원고 장학재단 이사
2015~2018	한국문구공업협동조합 이사장
2006~현재	연필장학재단 이사장
2010~현재	한국문구인연합회 이사장
2023~현재	중소기업중앙회 부회장

상훈

2000	한국능률협회 프랜차이즈 우수업체 선정
2001	한국 프랜차이즈대상 우수브랜드상 수상
2002	산업자원부 장관상 수상
2004	우수납세자 국세청장상 수상
2009	제36회 상공의날 산업포장 수훈
2011	한국유통대상 지식경제부장관상 수상(유통효율혁신부문)
2013	세종대왕 나눔 대상 서울특별시장상 수상
2018	한국유통대상 산업통상자원부 장관상
2021	대한민국 100대 프랜차이즈 기업 10년 연속 선정
2022	대한민국 글로벌리더 8년 연속 선정

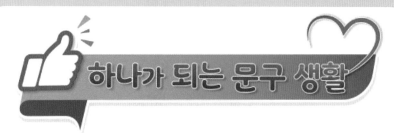

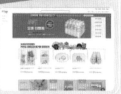

문구는 소모품이 아니라 미래의 창의적 투자용품입니다

　문구유통산업은 온라인 교육정책, 쇼핑몰의 급성장, 디지털 기기 보급과 함께 변화의 길을 걸어가고 있다. 따라서 기존의 시장 틀에서 벗어나서 생활밀착형 가치 중심 상품 개발을 통해 문구업계가 먼저 '문구생활편의SHOP'을 육성하고 차별화된 운영 시스템으로 경쟁력을 강화하며 전체 문구인이 단합할 수 있는 새로운 비즈니스를 확장해나가야 한다는 것이다. 즉, 문구인들은 미래를 열어가는 중요한 매개체는 '문구'임을 다시 한 번 환기하고, 지속 가능한 문화를 창출할 수 있는 가치에 대해서 고민해야 한다.

　이 회장은 "문구인들은 넓게(문구인 단합, 화합), 깊게(고객서비스, 문구 전문성), 높게(미래 지향적, 확장) 미래를 만들어 가야 하며 소비자에게 다가가는 경쟁력 있는 문구인이 되어야 한다"고 말한다. 이어 "문구 전통성과 사명감으로 최고의 소비자 서비스를 실현하는 데 최선을 다해야 할 것"이라고 강조한다.

　미래 지향적인 산업계의 큰 화두는 '연결'과 '융합'이다. 전통 문구 산업의 근간을 바탕으로 '문구 · 생활 · 편의'를 포괄하는 개념으로 확장해 업종 간의 벽을 뛰어 넘는 상품 개발이 필요하며, 다양한 상품군을 연결할 수 있는 문구가치 산업을 육성하는 데 매진해야 한다.

　이를 위해서는 문구SHOP들은 지역. 규모. 상호가 달라도 하나가 되는 "문구생활편의SHOP"으로 통일된 문구 미래 방향으로 나아가야 한다는 것이다. 미래는 교육이 주도하는 新환경체제로 흘러갈 것이다. 따라서 문구인 모두 하나가 되어 소통과 지혜를 모아 문구 산업을 개척해 나가는 신역량을 함께 만들어야 한다.

"문구를 많이 쓰면 쓸수록 이 시대의 리더가 된다"라는 교훈을 되새겨보며, 가치 있는 '문구'를 소비자가 많이 활용할 수 있도록 모든 문구인이 함께 노력해야 할 것이다. 특히 사단문구인연합회를 비롯하여 문구공업과 문구유통업조합 등 3개 단체가 하나가 되어 매년 5월 14일(문구의날)과 10월 9일(한글날)을 '문구사랑 Day'로 선포하여 교육을 통한 문구에 대한 가치 창출을 해나갈 것이다.

문구에 가치를 더하면 '작품'이 되고 'Art'가 된다. 알파는 이러한 문구 산업의 미래 비전을 재조명함과 동시에 창립 53주년을 기점으로 하나가 되는 '문구생활편의SHOP'라는 미래 100년 경영철학을 새롭게 정립하고 차별화된 상품 전략으로 문구의 가치를 높여 나가고 있다.

문구는 인간의 꿈과 희망을 실현하는 매개체이자 미래를 선도하는 리더의 필수 용품이다. 우리는 문구를 통해 과거의 기록을 접하고 현재를 표현하며 미래로 이어질 지식과 꿈을 키워나간다. 또한 그 자체로 하나의 '작품', 즉 Art로서, 삶의 질을 높이고 윤택하게 만드는 요소이기도 하다. 대표적인 지식기반 산업으로서 숱한 변화와 혁신을 이끌며 발전해온 문구의 역사는 디지털 혁명과 같은 대전환 속에서도 흔들림 없이 이어지고 있다.

이 회장은 읽고 쓰고 말하는 과정에서 창의력과 소양을 쌓는 토대로서 문구의 기본 가치를 지켜 나가는 동시에, 문구의 문화적 확장성에 주목하여 예술과 생활편의 영역으로까지 그 가치를 넓혀가고 있다. 이 회장은 문구의 미래 가치를 조망해 볼 때, '도구'적인 측면에서는 '언어표현의 완성체'가 될 것이고, '산업'적인 측면에서는 사회지식의 기반으로 자리 잡을 것이며, '생활'적인 면에서는 라이프스테이션을 완성해 나가는 기폭제가 될 것이고, '개발'적인 면에서는 자신의 완성도를 높여 나가는 가치 있는 매개체가 될 것이라고 힘주어 말한다. 즉, 과거 학습 위주의 '연필'은 진화 과정을 거쳐 IT 기기를 컨트롤하는 '스마트펜'으로 변모해 첨단산업의 초석이 되었다. 또한 쓰고, 읽고, 메모하는 문구의 기능은 산업의 발달과 함께 변화 과정을 거치며 '스마트폰'이라는 최첨단 문구를 만들어 내게 된 것이다. 이처럼 문구는 산업의 격동 속에서도 변화와 혁신을 통해 가치를 만들며 사회 깊숙이 뿌리내리고 있다.

최근 문구가 사양 산업이라고 말하는 이들도 있지만, 이것은 잘못된 생각이다. 문구는 격동기를 거치는 가운데 변화와 혁신을 통해 그 범위를 확장해 왔고 사회적 역할을 키워왔다. 그 과정에서 문구 프랜차이즈가 생겨났고 대형 문구점과 전문적인 형태의 차별화된 문구점들도 새롭게 탄생했다. 다만, 코로나19 팬데믹을 겪으며 더욱 빠른 속도로 변화하고 있는 소비 트렌드와 점점 치열해지는 경쟁에서 '생존'하기 위해서는 실질적이고 지속가능한 가치 창출과 성장 전략이 필요하다.

첫째, 개개인의 자발적인 자기개발 학습이 이루어져야 한다. 그중에서도 일간지 필독을 통해 견문을 넓히는 것은 가장 기본적인 자기개발 학습 방법이다.

둘째, 회사 이익률 개선을 위한 뚜렷한 목표와 노력이 전제되어야 한다. 이제 무조건 매출만 우선시하는 시대는 지났다. 기업의 진정한 목표인 이익률을 높이기 위해서는 매출과 투자비용에 대한 분석을 기반으로 한 스마트한 경영전략이 뒷받침되어야 한다.

셋째, 차별화된 상품 개발과 창의적인 디자인 전략이 필요하다. 최근 MZ세대가 소비 주체로 떠오르면서 First와 Best 상품 즉, 독특하고 개성 넘치는 디자인과 차별화된 가치를 담은 상품이 시장을 지배하고 있다. 이러한 트렌드에 부응하지 못하면 시장 경쟁에서 밀릴 수밖에 없다.

넷째, 물류와 사업부 간의 정보 공유와 시스템 연결이다. '마켓컬리' 등 식품 유통업계에서 시작된 퀄리티를 동반한 빠른 배송 서비스는 코로나19 이후 전 분야로 확산되며 뉴노멀 시대의 새로운 기준이 되고 있다. 따라서 문구 유통에서도 사업부와 물류시스템 간의 체계적인 네트워크를 통해 빠르고 정확한 배송 서비스 역량을 갖추는 것이 무엇보다 중요하다.

다섯째는 홍보마케팅 전략이다. 이제 광고에 홍보마케팅 역량의 대부분을 쏟아 붓던 시대는 지나갔다. 좀 더 친밀하고 개별적인 매체를 통해 소비자의 공감과 감성을 끌어낼 수 있어야 한다. 따라서 SNS를 통해 소비자와 지속적으로 연결되는 커뮤니티 구축이 필요하다. 이러한 지속성장 정책을 실천하고 현실화한다면 문구 산업의 밝은 미래를 만들어갈 수 있다.

1위 최초·최고·최다, 문구·생활·편의 프랜차이즈 기업

문구는 인간의 창의력과 미래를 열어가는 도구이자 삶의 기록입니다. 그 만큼 문구는 식탁위의 간장처럼 우리의 삶속에 녹아 있으며 지식을 쌓아가는 밑거름이 되었다. 또한 문구는 미래를 열어가는 매

국내 최초·최고·최다의 문구·생활·편의 프랜차이즈 기업으로 성장

개체이자 인간의 마음을 담아내는 아름다운 도구이다. 알파는 이러한 문구에서 출발한 50년을 뛰어 넘은 기업이자 문구업계의 상징이다. 알파는 전국 750여 가맹점을 보유한 대한민국 대표 문구프랜차이즈 기업으로서 7만여 품목의 다양한 상품을 온·오프라인 시장에 유통하며 국내 최초·최고·최다의 문구·생활·편의 프랜차이즈 기업으로 성장해왔다.

이 회장이 문구프랜차이즈 가맹사업을 시작할 당시, 시장상황은 하루가 다르게 변화하고 있었다. 대형할인점과 대형서점의 등장으로 동네 완구점과 서점 등이 생존을 위협받고 있었고, 문구업계 역시 불확실성에 노출되어 있었다. 이 회장은 "문구점이라 해서 결코 안정적이라고 장담할 수 없고, 언제 사양 산업으로 내리막길을 걷게 될지 알 수 없다고 판단, 생존을 위한 차별화 전략으로 '문구프랜차이즈'를 도입했다"고 설명한다.

프랜차이즈 도입 초창기에는 알파가 구축해온 신뢰 하나만으로도 살아남을 수 있었다. 제품에 이상이 있을 때 영수증만 있으면 전액 현금으로 환불해 주었고, 주문한 상품을 빠른 시간 안에 받을 수 있도록 직접 발로 뛰며 배송을 해줬기 때문이다. 하지만 그마저도 눈에 띄게 변화하는 시장 상황 속에서 더 이상의 안전장치가 되어 주진 못했다. 온·오프라인을 막론하고 서점부터 마트까지 문구를 취급하는 유통 채널이 급속히 늘어났다. 특히 저가 생활용품점의 가격 공세는 문구 가맹점의 어려움을 더욱 가중시켰다.

이 회장은 급변하는 유통환경에 대응하기 위해 다시 한 번 혁신을 시도했다. 이번엔 '시장통합' 전략을 세워 문구에서부터 전산, IT, 생활용품, 식음료를 망라하는 '문구편의shop' 모델을 구축하며 정면승부를 띄웠다. 문구와 오피스, 그리고 생활 영역을 하나로 연결하는 새로운 모델을 제시한 것이다. 또 모든 가맹점 매장에 '포스(POS)'를 도입하며 시스템의 혁신도 꾀했다. 소비자 대응력을 높일 수 있도록 포스시스템을 기반으로 전국의 체인점과 본사 간의 네트워크를 연결시켜 가격 오차를 줄이고 운영의 투명성을 증대시킨 것이다.

이러한 '창조적 변화와 혁신'은 알파가 수년간 대한민국을 대표하는 문구 산업의 대명사로 장수하는 원동력이 됐다. 이 회장은 "어떠한 환경 속에서도 문구가 롱런할 수 있도록 문구 산업의 체질개선에 힘썼다"며 "그것이 국내 문구 산업을 위해 알파가 해나가야 할 중요한 사명"이라고 말한다.

문구 산업의 혁신: 신문구 가치 창출

코로나19 팬데믹 이후 시장 환경의 변화는 비대면 환경으로 인해 한 번도 경험하지 못한 경험들을 축적해가고 있으며, 온라인 시장의 확산세에 가속도를 높이는 결과를 초래하였다. 소비자 구매 트렌드에 있어서, 향후 예측되는 주요한 변화 키워드는 '개인', '가족', '위생'이라고 할 수 있다. 코로나19로 인해 개인적인 삶, 가정에서 보내는 시간 증대에 따른 가족과 관련된 산업의 증대, 그리고 위생과 관련된 건강에 대한 관심 증가가 변화되는 시장 환경 변화의 주요 요인이다.

이러한 언택트 소비 트렌드가 빠르게 확산되는 가운데, 알파는 오랜 기간 다져온 온라인몰 운영 노하우와 전국적인 오프라인 유통망을 토대로 온·오프라인 통합서비스를 제공하며 주도적으로 시장의 변화에 대응하고 있다. 또한 가맹점주도 온라인 독립 쇼핑몰을 운영할 수 있도록, 소상공인에게 다소 부담이 될 수 있는 온라인몰 관련 기술 및 디자인 지원을 제공하는 제도도 운영 중이다.

소비자의 다양한 수요접근에 부합하도록 업계 최초로 모바일서비스를 구축, 문구 스마트 쇼핑 시대를 연 것도 알파다. 이밖에 B2B와 MRO 시스템을 도입해 전반적인 문구유통의 혁신을 꾀한 것, 문구 업계 최대 물류인프라를 구축해 당일 및 익일 배송 체제를 확립한 것도 이 회장이 알파의 이름으로 이룩한 괄목할 만한 성과다.

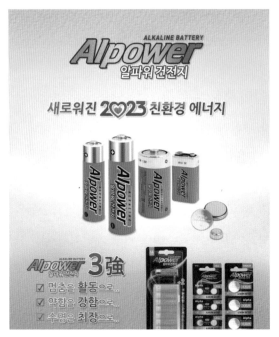

알파워건전지

알파는 경쟁력 제고를 위해 자체브랜드, PB 상품 개발에도 주력해 3,000여 가지에 이르는 PB 상품 라인업을 구축하는 성과를

이룩해냈다. 특히 품질과 디자인이 우수한 제품을 고객에게 저렴하게 제공하기 위해 상품개발에도 적극적으로 나섰으며, 그 결과 점착메모지인 엠스포지M-POSGY와 엠테이프M-TAPE, 성능 좋고 오래 가는 알파워Alpower 건전지, 미술용품 브랜드 아트메이트 Artmate, 럭셔리 브랜드 네쎄NeCe, 지능학습 개발 브랜드 토이 알파 Toy Alpha, 몸이 사랑하는 물 알파水 등 다채로운 브랜드와 상품이 출시됐다.

특히, 엠스포지와 엠테이프는 2017년 한국산업진흥원에서 선정한 '서울시 우수중소기업상품'으로도 선정되어 '우수상품 인증마크'와 '혁신상품'으로 소비자에게 선보이고 있다. 현재 알파는 매월 15개가량의 제품을 선보이고 있는데, 이러한 PB상품 개발은 영세한 국내 문구제조사업자에게 생산 기회를 제공해 안정된 수급과 자금회전에 기여한다는 점에서도 높이 평가받고 있다.

이렇듯 이 회장은 제조와 유통이 유기적으로 결합된 독특한 경영전략을 통해 문구 산업 전반에 걸쳐 긍정적인 영향을 미치고 있다. 또 이러한 막강한 브랜드 파워를 토대로 해외시장 진출에도 박차를 가할 계획이다. 현재 알파는 베트남, 미얀마, 몽골과 아프리카 등에 제품을 수출하고 있으며 점차 그 지역을 확대해 나갈 예정이다.

미술재료 전문 유통: 아트메이트(Artmate)

알파는 미술재료 종합유통 브랜드인 아트메이트의 영역을 확장해 미술재료와 모형재료, DIY, 인테리어 용품 등을 포함한 온·오프라인 종합 미술용품 브랜드를 확대해 나가고 있다. 아트메이트는 국내뿐 아니라 글로벌 시장을 타깃으로, 'K-문구'를 대표하는 미술 전문 브랜드 상품을 비롯해 국내외 유명 제품 5만여 품목을 한곳에 모았다.

특히 화방 제품에만 국한되어 있던 기존의 시스템을 혁신하여 일상 속 예술 활동에 필요한 미술재료와 취미, 힐링 상품 등을 보강했다. 또한 다양하고 섬세한 소비 패턴에 맞추어 유형별 카테고리 상품을 구성하면서 복잡하고 어려웠던 구매시스템에도 편의성을 더했다. 최근 장기간 지속되는 사회적 거리두기로 '집'이 소비의 중심으로 떠오른 가운데 취미미술에 대한 관심이 높아지면서, 취미 영역까지 상품 카테고리를 확장한 아트메이트의 선택이 빛을 발하고 있다.

알파의 차별화 시도는 이뿐만이 아니다. 종합 미술용품 브랜드 전문 카탈로그를 만들어 B2B, B2C 고객을 비롯하여 예술계 학교, 단체, 마니아 등 다양한 업계에서 온·오프라인으로 편리하게 이용할 수 있도록 하면서 위축된 화방 시장에 새로운 활기를 불어넣는 동시에 생산과 유통이 함께 성장하는 상생의 장을 마련했다. 아트메이트 브랜드는 전문 브랜드의 신뢰도와 상품의 우수성을 인정받아 2021년 신제품 경진대회에서 중소기업중앙회 회장상(스쿨 브러쉬세트)을 수상했다.

문구의 역사와 가치 재조명: '문구ART박물관'

옛날 어른들이 사용하던 학용품부터 연필이 만들어지는 과정까지 문구에 대한 궁금증을 해결하고, 국내 문구 산업의 변천사와 주요 문구업체들의 역사도 한 눈에 볼 수 있는 문구ART박물관이 서울 남대문에 정식으로 개관한 지 3년이 흘렀다. 문구ART박물관은 국내 최초의 공식 문구박물관으로, 귀중한 문구 관련 자료와 다양한 전시품을 통해 문구의 과거와 현재, 미래를 연결하며 문구에 담긴 소중한 가치와 메시지를 되새겨볼 수 있는 장소다.

문구ART박물관은 오래된 빈티지 문구와 희귀한 한정판 문구, 생활과 관련된 다양한 전시물을 통해 문구의 역사와 가치를 재조명하고 문구업계 종사자를 비롯해 문구를 아끼고 사랑하는 일반인들과 함께 문구의 과거, 현재, 미래를 공유하기 위해 개관한 국내 최초의

문구ART박물관

문구 전문 박물관이다. 메인 전시실과 갤러리에 마련된 제2전시실 두 개의 전시실로 이루어진 박물관에는 개인 기증자와 문구공업협동조합, 주요 문구업체 등에서 기증받은 1,000여 점의 소장품이 빼곡히 전시되어 있다. 1950년대부터 현재까지 문구 역사의 흐름을 한눈에 볼 수 있는 귀중한 문구자료들이 가득하며, 옛날 타자기, 주판, 악기 등 추억을 불러일으키는 소품들이 전시되어 있다. 특히 모나미, 알파, 동아연필 등 오랜 전통을 지닌 문구업체들과 콜라보로 제작된 전시대에는 각 업체의 대표 제품과 브랜드 히스토리를 확인할 수 있는 자료가 충실히 갖춰져 있으며, 한정판 문구나 각종 스페셜 에디션을 만나보는 귀한 체험도 할 수 있다.

문구ART박물관은 단순히 옛날 문구제품을 모아놓은 박물관이 아니다. 시대적 의미를 담고 있는 독특하고 특징적인 소장품과 다양한 상품 전시를 통해 문구 가치의 본질을 조명하고, 현대 사회에서 요구되는 차별화된 경험 제공에 일조하는 '문화콘텐츠 박물관'으로서의 기능을 충실히 갖추고 있다는 점이 여느 박물관과 차별화되는 가장 큰 특징이다. 아이들에게는 신기한 옛날 문구를 구경하는 기회를, 어른들에게는 옛 향수를 떠올리며 추억에 잠길 수 있는 시간을 주는 문구ART박물관은 재미와 의미를 모두 갖춘 문화명소로 자리매김하고 있다.

문구업계 대변인: 문구ART매거진

이동재 회장은 안으로는 알파의 내실을 다지고 밖으로는 문구인의 권익 향상을 위해 공헌해 왔다. 1992년 전국문구협동조합 이사를 시작으로, 2010년부터 현재까지 한국 문구업계를 대변하는 (사)한국문구인연합회 이사장으로서 문구 전문 월간지 '문구ART매거진' 발행을 통해 최신 문구시장 동향 등 문구 산업을 홍보하는 데 앞장서 왔다. 국내 문구소매점, 문구유통업체, 문구도매업체, 문구생산업체를 비롯한 관공서, 학교, 기업 등에 매월 10,000부가 무상배포 되고 있는 문구ART매거진은 문구 업계 최고의 대변지로 평가받고 있다.

연필로 미래를 쓰다: 연필장학재단

이 회장은 "나눔의 실천은 인류가 발전하는 길이다"라고 늘 강조한다. 이 회장의 나눔 정신은 알파의 역사 속에도 고스란히 녹아 있

연필장학재단

다. 현재의 알파를 있게 한 알파 남대문본점은 70년대 남대문 주변 상인들에게 수도와 화장실을 개방한 것을 시작으로 상생의 정도를 걸어 왔다. 10여 년 전부터는 본점 내에 '알파갤러리'를 오픈해 어려운 환경 속에 작품 활동을 하는 신진작가들에게 무료 전시 기회를, 매장을 방문하는 고객에게 무료 관람의 기회를 제공했다. 현재는 문구ART박물관 내 제2전시실을 작가들의 무료 전시 공간으로 개방하고 있다.

2006년 설립한 '연필장학재단'은 그가 일궈낸 사회공헌활동의 집약체이다. 자신의 몸을 깎아 더 나은 미래를 열어주는 연필의 희생과 봉사 정신을 담는다는 취지로 연필장학재단 초기에는 직원들이 점심 한 끼를 줄이고 후원금을 마련하는 것으로 출발했다. 현재는 체인점, 협력체, 고객들이 보탠 작은 정성을 모아 중고등학생을 대상으로 연간 3억 원가량의 장학금을 지원하고 있다. 2007년부터는 지원 대상을 확대해 외국인 유학생들에게도 장학금의 기회를 제공한다. 현재까지 500여 명이 지원을 받은 상황으로, 앞으로 10만 회원 모집을 목표로 하고 있다.

이동재 회장은 이처럼 다채로운 사회 나눔 활동을 지속하고 있으며, 그러한 공로를 인정받아 2005년 중소기업유공자 국무총리표창, 2006년 대통령표창, 2009년 산업포장훈장을 수여받았다. 하지만 이동재 회장은 이에 안주하지 않고 앞으로도 문구인으로서 더 큰 그림을 그려 나가겠다고 말한다. 뿌리가 튼튼해야 제대로 가지를 뻗고 많은 과실을 기대할 수 있는 것처럼, 생산과 유통 전반이 화합·상생하는 방안을 강구함으로써 문구 산업 발전의 시너지를 배가하겠다는 계획이다.

함께한 50년, 함께 갈 100년

알파는 50년의 탄탄한 역사를 기반으로 미래 100년을 '고객과 함께하는 알파'로 그려 나가고자 한다. 과거에는 지식을 기반으로 한 문구 산업이 주류였다면, 미래 100년은 고객의 생각이 중심이 된 상생 비즈니스 모델이 알파의 핵심 비전이 될 것이다. 따라서 이제 혁신적이고 진취적인 경영 방식이 필요하다.

그 첫 단계로 알파의 경영이념인 협력, 창의, 개척 정신을 바탕으로, 안전하고 행복하게 공존해 나갈 수 있는 미래지향적 ESG(환경, 사회, 지배구조) 전략을 지속적으로 추진해 나갈 것이다. 친환경 상품 개발과 Recycle, 에너지 효율을 기반으로 한 '상생 경영'을 추구하고, 사회적 기업으로서 고용안정화 정책과 연필장학재단 후원, 문구ART박물관 사회 공헌 활동을 통하여 '나눔 경영'에도 이바지해 나갈 것이다. 또한 '윤리 경영'을 기반으로 한 투명한 기업문화 조성에도 주력해 나갈 것이다.

두 번째는 단순한 고객서비스 중심에서 '고객 생각' 중심으로의 전환이다. 유통산업에서의 서비스는 기본 토대이지 고객 감동의 매개체는 아니다. 철저하게 고객의 생각을 유통 프로세스에 담아 상품 기획과 개발, 디자인, 물류 서비스 혁신에 주력해 나가도록 해야 할 것이다.

세 번째는 온라인과 오프라인의 적절한 조합이다. 알파는 문구 프랜차이즈를 토대로 한 전통 문구 기업이다. 따라서 가맹점 가족과의 협업 공감대를 기반으로 온라인 시장 확장을 지속해 나갈 것이다.

끝으로 저성장과 다국적기업과의 경쟁시대를 맞이하여 조직원을 응원하는 리더, 과감한 도전을 추진하는 리더, 다양한 분야를 넘나드는 효율성과 융합적인 사고를 겸비하는 리더로서 글로벌 문구시장 개척에도 박차를 가해 나갈 것이다.

이제 앞으로의 100년을 향한 출발점에 선 알파는 미래를 향한 불꽃처럼 타오를 세계인의 기업으로 발돋움하기 위해, 단순한 상품이 아닌 인류의 미래를 열어갈 작품으로서 하나가 되는 문구생활 '문구생활편의SHOP' 시대를 펼쳐나갈 것이다.

대표
최현수

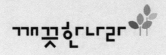

깨끗한나라

최현수 대표

학력
2002 미국 Boston Univ 졸업

2005 Keio Univ 졸업

경력
2003 제일기획/스포츠마케팅

2006 깨끗한나라 생활용품사업부 마케팅/제품개발팀장

2013 깨끗한나라 경영기획실장

2014 깨끗한나라 생활용품사업부장

2015 깨끗한나라 총괄사업본부장

2019~현재 깨끗한나라 대표이사

상훈
2017 제지산업 발전 유공자 산업통상자원부 장관 표창 수상

2018 제52회 납세자의 날 국무총리 표창 수상

2020 제21회 사회복지의 날 사회복지분야 유공 표창 수상

2021 대한적십자사 회원유공장 명예장 수상

2021 대한민국 글로벌리더 혁신경영부문 수상

2021 2021 대한민국환경대상 산업-온실가스 저감 부문 수상

2021 제56회 잡지의날 독서출판인쇄 진흥유공 문화체육관광부 장관표창

2022 대한민국 글로벌리더 지속가능경영 부문 선정

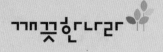

혁신과 도전, ESG경영 강화의 원동력

2023년 창립 57주년을 맞은 종합제지기업 깨끗한나라㈜(KleanNara Co., Ltd.)는 산업용 포장재로 사용되는 백판지, 종이컵 원지를 생산 및 판매하는 제지사업과 화장지, 기저귀, 생리대 등을 제조 판매하는 생활용품사업을 영위하고 있는 국내 유일 종합제지기업이다.

깨끗한나라가 탄생하고 성장할 수 있었던 배경은 시대의 변화에 맞는 과감한 혁신과 지속가능성을 위한 노력 덕분이었다. 지난 2019년부터 깨끗한나라를 이끌고 있는 최현수 대표는 100년 기업으로 발돋움하기 위한 중요한 과제로 'ESG 경영 강화'를 핵심경영과제로 선정했다. 사업의 강점을 살려 자원순환 촉진에 기여하고 친환경 제품 생산 및 고효율의 친환경 에너지 사업에 대한 의지를 피력한 것이다.

자원순환은 깨끗한나라 그 자체라고 말할 수 있다. 깨끗한나라는 자원순환 근간의 제지 리사이클을 통해 판지를 생산 및 판매하는 제조업 기반으로 1966년 창립 당시 '대한팔프'라는 사명으로 출범했다. 1977년 종이컵 원지 국산화에 성공했는데, 사용 후 폐기된 것은 종이원료로 재사용이 가능해 환경 측면에서 고무적이었다. 또, 1991년에는 기존의 컵라면용 스티로폼을 대체할 수 있는 컵라면 포장용 종이용지 개발에 성공해 사용 후 재생이 가능하도록 했다. 1999년 환경오염 논란을 빚은 폐종이컵을 회수하는 재활용 시스템을 구축하여 4개 패스트푸드점을 대상으로 시범 실시하고 관공서, 학교, 고속도로 휴게소 등으로 확대했다.

깨끗한나라의 판지 사업은 국내뿐만 아니라 해외에서도 통했다. 설립 초기부터 수출품 생산 지정업체 인가와 수출입업 허가를 받는 등 수출을 염두에 두고 사업을 펼쳤다. 1975년 자체 브랜드인 'WHITE HORSE'를 앞세워 무역 중심지인 홍콩에 진출해 큰 인기를 얻었다. 이후 'WHITE HORSE' 제품은 동남아시아와 중동지역으로 수출 시장을 개척하며 1993년 제지업체 최초로 5천만불 수출의 탑과 철탑산업훈장을 수상했다.

이후 꾸준한 품질개선 및 환경친화적 신제품 개발을 통해 수출제품의 질적 고도화로 대만, 홍콩, 중국의 중화권과 동남아시아 시장을 넘어 중남미, 러시아, 아프리카 등에 진출했다. 그 결과 2000년 11월 30일 무역의 날에 1억불 수출탑과 최병민 사장이 은탑산업훈장을 수상하는 영예를 안았다. 현재는 57년의 생산 노하우와 세계 최고 수준의 생산라인으로 백판지 생산량의 절반가량을 미국, 일본, 중국, 베트남 등 40여국에 수출하며 제지의 자원순환에 꾸준히 기여하고 있다.

고품질 제품으로 고객만족 넘어 '고객감동' 실현

깨끗한나라의 역사에서 '고객만족', '품질'은 놓칠 수 없는 핵심 가치였다. 품질과 고객만족을 위한 한발 앞선 노력으로 다양한 '최초' 수식어를 탄생시켰다. 생산 제품의 신뢰도를 높이고 수출 경쟁력 확보를 위해 1995년 한국품질인증센터로부터 ISO 9002 인증을 획득했다. 화장지, 패드 부문에서 국내 최초의 일이었다. 이어 2003년에 ISO 9001 인증을 획득해 품질경영의 입지를 굳건히 했다.

2011년 사명 변경 후 깨끗한나라는 성장성 둔화에 직면한 제지사업 한계를 극복하기 위해 축적된 기술과 노하우를 바탕으로 고부

깨끗한나라 소비자중심경영(CCM) 도입 선포식

가가치인 식품용지와 특수지 개발을 적극적으로 추진했다. 그 결과 2014년 깨끗한나라의 고급포장원지 아이보리 지종이 미국식품의약국(FDA) 식품안전성 검사를 통과하는 쾌거를 이뤘다.

또한 생활용품에 대한 고객만족에도 심혈을 기울였다. 국내 생리대 제품 중 국내 최초로 100% 순면 탑시트를 적용한 '순수한면', 국내 최초 천연코튼 섬유를 적용한 아기기저귀 '보솜이 천연코튼', 글로벌 트렌드에 부합한 국내 최초 라이크라 팬티형 설비 도입 등 고객만족을 위해 끊임없이 노력해왔다.

자연유래 식물성 섬유를 사용해 친환경성과 고객만족의 두 마리 토끼를 잡기도 했다. 지난해 론칭한 더마생리대 브랜드 '디어스킨 리얼모달'은 업계 최초로 모달 소재를 적용했다. 너도밤나무 펄프만을 사용한 자연유래 식물성 섬유인 모달은 주로 프리미엄 이너웨어와

깨끗한나라 생리대 '디어스킨 리얼모달'

침구류 소재에 쓰이며, 표면이 매끄럽다는 특징이 있다. 모달 특유의 부드러움과 편안함으로 '디어스킨 리얼모달'은 지난 3월 기준 누적 약 1,100만 개가 판매되는 큰 성과를 이뤘다.

나아가 깨끗한나라는 한층 더 높은 수준의 고객만족을 위해 고객의 알 권리 보장, 삶의 질 향상을 위해서도 노력하고 있다. 물티슈를 생산하는 자회사 보노아는 CGMP 인증을 획득함으로써 원료 구매부터 제조, 포장, 보관, 출하에 이르기까지 전 공정이 표준화된 기준에 적합하다는 사실을 입증했다.

뿐만 아니라 지난 2021년 최현수 대표는 지속가능한 성장의 첫 단추를 '고객'에서 찾고 전사의 경영활동이 고객을 중심으로 움직이도록 자원과 노력을 투입했다. 그 결과 2021년 12월 3일 소비자중심경영(CCM) 인증을 획득하는 쾌거를 이뤘다.

소비자중심경영이 전사에 녹아들고, CS활동이 사후처리를 넘어

지난 2021년 깨끗한나라는 공정거래위원회
주관 소비자중심경영(CCM) 인증을 획득했다.

사전예방까지 나아가도록 CCM 사무국을 신설했으며, 홈앤라이프 사업부 사업부장을 최고고객책임자(CCO)로 임명해 고객만족을 위한 전사의 긴밀한 협력을 주도하도록 했다. 기존 고객상담실도 고객만족팀으로 승격해 고객서비스에 만전을 기했다.

최현수 대표는 고객만족경영이 고객의 진정한 목소리를 듣고 선제적으로 고객의 불편(Pain Point)을 파악해 해결하는 것에서 시작된다고 여겼다. 이에 지난 2022년 12월 경영활동을 소비자의 관점에서 지속적으로 개선하기 위한 전사적 VOC(Voice of customer) 통합시스템을 구축했다.

VOC통합시스템을 통해 선제적으로 고객 니즈를 파악, VOC에 기민하게 대응할 수 있게 됐다. 또한 이를 통해 고객, 직원 등의 이해관계자 모두가 효율적으로 소통하고 VOC 개선사례를 전사적으로 공유함으로써 고객만족을 높이는 계기를 마련했다.

깨끗한나라, 친환경 선도기업으로 '우뚝'

최현수 대표는 ESG경영 강화의 일환으로 지속가능성을 위한 꾸준한 투자와 노력을 아끼지 않았다. 이를 위한 첫걸음은 환경설비에 아끼지 않고 투자해 탄소를 저감하는 시스템을 만드는 것이라고 판단, 깨끗한나라의 메인 공장인 청주공장에 대규모 투자를 진행했다.

깨끗한나라는 2018년부터 2020년까지 업계 최대 규모의 고형연료 사용시설, 에너지저장장치(ESS) 등 청주공장의 환경설비 구축에 총 482억 원을 투자했다. 폐자원 순환으로 에너지를 얻기 위한 이 같은 대규모의 설비 투자로 탄소배출량을 저감하고 에너지 소비 효율을 향상시킴으로써 탈석탄화를 달성했다.

그 결과 2020년에는 대기오염 물질을 16%, 온실가스 배출량을 11%, 공업용수 사용량을 12% 각각 감소시키는 등 괄목할 만한 환경 성과를 이뤄냈다. 나아가 이러한 노력을 인정받아 깨끗한나라는 2021년 7월 '2021 대한민국환경대상' 산업-오염물질저감 부문 대상을 수상했다.

온실가스 배출량을 감소시키기 위한 깨끗한나라의 설비투자는 현재진행형이다. 2022년 7월에는 산업통상자원부와 한국생산기술연구원 주관 '탄소중립 선도플랜트 구축지원 사업'에 선정돼, 올해까지 정부 지원금 및 자체 조달금을 합하여 총 34억 원을 친환경 설비에 투자할 예정이다. 이를 통해 제조 시 에너지 소비량이 많은 다수의 화장지 진공펌프 설비들을 하나의 고효율 설비로 교체해 전력 사용량을 감소시킬 예정이다.

음성공장은 생산과정에서 낭비되는 원자재 없이, 폐기물 제로(0)

깨끗한나라 청주공장 에너지저장장치(ESS)

를 실현한 대표적인 친환경 공장이다. 생산과정 중 발생한 불량품은 협력업체로 옮겨지고, 기저귀를 만들고 남은 자투리 부직포는 재활용해 물티슈 포장지의 캡 원료로 사용한다. 이를 통해 매년 252t의 폐기물을 모두 재활용하는 효과를 창출하고 있다.

깨끗한나라는 지난 2021년 10월 제지업계 최초로 300억 원 규모의 녹색채권을 발행하기도 했다. ESG채권 중 하나인 녹색채권은 기후변화 등의 환경문제 해결을 위한 자금 사용을 목적으로 발행되는 것으로, 깨끗한나라의 녹색채권은 산업은행이 ESG채권 발행 저변 확대와 책임경영을 지원하고자 추진 중인 'ESG채권 유동화 프로그램'을 통해 발행됐다. 조달된 자금은 폐자원 순환을 통한 에너지 회수 시설, 수질 개선을 위한 TOC 저감 설비, 공기질 개선을 위한 질

깨끗한나라 친환경 제지 브랜드 N2N(Nature to Nature)

소산화물 저감 설비(SCR) 등에 사용될 예정이다.

최현수 대표는 환경친화적인 제품을 연구하고 생산하는 것 역시 기후위기에 대응하는 제조기업의 중요한 책무라고 인식하고 있다. 이에 따라 친환경 인증을 받을 수 있는 제품을 개발하고, 지속가능한 원료 사용을 연구하며, 제품 포장 등에 있어 플라스틱 사용을 줄일 수 있는 방법을 모색하고 있다.

2022년 10월에 출시한 친환경 제지 브랜드 'N2N(Nature to Nature)' 은 대표적인 환경친화적 포장재다. '자연에서 자연으로'를 의미하는 네이밍으로 '자연에 해를 입히지 않는, 올바른 선순환 가치를 실현하는 친환경 포장재'라는 의미를 담고 있다. 원재료의 98% 이상이 재활용 종이자원으로 이루어져 자원순환을 통해 자원이 버려지는 것을 최소화했다.

뿐만 아니라 깨끗한나라는 고품질·친환경 재활용 제품에 부여되는 GR(Good Recycled) 인증도 획득했다. 인증 대상 제품은 100% 재생 펄프 화장지 제품인 깨끗한나라 에코 베이직과 98% 재활용 원료를 사용해 만든 제지 SC 마닐라(SC Manila), 아이보리(Ivory) 등으로, 우수 재활용 제품을 인정받았다.

최현수 대표는 이러한 노력에 멈추지 않고 환경영향을 최소화하기 위한 전사적 차원의 환경경영을 계속해 나갈 방침이다. 이를 위해 친환경 제품 및 소재 개발, 친환경에너지 운영을 위해 박차를 가하고, 자재부터 친환경 소재를 사용하여 제품을 개발하고 태양광, 신재생에너지 등 고효율의 친환경 사업을 확대할 예정이다.

협력사와 긴밀한 공생협력과 동반성장

최현수 대표는 협력사의 성장이 곧 깨끗한나라의 성장과 직결된다는 판단하에 상생협력에 힘을 쏟고 있다. 깨끗한나라 품질관리팀에서는 OEM 전담관리파트를 운영해 주기적으로 협력사에 방문, 품질 시스템 진단 및 교육을 진행하며, 법규 개정사항을 공유하고 기술지원을 시행하고 있다.

특히 지난 2022년부터는 '4M 변경 승인 프로세스'를 도입했다. 이는 제조사의 제품 사양 변경 시 깨끗한나라가 신속하게 검증할 수 있도록 하는 제도로, 4M은 생산 시스템의 주요 4요소인 인력(Man), 설비(Machine), 재료(Material), 작업 방법(Method)을 의미한다. 이를 통해 협력사의 제품 사양 변경사항을 깨끗한나라가 더욱 신속하고 체계적으로 파악해 품질 문제 발생을 미리 예방할 수 있다.

지난해 깨끗한나라 청주공장에서는 PS(Paper Solution)사업부 21개 고객사를 대상으로 '고객초청행사'를 개최했다. 행사는 고객사들과 지속적인 협업 관계를 강화하기 위해 마련됐으며 40여 명의 고객사

깨끗한나라 PS사업부 고객초청행사

관계자가 참여했다. 최현수 대표는 고객사들과 건설적인 파트너십을 구축하고 상생협력을 강화하기 위해 지속적으로 소통과 화합의 자리를 마련할 계획이다.

나아가 공정한 거래문화 조성을 위해 표준하도급계약서 및 공정거래위원회의 4대 실천사항을 도입하여 협업 과정에서 협력사에게 부당한 사항이 발생하지 않도록 하고 있다. 이 밖에도 협력사와의 정기적 화상회의 개최, 협력사 대상 상생결제 시스템 도입 등을 통해 다양한 형태로 협력사와의 동반성장을 실천하고 있다. 뿐만 아니라 최현수 대표는 협력사가 더욱 안전하고 효율적인 환경에서 일할 수 있도록 지원하고 있다. 이러한 노력의 결과, 2022년 고용노동부 주관 안전보건공생협력 프로그램에서 A등급을 획득했다.

안전보건공생협력 프로그램은 모기업이 협력사의 안전보건 활동을 지원함으로써 안전보건 수준을 높여 협력사 사업장 내 산업재해

2022년 제지·펄프산업 안전보건대회 산업부 장관 표창 수상

를 예방하는 프로그램이다. 깨끗한나라는 청주공장을 중심으로 4개 협력사 대상 '안전보건 공생협력 프로그램'을 실시해 산업재해 예방 및 원하청 안전보건 격차를 해소하고, 안전보건 교육을 실시하는 한편 비상대응 체계 역량을 강화했으며, 안전보건관리체계를 구축하는 등 남다른 노력과 모범을 보였다.

또한 청주공장은 한국제지연합회가 주최하는 '2022년 제지 펄프산업 안전보건대회'에서 '2022년 제지 펄프산업 안전관리 우수사업장' 부문 산업통상자원부 장관표창을 수상하기도 했다. 이는 산업재해를 예방하고 안전관리 역량 강화에 기여한 모범업체를 선정해 안전문화 조성을 공고히 하기 위해 마련된 상으로, 협력사와 함께 '안전보건공생협력 프로그램'을 실시해 산업재해 예방 및 안전보건관리

체계 구축 등 안전문화 정착에 기여한 공로를 인정받았다.

디지털 전환(DX) 통해 혁신적 근무 환경 조성

최현수 대표는 디지털 전환(DX)을 통해 업무 환경 혁신을 주도하고, 활기차고 건강한 조직문화를 구축함으로써 임직원 가치 제고에도 힘썼다. 깨끗한나라는 지난 2022년 청주·음성공장 생산공정에 표준화된 제조 프로세스 기반의 'MES·WMS 자동화 시스템'을 도입했다. 생산·품질에서 물류까지 스마트한 차세대 물류 통합 시스템을 구현해 업무생산성 및 생산효율성을 대폭 향상시켰다.

뿐만 아니라 업무 환경 개선을 위해 스마트 커뮤니케이션 시스템을 도입해 외부에서도 애플리케이션으로 간편하게 업무 수행이 가능하도록 했으며, 화상회의 시스템을 구축해 시간과 장소에 제한 없이 신속한 의사결정을 내릴 수 있도록 했다. RPA(Robotic Process Automation)를 통해 반복·수작업 업무시간을 절감하고, 그룹웨어, 무전표시스템(UAS), Next HR 등을 도입해 전사의 업무 효율성을 향상시켰다. 또, 제지업계 최초로 열화상 카메라를 탑재한 초경량 비행장치인 드론을 도입해 사업장 외부의 안전사고, 화재, 환경오염 여부를 사각지대 없이 실시간으로 모니터링하는 스마트 관리체계를 도입했다.

활기차고 유연한 조직문화 조성에도 앞장섰다. 애자일(Agile) 조직체계를 도입해 부서 간 경계를 허물고 필요에 맞게 소규모 팀을 구성해 업무를 수행해 급변하는 경영환경에 대응할 수 있도록 했다. 수평적 관계에서 소통을 이끌어 내기 위해 직급단계를 기존 7단계에서

MZ세대가 참여하는 깨끗한나라 주니어 보드(Junior Board)

사원, 선임, 책임의 3단계로 조정하고 중요한 의사결정시에는 전 직원이 참여할 수 있는 사내공모전을 통해 의견을 수렴했다.

여기에 다양하고 포용력 있는 소통 문화 확산을 위해 '주니어 보드(Junior Board)'도 운영하고 있다. 주니어 보드란 깨끗한나라 MZ세대 직원과 경영진 간의 지속적인 소통을 위한 기구로써, 2021년 11월에 출범해 분기별 회의를 진행하고 있다. 자체적으로 선발해 구성된 의장 및 간사들이 경영현황, 사업, 조직문화, 사무환경 등 폭넓은 의제를 선정해 다양한 개선방안을 도출, 조직문화 개선에 이바지하고 있다.

'클린사이클' 건강하고 깨끗한 세상을 위한 '선순환'

최현수 대표는 ESG 경영 강화라는 목표 아래 2021년 깨끗한나라의 대표 사회공헌 브랜드 '클린사이클'을 론칭했다. '클린사이클 (Kleancycle)'은 깨끗한나라의 사명을 의미하는 Klean과 순환을 의미하는 Cycle의 합성어로, '건강하고 깨끗한 세상' 만들기를 실천하는 '자원순환'과 이윤환원을 통한 '나눔순환'을 바탕으로 하며, 깨끗한나라의 다양한 사회공헌 활동을 아우른다. 대표적으로 2021년 보건복지부와 MOU를 체결하고 진행한 아동학대 예방 캠페인이 있다. 이는 보호종료아동이 직접 디자인한 미용티슈의 판매 매출 일부를 기부하는 캠페인이다.

2022년에는 보건복지부 산하 아동권리보장원 주관의 '긍정 양육 캠페인'에 참여해 아동 권리 보호 및 바람직한 양육 문화 확산에 앞장섰다. 이러한 공로를 인정받아 최현수 대표는 지난해 '제16회 아동학대예방의 날' 기념식에서 아동학대예방 유공 보건복지부 장관 표창을 수상했다. 또한 자원순환의 가치를 알리고 고객의 참여를 유도하기 위해 클린사이클 SNS를 활용해 '1일 1클린 챌린지', '클린사이클 일기' 등을 진행했다. 이 밖에도 독거노인 위생용품 및 미혼모 가정 아기 기저귀 지원에서부터 임직원 단체 헌혈에 이르는 활동을 통해 지역사회에 기여하고 있다.

임직원 동참 환경정화 활동이나 중장기 사회공헌 환경 프로그램인 '깨끗한정원' 프로젝트 등 깨끗한나라의 자원순환을 사회로 확장시켜 나가는 활동도 꾸준히 이어지고 있다. 2021년도부터 화성시 발안천에 첫 번째 '깨끗한정원'을 조성했으며, 지난 4월에는 두 번째 '깨끗한정원'을 조선왕릉 의릉 역사문화관에 조성해 지역 주민들에게 쾌적한 쉼터를 제공하고 있다. 2021년 임직원 동참 봉사활동 누적 시간은 총 1,551시간이고, 2022년 누적 시간은 총 1,942시간에 달한다. 깨끗한나라는 앞으로도 지역사회와의 협업으로 전국 곳곳에 제3호, 제4호의 '깨끗한정원'을 조성할 계획이며, '깨끗한정원' 인근 환경정화 활동도 함께 실시할 방침이다. 이처럼 깨끗한나라는 장기적 관점에서 지역사회 환경보호에 기여할 수 있는 사회공헌 활동을 기획 및 수행해나갈 예정이다.

대표

하춘욱

CNTUS
Culture & Technology with Us

씨앤투스

하춘욱 대표

학력

1995   성균관대학교 기계공학과 졸업
2021   AIP 서울대학교 최고경영자과정
        수료

경력

2005~현재   (주)씨앤투스 대표이사

1995~2005   현대자동차 생산기술연구
             소 연구원

상훈

2009   천만불 수출의 탑 국무총리 표창
2014   7천만불 수출의 탑 대통령 표창
2018   대한민국 우수 특허 대상 수상
        (황사 방역 마스크 부문)
2020   사회공헌상, 공영홈쇼핑 브랜드
        K 선정(보건용 마스크 부문)
2020   공영홈쇼핑 사회공헌상
2020   브랜드 K 인증서, 보건용 마스크
        (KF94) 부문(중소벤처기업부)
2021   프리미엄 브랜드 지수(KS-PBI)
        1위(황사 방역 마스크 부문)
2021   프리미엄브랜드지수(KS-PBI),
        황사방역 마스크 부문(한국표준
        협회)
2022   대한민국 브랜드 명예의전당, 보건
        용 마스크 부문(산업정책연구원)

2022   대한민국 프리미엄 브랜드 지수
        (KS-PBI) 1위 2년 연속 수상(황사
        방역 마스크 부문, 필터 샤워기
        부문)
2022   대한민국 브랜드 명예의 전당
        (보건용 마스크 부문)
2023   대한민국 최고의 경영대상(최고
        품질경영) 사회공헌 보건복지부
        장관상
2023   KCAB 한국소비자평가 최고의
        브랜드(필터샤워기 부문)
2023   대한민국 브랜드 명예의전당_필터
        샤워기(차량용 에어컨필터 부문)

CNTUS
Culture & Technology with Us

Aer
life care solution

www.the-aer.com

아에르
콰트로
샤워기

삶의 변화 선도하는 라이프 케어 솔루션 전문기업

2003년 5월 설립되어 2023년 20주년을 맞이한 씨앤투스는 '성진'을 제외하고 본연의 기업 철학을 담은 '씨앤투스(CNTUS)'로 사명을 변경했다. 이번 사명 변경은 그동안 '씨앤투스(CNTUS)' 성장의 원동력이었던 고기능성 에어필터 비즈니스를 넘어 일상을 더 행복하고 쾌적하게 만드는 글로벌라이프 케어 솔루션 전문기업으로 발돋움하겠다는 의지가 담겨있다.

'씨앤투스' 사명은 '문화와 기술이 융합된 새로운 가치를 창조하는 집단 (Culture and Technology with US)'를 의미하며, 단순히 기술 전문기업이 아닌, 기술을 바탕으로 고객의 삶과 문화에 새로운 가치를 제공하는 라이프 케어 솔루션 기업을 의미한다. 이와 함께 기업 로고 (CI)도 회사가 추구하는 소비자의 즐거움을 나타내는 컬러와 디자인으로 새롭게 리뉴얼 하였다. 새로운 기업 로고는 창의적인 사고를 의미하는 '전구' 형태의 워드마크(wordmark)로, 전구가 인류에게 새로운 빛과 역사를 창조할 수 있게 해준 위대한 발명품이자 삶의 터닝포인트가 된 것처럼, 우리 생활에 풍요로운 변화를 만들어 가는 '씨앤투스(CNTUS)'의 지향 가치를 표현하였다

2016년 런칭한 라이프케어 솔루션 브랜드 '아에르(Aer)'는 사람이 살아가는데 필요한 기본을 높이는 솔루션으로 생활방역을 넘어 일상 전반을 아우르는 프리미엄 라이프를 지향한다. B2B에서 B2C기업으로 사업을 다각화하고 있는 씨앤투스는 신제품의 역량을 강화하고 고도의 서비스를 통해 글로벌 시장으로 도약을 준비하고 있다. 씨앤투스가 추구하는 가치는 명확하다. 다양한 분야와의 융합을 통해 사

업영역을 확장해 나가고, 사람을 중심으로 삶의 가치 있는 변화를 만들어가는 글로벌라이프 케어 솔루션으로 자리매김 하는 것이다. 기존의 B2B사업 뿐 아니라 B2C사업을 강화하기 위해 2022년 2월 자사몰 '더아에르(www.the-aer.com)'를 공식 오픈 하고 에어필터 시장에서 더 나아가 MB필터 기술력을 활용한 워터케어, 슬립케어 부문의 다양한 제품을 출시하며 브랜드 파워와 시장경쟁력을 강화하고 있다. 또한 씨앤투스는 앞서 언급한 '전구'의 발명처럼, 새로운 제품과 서비스를 통해 삶의 새로운 기회를 제공하려고 한다. 올해 상반기 출시 예정인 '아에르 바이러스케어' 제품 역시 도시생활(City Life)을 보다 안전하고 쾌적하게 제안하는 새로운 '라이프 케어 시스템'으로 자리매김 할 수 있도록 사업영역을 확대할 예정이다.

글로벌 독점 깬 'MB필터 원천기술' 국내 최초 개발

씨앤투스의 사업 부문은 크게 신소재 개발, 글로벌 필터 개발, 라이프 케어 디자인 사업 부문으로 나뉜다.

첫 번째, 신소재 개발 사업은 MB 필터 원천 기술을 근간으로 하며, 빠르게 변화하고 있는 사회 및 문화 환경과 현대사회에 다양한 사람들의 편의를 충족시키기 위해 친환경소재 및 플래시방사 부직포 등 신소재 개발을 지속하고 있다.

두 번째, 글로벌 필터 사업은 에어 필터와 리퀴드 필터로 구분되며, 그 영역이 확장되고 있다. 에어솔루션 사업 부문은 직접 개발 및 제조하는 고성능 고효율 필터 소재 MB(Melt Blown)를 활용해 보건용 및 산업용 마스크, 공기청정기용 필터, 진공청소기용 필터, 자동차

'아에르 클린프로 차량용 에어컨 필터' + '아에르 KF 94 피크 V 마스크'

에어컨용 필터 등을 국내외 B2B, B2C시장에 공급한다. 워터솔루션 사업 부문은 필터 기술력을 활용해 필터 샤워기와 세면대 및 싱크대 수전 필터 등 워터솔루션 제품을 개발하고 공급하고 있다. 고기능성 정수기 필터 원단을 제조해 B2B채널로 공급 중이며, 상수도 시설에 적용되는 대용량 필터를 개발하는 등 워터 솔루션 포트폴리오를 지속적으로 확대해 나가고 있다.

세 번째, 라이프 케어 디자인 사업 부문은 단순 제품 공급을 넘어 새로운 신규 사업으로 라이프 케어 시장 진출을 추진 중이다. 2023년 상반기 출시 예정인 아에르 바이러스케어 제품을 비롯하여 도시 생활을 보다 안전하고 쾌적하게 만드는 라이프 케어 디자인 제품들을 꾸준히 선보일 예정이다.

씨앤투스는 글로벌 선진국의 대기업을 중심으로 독점하던 기술인 MB(Melt Blown)필터 원천 기술을 국내 최초로 개발하여 선도적으로 도입함으로써 필터 산업의 새로운 바람을 불러일으켰고 현재까지도

씨앤투스와 같은 고성능·고효율 MB필터를 제조하는 기업은 극소수에 불과하다. 이후에도 지속적인 연구개발 및 성능 개선을 통해 우수한 품질력을 인정받아 글로벌 고객사와 국내 메이저 고객사에 공기청정기 필터 등을 지속적으로 공급하고 있다. 뿐만 아니라 보건용 및 산업용 마스크, 자동차 에어컨용 필터 등 경쟁력 있는 필터 제품 라인업을 갖추고 있다.

2016년 '공기담은 마스크'로 소비자 시장에 첫발을 내딛은 아에르(Aer)는 지속적인 연구 개발을 통해 2019년 KF인증 보건용 마스크 생산시스템을 증설하며 본격적으로 보건용 마스크 생산에 박차를 가했다. '스탠다드 베이직' 마스크를 시작으로 2020년 말에는 저차압 MB 원단을 적용하여 미세먼지 차단율은 그대로이면서 숨쉬기 편해진 프리미엄 마스크 '아에르 어드밴스드'를 런칭하였다. 2022년에는 더욱 개선된 제품으로써 안면부 흡기 저항률을 16파스칼까지 낮춘 KF94 '아에르 피크 V 라이트'와 13파스칼까지 낮춘 KF80 '아에르 피크 라이트'를 출시했다. 숨쉬기 편한 마스크라는 인식에서 나아가 어떤 패션과 스타일에도 어울리는 다양한 컬러의 마스크를 선보이며 고객들에게 마스크도 멋지고 세련되게 착용할 수 있는 라이프웨어로 인식시키고 있다. 이처럼 씨앤투스는 고객의 니즈를 충족하기 위한 제품과 서비스를 제공하기 위해 끊임없이 도전하고 있다.

2023년 브랜드 어워드 필터샤워기 부문 3관왕

라이프케어솔루션 브랜드 '아에르(Aer)'가 산업정책연구원(IPS)에서 주관하는 '2023 대한민국 브랜드 명예의 전당' 가전·소비재 부문

2023 대한민국 최고의 경영대상(최고 품질경영 부문) 보건복지부 장관상 수상

에서 필터 샤워기와 자동차 에어컨 필터로 2관왕에 오르며, 지난해 보건용 마스크에 이어 3년 연속 우수 브랜드로 선정됐다.

'아에르 콰트로 샤워기'는 라이프 스타일에 맞춰 수질을 선택할 수 있는 교체형 필터 샤워기로 사용자의 취향과 니즈에 따라 각기 다른 4종의 필터로 구성되어 있다. 잔류 염소를 걸러주는 '카본 필터'부터, 세균 증식을 99.9% 억제하는 '항균 세디먼트 필터', 건강한 피부 케어를 돕는 '비타민 복합 필터', 미세 플라스틱을 제거해 주로 정수기에 사용되는 'UF 필터'까지 4가지로 기능에 따라 자유롭게 사용할 수 있어 고객들의 다양한 니즈를 충족시키고 있다.

'아에르 클린프로 차량용 에어컨 필터'는 자체 개발한 고성능·고효율의MB(Melt Blown) 집진필터 원단을 적용해 극초미세먼지를

98.7%(미세먼지99.9%) 차단하여 쾌적한 카라이프를 제공한다. 극초미세먼지뿐만 아니라, 1군 발암물질로 지정된 포름알데히드를 비롯해 아세트알데히드, 암모니아, 벤젠, 자일렌, N-부탄, 톨루엔, 초산, 아황산가스 등 9가지 유해가스까지 제거해 차량 내 각종 유해균 및 유해 물질이 공기로 유입되는 것을 막아주는 필터로 제품의 우수성과 품질력을 인정받고 있다. 이러한 기술력을 바탕으로 2023년 상반기에는 국내시장을 넘어 해외 북미 시장으로의 진출을 꾀하고 있다.

또한 '아에르 콰트로 샤워기'는 동아일보가 주최하는 'KCAB 한국소비자 평가 최고의 브랜드 대상'까지 수상했다. 씨앤투스의 독보적인 기술력이 담긴 아에르 필터의 기술력은 마스크 뿐 아니라 워터 케어 부문에서도 소비자의 신뢰를 꾸준히 얻고 있다.

숨쉬기 편한 프리미엄 마스크를 시작으로 자동차 에어컨 필터, 친환경 교체 베개커버, 필터샤워기 와 세면대 수전 등 워터케어 제품, 숙면을 돕는 아로마 부스터와 바디워시, 바디로션 등 슬립&바디케어 제품까지 다양한 제품을 출시하며 일상생활 전반을 케어하는 브랜드로 자리매김 하고 있다. 아에르가 제품 경쟁력을 바탕으로 신뢰할 수 있는 브랜드로 성장할 수 있었던 것은 국내 소비자들의 사랑과 지속적인 관심이 있었기 때문이다.

해외에서 인정받은 최고 수준의 생산성과 품질력

아에르(Aer)의 우수한 품질력은 국내에서뿐만 아니라 해외에서도 인정받고 있다. 산업용 마스크 '아에르 아이'와 보건용 마스크 '아에르 스탠다드핏'은 유럽 CE 마스크 인증 테스트를 통과하고 스페인

아에르의 우수한 품질력

인증기관으로부터 'FFP2 NR' CE 인증을 획득했다. CE 인증은 안전, 건강, 환경 및 소비자보호와 관련해 EU 이사회 지침의 요구사항을 모두 만족한다는 의미의 통합규격인증마크로 유럽 시장에 KF94 마스크를 수출하기 위한 필수 절차이다. 유럽 CE 마스크 인증 테스트는 국가별 마스크 등급 인증 중에서도 가장 까다로운 테스트 중 하나로 유럽 개인보호 장비 규정과 유럽연합 지침 등에 따라 매우 엄격한 과정을 통과해야 한다. 그중 FFP2 등급은 국내 식약처 KF94와 유사한 등급으로 품질과 안전성 등 높은 수준의 테스트 과정을 모두 통과한 제품에만 부여된다. 이외에도 미국 FDA 인증, 아시아 HALAL 인증 승인을 받으며 우수성을 입증했다.

씨앤투스는 신(新)필터 소재 개발, 신(新)섬유 소재 개발을 통해 라이프 솔루션 필터 기술을 고도화하고 있다. 필터 기술은 점차 진화하고 있으며, 실내외 공기의 질을 개선할 수 있는 환경가전의 수요도 증가하고 있는 추세이다. 이에 따라 씨앤투스의 기술력과 융합할 수 있는 유해 물질 감지 기술과 전용센서 인식을 통한 휴먼 인터페이스 기술을 전면 도입하여 미래 생활을 더 편리하고 안전하게 영위할 수 있도록 전략적인 접근을 구상하고 있다.

2021년 산업통상자원부의 소재부품기술개발사업 국책과제로 선정되어 개발 진행되는 '플래시방사 부직포' 사업은 올해로 3년차 연구개발 중이다. '플래시방사 부직포'는 일반 방사와 다르게 초고온(200도)/초고압(500bar) 상태에서 용매와 합성수지를 혼합한 후, 초임계 상태에서 분당 20,000미터의 초고속으로 방사하는 최첨단 부직포이다. 가장 큰 특징은 방사속도가 매우 빠르기 때문에 섬유가 높은 강도를 가지게 되고, 섬유의 직경이 0.5~1.0 마이크로미터인 초미세 섬유로 구성되어, 세균 및 바이러스에 높은 차단성을 가짐과 동시에 우수한 투습 방습성을 가지고 있다. 소재 또한 재활용이 가능하여 사용분야가 의료용, 반도체용 보호복 외에 일상용품까지 그 범위가 확대되는 추세이다. ESG 경영의 일환으로 친환경 및 리사이클링 제품 개발을 위한 연구에도 매진하고 있다. 또한 생분해성 바이오플라스틱소재 개발 등 소재나 제품 구성성분의 단일화를 비롯해 최종 제품 패키지에도 친환경적 소재 사용을 추구하고 있다.

글로벌 시장으로 뻗어나가는 씨앤투스

올해는 글로벌 시장의 본격적인 진출을 통해 씨앤투스를 알리고, 그 영역을 공고히 할 것이다. 중점적으로 준비중인 북미 시장 사업은 공기청정기필터를 중심으로 캐빈필터, 샤워필터, 마스크까지 제품 라인업을 구상하고 있다.

씨앤투스 베트남 공장 전경

2022년 9월 증설 이전한 베트남 생산센터를 해외 물류거점으로 삼아 다양한 제품을 글로벌 시장에 공급할 계획이며, 미국 시장 상황에 맞춰 개발된 브랜드 '필터리지(Filteridge)'는 국내에서 인정받은 최고의 필터기술력을 해외에도 '브릿지(Bridge)'처럼 연결하여 뻗어나간다는 의미를 담고 있으며 올해 상반기 런칭을 앞두고 있다. 미국 북미 대표 온라인 상거래 플랫폼인 '아마존과 이베이를 중심으로 Korea No.1 필터'라는 메시지와 함께 글로벌 시장에 선보이며 차별화된 제품을 체계적으로 공급할 계획이다.

또한 우리가 숨 쉬는 공간을 더 안전하고 건강하게 만드는 사업의 연장선상으로 올해 출시를 목표로 하고 있는 '아에르 바이러스케어'는 3단계 살균 시스템으로 공기 중의 부유 바이러스 및 세균을 99%까지 저감할 수 있는 제품이다. 에어케어 제품은 점차 그 수요가 증가할 것으로 예상되며, 무엇보다 차별화된 기술력과 우수한 품질력이 뒷받침된 제품과 시스템만이 소비자의 신뢰를 얻고, 선택을 받아, 브랜드의 생명력을 이어나 갈 것이라고 생각한다. 우선 국내 출시 후, 글로벌 시장에 순차적으로 진출을 계획하고 있다.

문화에 대한 이해와 공감의 사회공헌활동

씨앤투스는 아에르를 통해 스포츠 및 다양한 문화예술 산업 공헌을 통해 사회적 가치 실현에 나서고 있다. 최근 아에르는 KLPGA에서 활약 중인 이예원 프로와 안송이 프로의 공식 후원 계약을 진행했다. 이번 스폰서십 체결에 따라 이예원 프로와 안송이 프로는 후원사의 브랜드 로고인 '아에르(Aer)'가 상의 카라에 부착된 골프웨어를 입고 국내 및 해외 경기에 출전한다. 두 골프 선수의 후원을 시작으로 아에르는 스포츠 및 문화예술 분야에서 새로운 시너지를 창출할 수 있도록 지속할 계획이다.

또한 씨앤투스는 지역사회와의 상생을 위한 취약계층 지원 기부 등 나눔 활동도 펼치며 기업의 사회적 책임을 지속적으로 실천하고 있다. 2019년 서울시 복지시설에 방한 및 미세먼지 차단을 위한 6만여 장의 마스크 기부를 시작으로, 코로나19 장기화로 어려움을 겪고 있는 지역 주민들의 마스크 구매 부담을 덜어주고 건강을 지키는 데 기여하기 위해 지속적인 나눔을 이어갔다. 또, 사랑의열매 사회복지 공동모금회에 1억 원을 기부하며 중견 · 중소기업 고액 기부자 모임인 나눔명문기업에 가입했으며, 2022년에는 태풍 수해를 입은 경북 포항시 백혈병소아암협회, 대구광역시 척수장애인 협회 등 도움이

KLPGA에서 활동 중인 안송이 프로와의 조인식

필요한 다양한 지역사회 곳곳에 마스크와 필터샤워기를 꾸준히 기부하고 있다. 2023년에는 튀르키예와 시리아의 지진복구를 위한 성금 기부 및 자사몰 '더아에르'와 네이버 스마트 스토어를 통한 소비자의 기부 동참 캠페인을 진행, 지속적인 기부 활동을 이어가고 있다.

도전과 성장을 멈추지 않는 씨앤투스

더 나은 삶의 공간을 디자인하기 위해 기꺼이 도전을 즐기는 기업, 그것이 바로 씨앤투스가 추구하는 핵심 가치이다. 씨앤투스가 추구하는 기술과 제품은 사람과 문화에 대한 존중을 기반으로 한다. 문화의 이해와 기술이 결합했을 때 생활의 기본을 높이며 새로운 삶의 변화를 추구할 수 있다고 생각한다. 기술을 가지고 생각을 넓히면 사

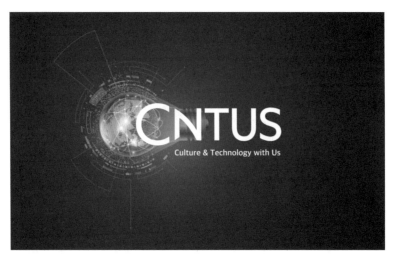

사명 변경으로 리뉴얼된 '씨앤투스(CNTUS)' 기업 로고

람들이 몰랐던 새로운 가치를 만들어낼 수 있다. 가치를 건축하는 것, 그것이 씨앤투스가 새롭게 도전하는 분야가 될 것이다.

인류 문명이 발전하고 지속되려면 도시와 인구의 밀집이 불가피한 상황이다. 따라서 우리 문명을 지속 가능하게 하고 사람들이 행복한 삶을 살기 위해서는 공기, 물 같은 필수적인 요소의 필터 기술이 필수불가결하다.

씨앤투스는 사람이 살아가는 데 필요한 기본을 높이는 솔루션으로 생활 방역을 넘어 일상 전반을 아우르는 라이프 케어 솔루션을 제공하는 기업으로서 인류 문명의 핵심 요소를 제공하며 일상을 함께할 수 있도록 자리매김할 것이다. 지속 가능한 일상을 위한 주요 공공재로서 기업의 존재가치를 확대해나갈 것이다.

씨앤투스는 현재의 기술에 국한되지 않고 한계를 뛰어넘어 타 산업 분야와의 융합을 통해 새로운 시너지 효과를 창출하고 사업 영역을 확대해 나아가며 지속적으로 발전해 나갈 것이다. 개인의 성장이 곧 기업의 성장이고, 사회의 발전으로 이어진다. 또한 무엇보다 중요한 것은 사람이다. 사람을 위한 라이프 케어 솔루션의 가치를 추구하는 기업에서 함께 그 문화를 만들어가는 직원들이 즐길 수 있어야 조직이 건재할 수 있다. 직원들이 주도적인 자기개발을 통해 즐거움과 성취감을 얻고, 회사에 자부심을 가지며 함께 동반 성장하는 것이 우리 기업이 추구하는 문화이자 지향점이다. 궁극적으로 씨앤투스는 타 분야와의 융합을 통해 사업영역을 확장해 나가고 사람을 중심으로 삶의 가치 있는 변화를 만들어가는 글로벌 라이프케어 솔루션 기업으로 자리매김할 것이다.

총장
한정석

부천대학교

한정석 총장

학력

1995	경기대학교 토목공학 학사
1997	경기대학원 토목공학 석사
2002	경기대대학원 토목공학 공학박사

경력

2011	부천대학교 제2캠퍼스 부총장
2014~현재	한국산학협력학회 이사
2015	부천대학교 부총장
2016~현재	부천대학교 총장
2017~현재	한국전문대학교육협의회 이사직
2017~현재	한국사학법인연합회 대의원직
2017~현재	한국전문대학법인협의회 이사직
2021~2023	전문대학평가인증위원회 위원장

상훈

2021	고용노동부 주관 '대학일자리센터 사업' 4차년도 성과평가 최고등급 '우수' 선정
2021	전문대학 혁신지원사업 연차 및 종합평가 최우수 'A등급' 획득
2021	부천대학교-우즈베키스탄 유아교육부-타슈켄트 부천대학교 3자 업무 협약
2022	교육부 주관 '외국대학의 국내 대학 교육과정 운영' 신청 승인
2022	한국서비스품질지수(KS-SQI) 전문대학(경기/인천)부문 8년 연속 1위 선정
2022	교육부 '2022 진로교육 유공자' 표창(진로탐색 활동협력 부문)

부천대학교
BUCHEON UNIVERSITY

부천대학교는 독립운동가이자 교육자이신 몽당(夢堂) 한항길 선생께서 민족적 염원과 국가의 발전에 헌신하겠다는 의지를 다지며 나라의 경제를 부흥시키기 위해서는 산업체와 숙련된 기술자가 필요하다는 판단 아래 1958년 '사람다운 사람이 되자'라는 건학 이념으로 소사공업기술학교(현 부천대학교의 전신)를 설립하였고, 바른 마음, 바른 생각, 바른 언행을 실천하는 정심운동을 교육의 핵심으로 삼아 '사람다운 사람'을 양성하기 위한 전인교육을 실천해왔다.

부천대학교는 '사람다운 사람, 일다운 일을 하는 사람, 기술자다운 기술자 양성'을 대학의 사명으로 삼고, '사람과 일의 가치를 만드는 대학'을 비전으로 내세우고 있다. 또한, 교육의 목표는 '창의적으로 자신의 진로를 개척하는 전문가 양성, 지식과 기술로 사회에 공헌하는 전인격적 인성 함양, 변화에 대처하고 미래를 준비하는 평생학습 역량 제고'로서 '전문직업인으로서의 창의와 인성을 갖춘 대한민국 대표 전문가'라는 인재를 양성하는 것이다.

2016년 2월 취임한 한정석 총장은 부천대학교의 새로운 도약을 위한 발판 마련에 주력하였다. 특히, 미래성장동력을 위한 숙원사업이었던 지역산업과 연계한 산학협력을 한 단계 높이는 개방형 캠퍼스인 소사캠퍼스를 건립하였으며, 글로벌 대학으로서 영역을 확장한 우즈베키스탄 타슈켄트 부천대학교를 개교하여 성공적으로 운영하는 등 다양한 성과를 보이고 있다.

캠퍼스

경기도 부천시 신흥로 56번길 25에 위치한 본캠퍼스는 교지 면적

본캠퍼스

42,728㎡, 건물 면적 97,464㎡로써, 대학 행정부서와 학생복지시설이 주로 있는 밀레니엄관과 계열별 학과 및 부속시설이 있는 한길관, 공학관, 꿈집, 예지관, 세미나관, 한길체육관, 몽당기념관, 몽당도서관 그리고 국제관 등 10개 주요 건물로 구성되어 있다.

부천시 소사로 56에 위치한 소사캠퍼스는 2018년 2월에 개관하였으며, 대지 면적 15만 2,758m²에 지하 1층, 지상 12층에 연면적 2만 2,562m²의 첨단 강의 시설이 들어서 있다. 소사캠퍼스에는 2023년 현재 6개 학과가 위치한 강의동과 총 140실, 264명이 생활할 수 있는 기숙사로 구성되어 있다.

부천대학교의 행정기구는 대학 본부와 부속 · 부설기구, 특수법인으로 구성된다. 대학 본부는 기획처, 교육혁신처, 학생성공처, 취창업처, 행정처 등 5개 조직으로, 부속 · 부설기구로 학술정보원, 평생

소사캠퍼스

교육원, 국제교류원, 학교기업, 방송국, 학보사, 사회봉사단, 예비군 대대 등 8개 조직이, 특수법인으로 산학협력단으로 구성되었다.

　2023년 현재 부천대학교는 29개 학과를 개설·운영하고 있으며, 공학계열에 12개 학과, 인문사회계열 8개 학과, 자연과학계열 7개 학과, 예체능계열은 2개 학과가 개설되어 있다. 더불어 부천대학교는 재직자들의 업무능력 향상과 계속 교육 기회를 제공하는 산업체 위탁생 전문학사 과정도 개설·운영하고 있으며, 현재 뷰티융합비즈니스과(채용조건형), 외식조리산업과(채용조건형), 전자과(일학습병행), 뷰티비즈니스과(일학습병행)로 4개의 계약학과가 개설되어 운영되고 있다.

　부천대학교의 학위는 2, 3년제의 전문학사과정을 통하여 전문학사를 취득할 수 있으며, 전문학사 학위 취득 후 1, 2년의 학사학위 전공심화과정과 4년제 학사학위과정으로 학사학위를 취득할 수 있다.

대학 중장기 발전 계획 'VISION 2030'

부천대학교는 대학의 설립 정신과 사명, 인재상 등 비전 체계를 기반으로 중장기 발전계획 'VISION 2030'을 수립하였다. '미래인재 양성과 변화를 주도하는 지속가능 대학'을 중장기 발전 목표로 △미래인재 역량 강화 △미래 교육체계 확립 △글로컬 역량 강화 △지속가능성 확보 등 4대 전략 방향을 설정하였다. 특히, 대학의 특성화를 위해 '미래인재 양성을 위한 SMART BCU INNOVATION'을 대학의 특성화 목표로 SMART EDUCATIONAL INNOVATION과 SMART INFRA INNOVATION을 추진하고 있다.

부천대학교는 급변하는 산업 트렌드에 대응할 수 있는 창의융합 인재 양성을 위해 기존 교육체계에서 벗어나 산업 패러다임 변화에 대응하는 새로운 교육모델을 만들어 가고 있다. 이를 위해 대학 인재상과 핵심역량을 기반으로 전공 교육과정을 개편하고, 교양교육 재설계와 디지털 역량 강화를 위한 교양 교과목 신규 개발 등을 추진하고 있다. 또한, 학생들이 전공 외 타 분야 전공을 경험 · 이수할 수 있는 마이크로 융합 전공 개발과 융합 교육 확산을 위한 학사제도 개선에도 힘쓰고 있다.

미래역량 강화를 위하여 4차 산업혁명 기술(인공지능·AR·VR·MR)을 중심으로 한 융복합 비교과 프로그램도 확대 운영하고 있다. 특히 융합적 사고의 기초가 되는 컴퓨터 사고력 함양을 위해 코딩, 앱 개발, 인공지능 등 소프트웨어 교과목을 새롭게 개발 · 운영해 자기주도적

디지털혁신스페이스

창의융합 역량을 키울 수 있도록 지원하고 있다. 전공과 교양, 비교
과 프로그램 등 전 영역에서의 융복합 교육 활성화를 통해 학생들이
다양한 역량을 갖춘 창의융합 인재로 성장할 수 있도록 '미래 교육체
계 고도화'에 힘쓰고 있다.

학생들의 직무역량을 향상하기 위해 비대면 방식의 프로젝트형
실습을 적극적으로 추진하고, 비대면 환경에서도 안정적이고 질 높
은 교육을 받도록 온라인 교육 시스템의 고도화 및 맞춤형 학습 콘
텐츠를 개발하여 추진하였다. 또한 VR 기반 모의면접 프로그램, AI
기반 실시간 채용 멘토링 및 컨설팅 등의 온라인 취업지원과 전공 직
무 및 자기 계발 역량 향상 맞춤형 프로그램을 실시간 화상 기반으로
지원하는 등 언택트 시대에 맞는 다양한 지원 방안을 전개해 나가고
있다.

부천대학교의 우수한 실적

부천대학교는 사회 환경에 맞춰 교육의 질 관리 체계를 더욱 강화하고 교육과정 혁신을 통한 고품질의 교육 서비스를 제공하기 위해 노력하고 있다. 그 결과 한국표준협회가 주관하는 '서비스품질지수(KS-SQI)' 전문대학(경기/인천) 부분에서 2015년부터 8년 연속 1위를 수상하였다.

또한 2015년부터 한국장학재단 '국가근로장학사업 취업 연계 중점대학'에 8년 연속 선정되어 재학생의 취업 역량을 강화하도록 돕기 위해 한국장학재단, 부천시 유관기관, 공공기관, 참여기업 등과 협약을 체결하고 취업 역량 강화 프로그램을 진행하고 있다. 그 결과 코로나19 상황에서도 높은 취업률을 달성하였으며, 2020학년도 취업 연계 중점대학 사업 운영평가에서 수도권 1위(전국 2위)를 기록하였다.

2018년 교육부 2주기 대학기본역량진단 자율개선대학 선정과 더불어 같은 해 전문대학 최초로 '2018 청년드림 베스트프랙티스' 시상식에서 취업 지원 분야 고용노동부 장관상을 수상하였다. 부천대학교는 2008년부터 학생성공역량개발 시스템 'SELP(Self Evolution Leading Program)'를 도입하여 고도화시켜왔다. SELP 시스템을 활용하여 재학생의 대학 생활, 진로, 경력, 취업에 대한 계획 및 진행 수준을 등을 통합 관리가 가능하게 되었다. 이러한 노력의 결과로 '2018년 일자리창출 유공 정부포상'에서 일자리창출 지원 부문 '대통령 표창'을 받았다.

교육부 대학기본역량진단 평가에서 일반재정지원대학으로 선정

KS-SQI 8년 연속 1위

되어 2019년부터 전문대학 혁신지원사업을 수행 중이다. 2017년 한국연구재단 주관 '사회맞춤형 산학협력 선도 전문대학(LINC+) 사업' 선정, 2019년 LINC＋ 사업 2단계 진입 등 정부 각 기관에서 주관하는 사업에서 우수한 성과를 보였다.

한편, 유아교육과는 한국교육개발원이 주관하는 교원양성기관 역량진단에서 2013년부터 3회 연속 '최우수' 등급 획득하였으며, 간호학과는 한국간호교육평가원에서 주관하는 간호교육인증평가에서 2016년부터 2회 연속 '5년 인증'을 획득하였다. 보건의료행정학과는 한국보건의료정보관리교육평가원에서 주관하는 보건의료정보관리 교육 평가ㆍ인증을 획득하는 등 학과 단위에서도 우수한 교육 품질을 입증받았다.

또한 2019년 소공인 기술교육훈련기관 운영사업 선정, 중소벤처기업부의 '2020년 대학 연계 중소기업 인력양성 대학' 3년 연속 선정, 고용노동부의 2020년 '일학습병행 P-TECH 사업 운영기관' 선정, 교육부 '2022년 진로교육 유공자' 표창, 2022년 고용노동부 주관 '일학습병행 첨단산업 아카데미 반도체 분야 운영기관' 선정 등 기타 정부 지원사업에도 우수한 성과를 보여 부천대학교의 위상을 높이고 있다.

부천대학교의 글로벌 역량

부천대학교는 개교 60주년을 맞은 2018년 4월 우즈베키스탄 고등교육부 및 취학 전 아동교육부와 공동 3자 협약을 체결하고 우즈베키스탄 현지 대학인 우즈베키스탄 타슈켄트 부천대학교(Bucheon University in Tashkent, 이하 BUT)를 개교하여 한국의 우수한 고등직업교육 전파에 앞장서고 있다. 유아교육과(주야간), 경영한국어과, 건축학과 3개 학과로 시작한 BUT는 2022년에 멀티미디어 게임콘텐츠과, 식품영양학과, 정보통신과, e-비즈니스과의 4개 학과를 추가로 신설하였다. BUT에서 2년~3년을 수학한 이후 1~2년을 BUT 또는 부천대에서 학사학위 전공심화과정을 이수하면 부천대 총장 명의의 학사학위를 받을 수 있다. 우즈베키스탄에서 개최된 2022년 제2회 유네스코 국제 컨퍼런스에서 BUT의 유아교육과는 우즈베키스탄의 대표 교육혁신 사례로 소개되기도 하였다.

부천대학교는 2019년 한국국제협력단(KOICA)의 공적개발원조(ODA) 프로젝트인 에티오피아 아다마과학기술대학교 ICT 역량강화 사후관리 지원사업 PMC 용역 계약에 이어, 2021년 스리랑카 기술대학 및 고등학교 건설학교 역량강화사업 PMC 용역의 사업자로

부천대학교–우즈베키스탄 유아교육부–타슈켄트 부천대학 3자 업무 협약식

선정이 되었다. 이들 프로젝트들을 통해 부천대학교의 교육시스템과 디지털 콘텐츠 개발 등의 기술을 전수할 예정이다. 특히, 에티오피아 대학에는 디지털 강의자료 제작, 교수연수, ICT 인프라 지원 등의 과업을 수행하고, 스리랑카 대학에는 NCS 기반의 학습지도서 개발, 교수연수, OJT(On-the-Job Training) 및 산학협력 전략 수립, 교육환경 개선 등의 과업 수행을 통해 양국의 대학들이 독자적으로 지속·성장·발전할 수 있도록 견인할 것이다. 부천대학교는 그 외에도 아이티까라꼴 의류기술훈련원 건립사업(2013년), 베트남 경찰대학 전자도서관 구축사업(2014년), 투르크메니스탄 가스직업훈련원 역량강화사업(2017년) 등 꾸준히 ODA 프로젝트를 수주하여 진행하고 있다.

부천대학교는 1993년 중화인민공화국 산동대학교 위해대학과 자매결연을 시작으로 해외 14개국, 64개 대학과 MOU를 체결하고 해외 어학연수, 교환학생, 글로벌 스피치 콘테스트, 내·외국인 멘토링 프로그램(B.G.M) 등을 통해 재학생들의 글로벌 역량 강화에 힘쓰고 있다.

2000년대에는 세계화 시대에 적극 부응하기 위해 미국, 러시아, 유럽, 호주 지역의 대학과 기업 연구기관 등에 대한 벤치마킹을 비롯하여 다양한 문화 체험과 교육기관 견학 행사가 활발하게 실시되었다. 학생들의 어학연수는 2005년부터 활성화되어 필리핀, 일본, 미국 하와이, 중국 등으로 확대되었다. 그리고 2008년부터 국제 감각과 능력을 겸비한 인력을 양성하기 위해 해외 인턴십을 추진하고 있으며, 학생들의 관심이 높은 해외 봉사활동 및 어학연수도 진행되고 있다.

글로벌 인재 양성의 산실로 2015년 외국인 유학생 유치관리역량 인증대학으로 선정된 바 있으며, 2017년과 2018년 교육국제화역량 인증대학 선정 및 갱신, 2019년 교육국제화역량 인증제를 통과하였으며, 2020년 교육국제화역량 인증대학으로 선정되어 우수한 외국인 유학생을 유치하고 있다.

2011년에는 첫 외국인 유학생이 입학하였으며, 2015년 교내에 외국인 유학생 전용 기숙사인 국제관(International House)을 새롭게 단장해 큰 주목을 받았다. 또한 학위과정, 한국어 정규과정, 교환학생 프로그램, 단기연수 및 기술연수 등 외국인을 위한 다양한 교육프로그램을 운영하고 있다. 외국인 유학생이 내 집처럼 공부할 수 있는 환경을 위해 원어민 전문위원 교수가 국제교류원 사무실에 상주하고 있으며, 다문화 가정 출신의 보조 교사들도 외국인 유학생을 적극적으로 지원하고 있다.

지역사회의 중심, 부천대학교

부천대학교는 지리적으로 부천시 중앙에 자리하고 있으며 일찍부터 부천 지역사회와 다양한 측면에서 깊은 연관을 맺어 왔다. 2004년 부천테크노파크에 종합기술지원센터(부천융합지원센터)를 설치·운영했으며, 2016년에는 중소벤처기업부와 소상공인시장진흥공단의 공모사업에 선정되어 '부천소공인특화지원센터'를 운영해왔다. 개소 이래 전기·전자 분야 중 9인 이하 1,500개 업체를 대상으로 맞춤 컨설팅과 마케팅, 인재 양성을 위한 현장실습 등 지원사업을 해왔다.

부천시 및 인근 지역의 영·유아 보육시설 급식소의 위생과 영양 관리 등을 지원하기 위해 2011년부터 '부천시 어린이급식관리 지원센터'를 위탁 운영하고 있으며, 부천시 어린이급식관리 지원센터를 필두로 광명시와 시흥시의 어린이급식관리지원센터, 경기도 어린이 식품안전 체험관 부천센터, 부천시 사회복지급식관리 지원센터 등을 운영하고 있다.

부천대학교는 2018년 기본심폐소생술(BLS) 교육기관 승인을 시작으로 2022년 한국형 전문소생술(KALS)과 한국형 기본심폐소생술(KBLS) 교육기관 승인을 받아 재학생과 지역주민을 위한 심폐소생술 교육을 진행해 오고 있다. 또한 2022년 부천시, 경기도 부천교육지원청, 대한심폐소생협회, 부천보건교사회, 부천시 보건소와 함께 심폐소생술 교육 개선을 위한 민·관 협약을 체결하고 부천시 관내의 초·중·고 학생, 교사를 대상으로 심폐소생술 교육을 하여 대학의 책무 및 사회적 기여를 진행하고 있다.

부천대학교 학교기업 제펫스튜디오는 부천미래교육센터와 협력

학생들과 소통하고 있는 한정석 총장

을 통해 지역 청소년의 건강한 성장과 교육 증진을 목표로 지역의 다
양한 교육자 발굴과 교육 협력을 활성화하고 있다. 또한, 부천대학
교와 부천시 간 거버넌스를 구축하여 지역 수요에 부합하는 특화산
업 인재 양성과 일자리 창출을 통해 지역혁신을 도모하기 위해 지역
의 중장기 발전 목표에 부합하는 지역 내 특화 분야를 선정하고 이에
맞춰 교육체계를 연계·개편하는 등 지역 기반 고등직업교육의 거점
역할을 추진할 계획이다.

부천대학교는 청년 일자리 문제와 지역사회 고용 문제를 해결하
고자 2017년 '대학일자리센터'를 개소하고 학생의 진로지도와 취업
상담 및 알선, 현장실습, 창업교육 및 지원, 해외 취업 등을 안정적으
로 지원해왔다. 2022년 부터는 신입생부터 졸업생, 나아가 지역 청
년에게 종합적인 취업 지원 서비스를 제공하는 '대학일자리플러스센

터' 거점형 특화프로그램 운영대학으로 선정되어 정부(고용노동부), 경기도, 부천시와 함께 운영하고 있다.

재학생과 졸업생, 지역 청년을 대상으로 내실 있는 진로·취업 지원 서비스를 제공한 결과 부천대학교는 고용노동부 주관 2017년 일경험지원사업 운영기관 성과평가 '우수' 등급을 획득하였고, '2022년도 대학일자리플러스센터 성과평가'에서 최고 등급인 '우수 대학'으로 선정되었다.

부천대학교는 2023년 올해 개교 65주년을 맞이하였다. 65년이라는 길지 않은 역사에서 명문 대학으로 성장할 수 있었던 것은 미래인재 양성을 위한 대학 구성원의 끊임없는 노력과 지역사회의 든든한 지원을 기반으로 다져진 결과라 할 수 있다. 대학의 건학이념을 바탕으로 한 우수한 인성교육과 창의교육, 현장 중심의 맞춤형 교육을 통해 국가와 사회 각 분야가 필요로 하는 전문 인력을 양성하며, 대한민국 대표 고등직업교육기관으로의 견인차 역할을 해왔다. 부천대학교는 디지털 대 전환 시대의 선두주자로서 새로운 수요에 대응하는 혁신적인 교육을 통해 미래를 선도하는 대학으로 발전해 나아갈 것이며, 일과 사람의 가치를 만드는 대학이라는 비전으로 사회가 요구하는 우수한 전문기술인을 육성하기 위해 지속적인 노력과 변화를 추구할 것이다.

회장

황해령

루트로닉

황해령 회장

학력

1982   예일대학교 졸업(전공: 경제학, 부전공: 전자공학)

경력

1988~1991   Laser System 아시아지역 마케팅 담당 부사장

1997~현재   (주) 루트로닉 회장/대표이사

현재   코스닥협회 고문

현재   한국공학한림원 바이오메디컬분과 정회원

현재   우수기술연구센터협회 ATC협회 부회장

현재   동국대학교 의료기기산업학과 겸임교수

상훈

2003   대통령 표창 수상(무역 진흥 공로)

2008   대통령 표창 수상(벤처산업 진흥 공로)

2009   보건복지가족부장관 표창 수상 (국민보건의료 향상 공로)

2010   지식경제부장관 표창 수상 (IT산업 발전 공로)

2011   지식경제부장관 표창 수상 (생산성 향상 선도 공로)

2012   보건산업대상 보건복지부장관 표창 수상

2013   산업포장 수상(벤처 활성화 공로)

2014   산업통상자원부 장관 표창(수출 확대 우수기업)

2015   산업통상자원부 장관 표창(월드 클래스 300 유공자 기술 확보)

2018   미국 '2018 Aesthetic and Cosmetic Medicine Award' Top CEO 수상

2019   '2019 대한민국 일자리 으뜸기업' 대통령 표창

2020   보건복지부 혁신형 의료기기기업 인증

국내 1위 에스테틱 의료기기 기업

루트로닉은 1997년 설립된 국내 1위 에스테틱 의료기기 기업으로 2006년 업계 최초로 코스닥 시장에 상장됐다. 더마브이, 헐리우드 스펙트라, 클라리티II 등 10종 이상의 다양한 제품군을 보유했다. 루트로닉은 세계 최고 수준의 기술력을 바탕으로 인종, 성별, 나이, 피부 상태에 맞는 개인별 맞춤형 치료가 가능한, 다양한 적응증에 활용되는 의료기기를 개발하고 있다.

루트로닉의 매출처는 전 세계 80여개국 대리점, 개인 병원 및 종합 병원 등이며, 국내 본사, 해외 법인 및 해외 대리점의 판매 경로를 통해 시장을 확대해 나가고 있다. 루트로닉은 지속적인 신제품 개발 및 제품 업그레이드를 통해 소비자의 니즈를 충족하고 있으며, 다양한 마케팅 활동을 통해 브랜딩을 구축함으로써 시장을 선도해 나가는 중이다.

1997년 창업 당시 한국에는 외산 레이저 의료기기가 시장을 모두 차지하고 있었다. 현재는 국내 피부과 80%가량이 루트로닉의 고객이다. 지난 26년간 루트로닉은 한국을 대표하는 기업으로 우뚝 섰다.

레이저 의료기기의 국산화를 넘어 새로운 수출시장을 개척한 점도 괄목할 만한 성과다. 2000년 국내 레이저 기기로는 최초로 미국 식품의약국[FDA] 승인을 받아 2001년 최초로 의료용 레이저 기기를 대만에 수출한 이후 현재는 세계 80개국에 각종 기기를 수출하며 판매의 주요 거점인 미국, 독일, 중국, 일본에 총 4개의 현지법인을 운영하고 있다. 2022년 기준 전체 매출의 88.2%인 2,329억 원이 수출을 통해 발생했다. 루트로닉은 국내 의료기기업체의 해외시장 수

루트토닉 생산품질본부 모습

출 일선을 앞장서며 길을 닦아가고 있는 것이다.

루트로닉의 의료기기는 우수한 임상 효과를 통해 환자는 물론 의사의 만족도를 극대화하고 있다. 여기에는 다양한 분야 전문가들과의 지속적인 커뮤니케이션이 바탕이 됐다. 세계 곳곳에서 진행되는 자체 심포지엄 및 국내외 대표 전시회 등을 통해 다양한 고객과의 소통도 진행하고 있다.

루트로닉은 앞서가는 기술로 혁신적이며, 사용하기 쉽고, 다양한 세계적인 제품을 개발, 공급하기 위해 끊임없이 노력 중이다. 레이저 소스, 전원공급 장치, 제어시스템 등의 설계기술을 비롯해 여러 핵심 기술들을 자체 보유하고 있으며, 2022년 말 기준 전 사업 분야에서 발표한 논문과 지적 재산권은 각각423건,741건(출원 포함)에 달한다.

레이저는 전자공학, 전산공학, 기계공학, 물리학, 의학 등이 결합

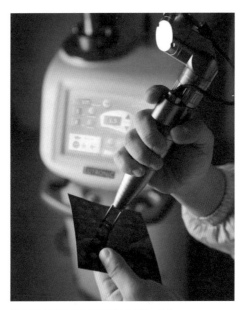

루트토닉 의료기기 제품 테스트하는 모습

된 첨단 융·복합 기술로, 일명 마법의 총알이라고 부른다. 레이저는 다른 부위는 건들지 않고 우리가 원하는 부위에만 쏠 수 있다. 어떤 조직이냐에 따라 흡수되는 레이저 파장대가 다르다. 어떤 파장대는 헤모글로빈에, 어떤 파장대는 멜라닌에 작용한다. 예를 들어, 하얀색 물질 뒤에 검은색 물질이 있는데 검은색에만 흡수되는 레이저 빛을 쏘면 하얀색 물질에는 영향을 끼치지 않고 투과해 검은색 물질만 없앨 수 있는 원리다.

의료용 레이저는 정확하고 안정적으로, 선택적 치료를 해야 한다. 에너지의 세기, 펄스 폭, 스팟 사이즈 등의 세부적인 조정을 통해 다양한 임상에 적용한다. 이런 컨트롤을 얼마나 세밀하게 잘 할 수 있는지가 경쟁력이 될 수 있으며, 루트로닉은 안전하고 효과적으로 치료된 임상 결과를 바탕으로 창립 이래 26년이 지난 현재까지 사업을 영위하고 있다.

경쟁사들은 주로 나스닥에 상장돼 있으며 2016년 에스테틱 시장의 활발한 M&A환경으로 유수의 경쟁사 여러 곳이 인수합병된 상태다. 하지만 루트로닉은 글로벌 대기업의 계열사가 되기보다 글로벌 기업과 경쟁하여 최고의 자리에 오르겠다는 목표를 가지고 있다.

국내 기반을 다지고 글로벌 시장 진출을 동시에

미국 예일대학교 경제학과 출신인 황해령 회장은 대학을 졸업하고 처음에는 미국에서 자리를 잡았다. 발명가인 할아버지의 영향을 받아 유년시절부터 만드는 것을 좋아하고 한국을 사랑하는 이민자 1세대로 자란 그가 처음에 전자공학을 전공하다 경제학으로 전공을 바꾼 것은 기술자에서 사업가로 성장한 전환점이 되었다. 황 회장은 대학 생활 당시 학교 기숙사에 태극기를 걸어 놓고 지냈고, 세계 선진국과 어깨를 나란히 하는 대한민국을 꿈꿨다.

대학 졸업 후 레이저사업을 영위하는 기업에 입사해 의료용 레이저기기 시장에 눈을 뜬 그는 미국 레이저기기 기업 아시아 지역 마케팅 담당 부사장까지 올랐으나 돌연 귀국을 결정했다. 학창시절부터 가지고 있던 꿈을 이루기 위해서였다. 많은 사람들에게 아름다움과 기쁨을 줄 수 있는 기기를 만들고 싶었다는 것이다. 자신의 경험과 노하우로 국내 의료기기 시장 발전에 기여하는 것이 보람되고 의미 있는 일이라고 믿었기 때문이다. 이렇게 탄생한 기업이 바로 현재

루트로닉 본사전경

루트로닉의 전신 '맥스엔지니어링'이었다.

한국에서의 창업 시작은 쉽지 않았다. 1997년 창업 직후 IMF 외환위기가 찾아왔고, 급격하게 위축된 경기는 회사의 부담으로 돌아왔다. 결국 자본금이 바닥나 아파트를 팔고 기술보증기금의 지원을 받아 기사회생해 처음 신제품 출시에 성공했다. 제대로 된 제품을 개발하는 데 걸린 시간은 2년여, 황 대표는 이때가 가장 힘들었다고 한다. 국내에서 레이저 의료기기를 개발하는 곳이 없었던 시절이라 해외 출장과 논문을 통해 기술을 배워야 했다. 황 대표와 직원들은 한 달에도 몇 번식 해외기업을 찾아가고 논문을 읽었다.

하지만 제품의 생산만으로 사업이 본 궤도에 오르지 않았다. 당시에는 국산 장비를 구매하는 의사가 없었다. 어쩌면 당연한 현상이었다. 외국 제품을 선호하는 국내 의료진이 루트로닉 제품의 성능과 안전성을 믿을 수 없다며 외면했다. 똑같은 제품이라도 미국의 제품은 비싸게 구입을 하면서 한국 제품은 사용하지 않으려 했다. 황해령 대표는 초조해하지 않았다. 외국 제품과 비교해 결코 성능이 떨어지지 않는다는 것을 국내 의료진에게 알리기 위해 긴 호흡을 가졌다. 제품 시연과 A/S를 위해 지방을 직접 다녔고 2인승 지프차에 직원들과 기계가 함께 들어가야 했다. 처음엔 겨우 병원에 판매됐지만, 실제 사용자 사이에서 괜찮다는 입소문이 나며 루트로닉은 인정받기 시작했다.

황해령 회장은 이에 그치지 않고 글로벌 시장으로 진출을 동시에 진행했다. 처음 수출을 시도 한 곳은 대만이었다. 한국 제품이라니 이메일을 보내도 답변도 없던 상태였지만 멈추지 않는 적극적 연락 끝에 '한 번 보자'는 답변을 받을 수 있었고, 실제로 장비를 본 의사의 만족스러운 반응으로 수출에 대한 자신감을 가질 수 있었다. 중소기업의 제품이라 성능이 부족하다는 평가는 받기 싫었다. 우수한 기술력에 승부를 걸었다. 그 결과 루트로닉은 2000년 레이저 의료기기로서 국내 최초 미국 FDA 승인을 받았고, 2001년 초 첫 수출에 성공하게 된다.

역경을 딛고 성장하던 이 회사에 이제 문제가 된 것은 기업명이었다. '맥스'는 해외에서 흔하게 사용하는 기업명으로 차별화가 되지 않았다. 또, 업종불문 사용되는 이름이라 레이저 의료기기 기업의 아이덴티티를 구축하는데 한계가 있었다. 소비자 인지도를 높이고 전략적 경쟁우위를 갖기 위해서는 기업의 방향성을 명확히 하고 차별적 가치를 창출할 수 있는 기업명과 CI가 필요했다. 해외 경쟁기업들과 대등한 대외 이미지 구축을 위해서도 새로운 기업명이 절실했다.

2006년, 본격적으로 기업 브랜드 개발에 착수했다. 기업의 주력 영역인 '레이저'의 이미지는 물론이고 업종과 비전을 효과적으로 표현할 수 있어야 했다. 그 결과 빛을 의미하는 'Lux'와 전자·전기를 의미하는 'Electronic'을 합성해 새로운 기업명, 'Lutronic'이 탄생했다. 새 이름은 미국, 일본, 홍콩, 호주 등 40여 개의 주요 수출국으로 해외 글로벌 네트워크를 구축하는 데 긍정적 효과를 발휘했다.

루트로닉은 2001년 대만수출에 이어 2007년 1월에 미국 판매 법인을 설립했고, 2008년 4월에 일본 판매 법인을 설립했다. 2016년 3월 중국 법인과 2017년 4월 독일 법인이 설립됐다. 2022년 현재, 루트로닉의 제품은 세계 80여 개국에 수출되고 있으며, 해외 매출이 전체 매출의 88%를 차지하기에 이르렀다. 세계시장의 절반을 차지하는 미국에서도 유명 피부과 원장들이 루트로닉 장비를 애용하고 있다. 루트로닉 전체 매출의 약 40%는 미국에서 발생한다.

루트로닉에는 그간 주문자상표부착생산(OEM) 요청이 여러 차례 있었지만 글로벌 기업에 종속될 우려로 자체 브랜드를 고집해왔다. 개발한 루트로닉의 제품들은 논문과 학회 발표 등을 통해 국내외적으로 효능을 인정받았으며, 세계적으로 저명한 전문의들과의 다양하고 탄탄한 네트워크를 보유하고 있다. 미국의 ASLMS, 유럽의 IMCAS 등 대형 전시회에 참가하고 자체 심포지엄을 세계 곳곳에서 주기적으로 개최하며 만든 성과다. 해외법인에서는 활발한 마케팅 활동을 전개해 해외에서의 루트로닉을 더 널리 알리고 있다. 2021년에는 미국 뉴욕의 타임스 스퀘어에 제품 광고를 진행해 많은 호응을 얻었다.

직원 행복을 위해 노력하는 철학

루트로닉은 직원들에게 함께 성장할 수 있는 회사, 개개인의 가치를 높이는 회사, 최고의 사람들이 함께 일하는 회사를 미션으로 삼고 있다. '모든 것은 결국 사람이 만들어낸다'는 이념으로 직원 행복을 위해 노력하는 철학이 회사의 곳곳에 묻어난다.

루트로닉 사옥의 전망 좋은 최상층에는 식당 'CAFÉ-L'이 있다. 회장의 집무실은 한 층 아래에 있다. 대표가 직원들을 받든다는 철학으로 가장 좋은 뷰에서 전직원이 식사를 즐길 수 있도록 세심하게 배려한 부분이다. 또한 임직원의 건강을 위해 유기농 현미밥과 로컬푸드 저염식의 식단을 제공한다. 전 직원에게 삼시세끼를 제공하여 식사를 거르지 않도록 하고 있다. 아울러 사내에 헬스클럽을 운영하고 있다. 루트로닉은 미화, 조리, 시설관리 등 대부분의 기업들이 용역 형태로 두고 있는 직군을 직접 고용해 직원들의 고용 안정에도 힘쓰고 있다. 이와 같은 노력으로 2019년에는 대통령 표창의 대한민국 일자리 으뜸기업에 선정된 바 있다.

황해령 회장은 '목표는 높아야 하고 매일 한걸음 한 걸음 그 목표를 위해 꾸준하게 걷다 보면 어느새 그 목표에 도달하게 된다'는 철학을 가지고 있다. 또한 목표에 도달하는 데 그치지 않고 지속 가능해야 한다고 강조한다. 100년이 지나도 훌륭한 기업이 좋은 기업이며, 루트로닉이 미국의 존슨앤존슨처럼 나아가고자 한다고 생각한다. 그래서 세계 최고의 제품을 가지고 있어야 하며, 그런 제품을 만들기 위해서는 일하기 좋은 회사여야 하고 기술력 있는 제품이 뒷받침돼야 하고, 이를 통해 새로운 치료법을 많은 환자에게 제공할 수

그리스 테살로니키 심포지엄

있어야 한다고 한다.

　루트로닉은 끊임없는 연구를 통한 혁신적인 기술개발로 레이저 의료기기 업계의 세계적인 선두주자가 되는 것뿐 아니라, 향상된 품질과 의료 서비스로 고객들과 든든한 신뢰를 쌓는 것을 목표로 한다. 세계 수준의 품질과 신뢰를 바탕으로 전 세계 사람들이 오늘보다 더 당당하고 풍요로운 삶, 창조적인 의료기술로 인류 삶의 질 개선에 앞장서는 것이 루트로닉의 정신이다. 루트로닉은 미국의 존슨앤존슨처럼 100년을 이어 행복을 전하는 기업이 되고자 한다. 글로벌 1위를 향해 달려가고 있는 루트로닉의 미래가 더욱 기대된다.

세계를 품다 2023

초판 1쇄 2023년 6월 1일

지은이 글로벌 리더 선정자 22인
출판 기획 및 엮은이 서희철
펴낸이 최경선
펴낸곳 매경출판㈜
책임편집 정혜재
마케팅 김성현 한동우 구민지
디자인 김보현 김신아

매경출판㈜
등록 2003년 4월 24일(No. 2-3759)
주소 (04557) 서울시 중구 충무로 2(필동1가) 매일경제 별관 2층 매경출판㈜
홈페이지 www.mkpublish.com
페이스북 facebook.com/maekyungpublishing **인스타그램** instagram.com/mkpublishing
전화 02)2000-2641(기획편집) 02)2000-2645(마케팅) 02)2000-2606(구입 문의)
팩스 02)2000-2609 **이메일** publish@mkpublish.co.kr
인쇄 · 제본 ㈜M-print 031)8071-0961
ISBN 979-11-6484-576-7(03320)